Performance Management of
Teachers in Application-oriented Universities

应用型高校教师绩效管理

李洪深 著

经济管理出版社

图书在版编目（CIP）数据

应用型高校教师绩效管理 / 李洪深著. —北京：经济管理出版社，2020.5
ISBN 978-7-5096-7107-8

Ⅰ. ①应… Ⅱ. ①李… Ⅲ. ①高等学校—教师—工资管理—研究—中国 Ⅳ. ①G647.2

中国版本图书馆 CIP 数据核字（2020）第 076946 号

组稿编辑：赵亚荣
责任编辑：赵亚荣
责任印制：黄章平
责任校对：陈　颖

出版发行：经济管理出版社
　　　　　（北京市海淀区北蜂窝 8 号中雅大厦 A 座 11 层　100038）
网　　址：www.E-mp.com.cn
电　　话：（010）51915602
印　　刷：三河市延风印装有限公司
经　　销：新华书店
开　　本：720mm×1000mm /16
印　　张：15.25
字　　数：281 千字
版　　次：2020 年 5 月第 1 版　2020 年 5 月第 1 次印刷
书　　号：ISBN 978-7-5096-7107-8
定　　价：68.00 元

·版权所有　翻印必究·
凡购本社图书，如有印装错误，由本社读者服务部负责调换。
联系地址：北京阜外月坛北小街 2 号
电话：（010）68022974　邮编：100836

前 言

高校教师作为高等教育的主体，是学校发展的第一资源。因此，必须立足我国高等教育现状，加强高校教师人力资源管理与开发，切实提高高校教师队伍的整体素质，进而提高我国高等教育的质量。高校教师绩效管理是高校人力资源管理的重要一环。为深入贯彻习近平总书记系列重要讲话精神，深化高等教育领域综合改革，破除束缚高校教师发展的体制机制障碍，激发高校教师教书育人、科学研究、创新创业活力，《教育部关于深化高校教师考核评价制度改革的指导意见》（教师〔2016〕7号）在加强师德考核力度、突出教育教学业绩、完善科研评价导向、重视社会服务考核、引领教师专业发展等方面提出了导向性目标，鼓励在教师分类管理、考核指标体系建立、评价机制创新、强化聘期考核等方面探索尝试，坚持分类指导与分层次考核评价相结合，根据高校的不同类型或高校中不同类型教师的岗位职责和工作特点，以及教师所处职业生涯的不同阶段，分类、分层次、分学科设置考核内容和考核方式，健全教师分类管理和评价办法。

2018年9月，习近平总书记在全国教育大会上强调，要提升教育服务经济社会发展能力，着重培养创新型、复合型、应用型人才。近年来，我国政府逐步引导部分本科高校向应用型高校转变，部分本科高校进行了积极探索与实践，并取得了一定的成效。这是国家战略需求和科技创新的需要，即需要大批具有创新精神和创业能力的高素质应用型人才。应用型高校指以应用学科、应用理论、应用技术为主要研究对象，培养各层次应用型人才的高等学校，以服务地方经济社会发展和满足青年学生的成才和就业愿望，以应用型为定位，适应地方经济应用型学科的集聚和服务地方发展行业性学院的集聚的高校群体。应用型高校教师的绩效管理面临较大的挑战，以高校发展战略为导向，将组织绩效与个体绩效紧密结合，长期规划与短期目标紧密结合，绩效结果应能实现组织和个体的共同发展和可持

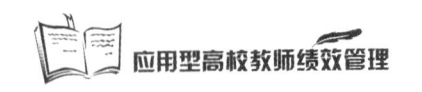

续发展。

全书以应用型高校教师绩效管理为研究对象,梳理了国内外相关研究成果,阐述了应用型高校的定位、职能和基本特征,总结了应用型高校教师绩效管理的相关理论,分析了目前应用型高校教师的绩效管理现状,然后针对应用型地方高校教师的特点和地方高校当前绩效管理的问题,设计构建了一套基于OKR的应用型高校教师绩效管理体系,同时探讨了应用型高校教师绩效管理的保障措施。全书共分六章。第一章为导言。主要介绍本书的背景和意义、国内外研究现状、研究思路和框架、研究方法和可能的创新点。第二章为应用型高校教师绩效管理的理论基础。阐述应用型高校的定位、基本特征、职能(人才培养、科学研究、社会服务)及应用型高校教师绩效管理的相关理论(大学教师发展理论、教师分类管理、教师评价理论、绩效管理理论、绩效管理工具)。第三章为应用型高校教师绩效管理现状分析。分析了影响应用型高校教师绩效的因素,并通过对应用型高校教师绩效管理调查问卷的统计分析总结了应用型高校教师绩效管理的现状和问题。第四章为应用型高校教师绩效管理体系构建。介绍了应用型高校教师绩效管理原则和应用型高校教师绩效管理系统的组成,并针对应用型高校的特点,结合此类高校绩效管理中存在的问题,设计构建了一套适合应用型高校的基于OKR的教师绩效评价体系。第五章为应用型高校教师绩效管理的实施保障。为了更好地提高教师绩效水平,确保教育教学质量,实现人才培养目标,必须建立完善的绩效管理体系。基于此提出了诸如规范大学治理体系、打造大学绩效文化、强化绩效引导作用、完善教师激励机制、保障高校运行机制等一些使应用型高校教师绩效管理得以顺利、高效实施的保障措施。第六章为应用型高校教师绩效管理的发展趋势。国家政策的推动加速了高校教师分类管理的实施,加上高校用人机制的不断深化改革,构建基于高校教师分类发展的绩效评价体系相对比较符合我国大多数应用型高校的发展阶段。VUCA时代组织需要敏捷响应外部变化及组织发展的需要,发挥OKR的激励功能,应用社交化的绩效工具加强绩效沟通,借助绩效技术提升应用型高校的绩效管理的科学化水平,促使应用型高校完善绩效管理体系。

本书得到了山东青年政治学院学术专著出版基金(2019)的资助。同时,本书是国家社会科学基金"十三五"规划2016年度教育学一般课题"学术市场驱动下的大学教师流动和评价研究"(BIA160118)、山东省教育科学"十三五"规划项目"基于 OKR 体系的应用型高校教师绩效评价研究"（ZZ2017005）、山东青年政治学院重点项目"基于 KPI 的 A 高校教师绩效管理体系研究"（2015ZD09）等项目的阶段性成果。

目　录

第一章　导言/ 1

　　第一节　研究背景及意义/ 1
　　　　一、研究背景/ 1
　　　　二、研究意义/ 5
　　第二节　国内外相关研究/ 7
　　　　一、国外相关研究/ 7
　　　　二、国内相关研究/ 15
　　第三节　研究内容、研究方法与创新之处/ 19
　　　　一、研究内容/ 19
　　　　二、研究方法/ 20
　　　　三、创新之处/ 21

第二章　应用型高校教师绩效管理的理论基础/ 23

　　第一节　应用型高校的定位与基本特征/ 23
　　　　一、应用型高校的办学定位/ 23
　　　　二、应用型高校的基本特征/ 29
　　第二节　应用型高校的职能/ 34
　　　　一、人才培养/ 34
　　　　二、科学研究/ 37
　　　　三、社会服务/ 41
　　第三节　应用型高校教师绩效管理相关理论/ 44
　　　　一、大学教师发展理论/ 44
　　　　二、教师分类管理/ 49
　　　　三、教师评价理论/ 52

— 1 —

　　　　四、绩效管理理论／ 59
　　　　五、绩效管理工具／ 66

第三章　应用型高校教师绩效管理现状分析／ 97

第一节　教师绩效体系设计及高校教师绩效的影响因素／ 97
　　　　一、绩效／ 97
　　　　二、ISPI 绩效技术过程模型／ 99
　　　　三、高校教师工作绩效的影响因素／ 104

第二节　应用型高校教师绩效评价总体状况／ 108
　　　　一、高校教师绩效评价现状／ 108
　　　　二、高校教师绩效评价存在的问题及分析／ 121
　　　　三、应用型高校教师绩效评价实证分析／ 129

第三节　应用型高校教师绩效管理现状／ 136
　　　　一、应用型高校教师的绩效计划／ 138
　　　　二、应用型高校教师的绩效辅导／ 140
　　　　三、应用型高校教师绩效反馈／ 143
　　　　四、应用型高校教师的绩效结果应用／ 144
　　　　五、应用型高校教师的绩效管理主要问题／ 145

第四章　应用型高校教师绩效管理体系构建／ 148

第一节　应用型高校教师绩效管理的原则／ 148
　　　　一、导向性原则／ 149
　　　　二、科学性原则／ 150
　　　　三、关键性原则／ 153
　　　　四、参与管理原则／ 154

第二节　应用型高校教师 OKR 绩效管理／ 158
　　　　一、教师绩效管理过程／ 161
　　　　二、教师 OKR 目标设定／ 164
　　　　三、教师 OKR 沟通与辅导／ 171
　　　　四、教师 OKR 绩效评估／ 173
　　　　五、教师 OKR 绩效反馈／ 175
　　　　六、应用型高校教师 OKR 绩效管理体系／ 178

第五章　应用型高校教师绩效管理的实施保障/ 188

第一节　聚焦应用型高校战略/ 188
一、关注目标与关键结果/ 189
二、完善绩效管理的流程/ 191

第二节　实施人本管理的策略/ 195
一、发展性评价理念导向/ 195
二、以人为本的全面激励/ 196
三、教师为主体多元评价/ 198

第三节　运营机制的创新变革/ 199
一、优化组织体系建设/ 199
二、创新校院二级管理/ 201
三、绩效评价结果应用/ 202
四、塑造优秀绩效文化/ 205

第六章　应用型高校教师绩效管理的发展趋势/ 208

第一节　应用型高校教师绩效管理的政策驱动/ 208
一、教师岗位分类管理的实施/ 208
二、高校用人机制改革的推动/ 211
三、教师绩效管理关键控制点/ 213

第二节　应用型高校教师绩效管理发展趋势/ 216
一、敏捷绩效快速响应环境变化/ 216
二、OKR工具激励高潜人才成长/ 218
三、社交化绩效工具沟通便捷化/ 219
四、绩效技术驱动系统绩效管理/ 221

参考文献/ 223

第一章 导言

第一节 研究背景及意义

一、研究背景

进入知识经济时代以来,世界各国对高等教育的重视程度日益加深,高等教育在社会经济发展中起到的积极推动作用愈加显现。改革开放后,为适应我国经济发展,提高国民素质,我国的高等教育也由过去的精英教育转变为大众化教育。因而可以预见,到21世纪下半叶,知识和人才将是推动经济发展、社会进步的第一动力。人们在知识的创造、占有和利用知识的效率与效益等方面的差距,会导致国与国之间的综合国力、人与人之间的竞争力的差距。因而,市场竞争的焦点也由物质资源的竞争转向了人才的竞争,高校作为培养、会集人才的主要单位,为社会经济和科技进步提供动力,承担着人才培养、社会服务、知识创新的重要任务。目前,世界各国都把教育事业的发展放在重要的战略位置,我国高等教育已经告别精英教育,进入大众化阶段,教育领域特别是高等教育领域的竞争日趋激烈。

高等院校承担着培养高级专门人才、发展科学技术文化的重要任务。提高高等教育质量是建设高等教育强国的基本要求和高等教育发展的核心任务。在此形势下,2010年7月,党中央和国务院发布了《国家中长期教育改革和发展规划纲要》,其中提到要全面提高高等教育质量,并计划到2020年,使高等教育结构愈合理,特色愈鲜明,人才培养、社会服务、科学研究等的质量和效益都将会得到大幅提升,在高等教育方面的国家竞争力显著增强。按照国际惯例,高等教育以毛入学率为依据划分为精英化、大众化、普及化不同阶段,毛入学率小于15%时属于精英教育阶段,15%~50%属于高等教育大众化阶段,大于50%时属于高等教育普及化阶段。当前,我国已建成了世界上规模最大的高等教育体系,截至2018年,我国共有各类普通高等学校2663所,各种形式的高等教育在校学生3833万人,高等教育毛入学率已达到48.1%,处于高等教育大众化阶段并在向普及化阶段迈进。

随着我国高等教育即将进入普及化阶段,公共教育资源不足的问题也日益加重。为适应我国高等教育发展,政府在继续加大公办高校支持力度的同时,积极鼓励社会力量参与高等教育发展,1997年的《社会力量办学条例》和2004年的《中华人民共和国民办教育促进法实施条例》的相继施行,使民办高校方兴未艾,民办教育也成为我国高等教育事业的重要组成部分。根据教育部数据,截至2018年全国民办普通高校已达749所(含独立学院265所),较上年增加3所,占全国高校数量的28.13%,各类民办教育得到了快速发展,在很大程度上促进了我国高等教育的发展。但随着我国改革开放的不断发展,国外名校也逐渐进入国民视野,部属重点高校发展逐渐迟滞,地方普通本科高校发展空间日渐萎缩,导致我国高校间的竞争愈加激烈,各类高校必须寻求新的发展方向,提升竞争力。因此,在高校其他方面增长潜能开发殆尽的背景下,只有高度重视高校教师这一教育主体在国民经济中的重要地位,让他们在教育和科研领域发挥主导作用,保障教育科研条件,完善配套设施,才能促进我国高校发展,使国民素质迅速提升,科技水平显著提高,国家竞争力明显增强。高等教育系统也需要优质资源和对形势的准确把握,可以合理利用高校、科研院所和企业的有效资源来提高社会技术的创新能力。

2010年,《国家中长期教育改革和发展规划纲要》《山东省高等教育内涵提升计划(2011-2015年)》都强调了我国高等教育要加速内涵发展、强化特色、分类指导和提高质量。《关于山东省高等教育名校建设工程实施意见》提出以坚持整体设计、分类管理、师范带动、重点建设、全面推进为原则,以高素质应用型人才培养为目标,按照培养应用型人才、应用基础型人才和技能型人才的不同培养定位,遴选出部分高校来分类进行重点建设,从而打造出一批目标明确、定位准确、成效显著的人才培养特色名校。应用型院校是以培养高素质应用型人才为目标，以培养本科生为主，培养高职生与少量的技术型、工程型研究生为辅的普通高等院校，主要服务于地方区域经济和社会发展。随着中国社会、个体对高等教育需求的多元化、专门化和层次化，应用型本科院校已成为地方高校重新焕发生机的发展方向，也是高等教育发展到一定阶段适应社会需求的必然产物，逐渐成为我国高等教育的一个重要组成部分。

2013年6月，在教育部的推动下我国一批地方本科院校组织起来成立了应用技术大学联盟，拉开了地方本科高校向应用技术院校转型的大幕，也使应用技术型高校发展进入抱团取暖、资源共享、共同发展的新阶段。2015年《关于引导部分地方本科高校向应用型转变的指导意见》中也要求积极推进转型发展，加快转型速度，并找准转型发展的突破口和着力点，尽快建成一批具有带动示范作用的应用型院校。因此，对于地方本科高校来说，如何转型成为必须面对的大课题。

根据《国家中长期教育改革和发展规划纲要（2010-2020年）》，到2020年我国在校大学生人数将达到3500多万人，毛入学率将达到50%，这标志着我国的高等教育将迈入普及化阶段。在新形势下，随着社会经济的发展和人民群众对优质高等教育的需求不断增加，应用型高校面对机遇和挑战，更需要准确把握形势。要完成这一目标，在改变观念理念和提升硬件实力的同时，也离不开高校教师的支持和高校教师的素质发展。高校教师是推动教育事业发展、促进高校转型提质的主体，承担着培养人才和进行科学研究的重要任务。在高等院校中，教师工作绩效的高低是学校教育质量的关键，直接影响着学校的竞争力。因此，重视高校教师、重用高校教师、发展高校教师能力将成为应用型高校转型和建设的必由之路。具体来讲，可以通过提高对教师资格的要求和教师队伍聘入的标准，或者提高在职教师的工作业绩来提高教师队伍的质量，并需要用高效、专业化的管理模式和方法来应对激烈的竞争，努力提高办学水平和竞争力。

高校教师所从事的职业是针对客观世界和人类精神世界进行系统的学科化论证的学术职业，是对高深知识的传承与探究，这是高校教师这一职业与其他职业的本质区别之一。随着我国高等教育进入大众化阶段及即将迈入普及化阶段，高校教师在教学、科研、社会服务和公共政策咨询上的学术价值开始日益显现，尤其是高校教师的社会服务功能价值在多领域得到了大众的重视和认可。同时，由于国民文化素质和知识需求的不断提高，以及集大学教学、科研、社会服务和公共政策咨询等功能于一体的现实，高校教师学术职业的社会价值也日渐提高，高校教师的劳动价值被日益彰显和重视，并应该得到相应的全面考核和回报。教师绩效在高等教育的长期发展过程中处于关键位置，分析我国过去的高校教师绩效考核机制，虽经过多次的改革调整，但仍以"排斥性改革"为主要取向，这种取向导致的结果就是以狭隘片面的"高校教师绩效提升"和"高等教育质量提升"为主要目标，其中教师绩效的评价指标主要是以教师的论文、课题和奖项数量来计量，在理念观念上注重教师绩效的增长，忽视高等教育的发展效率；只注重教师科研成果的数目增长，忽视教师绩效薪酬制度的人本价值；只重视短期利益增长，忽视教师和高等教育的长足发展；只注重局部利益，轻全局利益；等等。这些制度层和观念层的不足和落后都会导致高校教师教学科研积极性不高，无法发挥知识生产力的效能，使教师绩效与高等教育发展的目标互不包容甚至冲突。

大多数学校进行的主要还是单纯的教师绩效考评，只有少数学校在真正开展教师绩效管理。要实现从教师绩效考评到绩效管理的转化，必须遵循教师及其工作的特点及绩效管理自身的规律，并且具备相应的转化条件。绩效管理理论和实践在西方国家率先取得巨大的成功，有效提高了企业和公共部门的管理水平，引进中国后同样取得了不俗的成就，促进了中国管理水平的发展，作为一种先进的管理理念和管理方法，管理者越来越明确了其重要性。欧美等国家的高校的自主权较大，高校绩效管理系统较为完备，比如可以通过决策领导、高校内部立法和组织协调等办学活动来实现，绩效管理是高校人力资源管理工作的重要组成部分，管理者可以用企业的考核方式来考核教师的业绩。作为一种有效的管理工具，近些年，由于中国高校管理水平与高等院校体制改革的不断深入，很多高校不断创新管理机制和管理理念，比如北京物资学院就引进和应用了平衡计分卡，尝试进行高校绩效管理的实践活动，高等院校绩效管理已走上了理论和实践的舞台。总结世界高等院校的发展历程，高校绩效管理对于被考核的高校工作者来说起着承前启后的作用。它是以提高学校办学水平为战略目标，不断提高科研、教学等工作的管理水平，以发挥高校管理者、广大师生员工等多方面的潜能和积极性为途径，促进办学目标实现的系统化管理过程。虽然不同时期指导高校发展的范式和思想有所不同，但提高高校绩效的管理这一基本目标并未发生变化。合理科学的绩效管理是高等院校人事管理的重要手段，对高校工作者起着良好的正向激励作用。有效的绩效管理不仅能对教师某段时间的工作表现和工作成果进行衡量，而且能及时发现存在的问题并提出改进措施。

部分高等院校花费了大量的时间和精力，绩效管理方案却推行不下去，绩效管理常常陷入困境，比如管理水平滞后、管理制度不完善、不能更合理地避免分配中的平均化、绩效考核不准确全面、人才流失严重、教职工的满意度不高等。这是由于我国的高校发展管理正处于被称为"绩效评价"的阶段或者说正处于机制改革和调整阶段，人们对提高高校管理水平、改进高校管理方式并未给予充分的重视，大家更多地关注行政人员的精简、机构调整等问题。我国近些年高校绩效管理现状主要表现为：第一，各高等院校的绩效考核方法和绩效管理理念不能紧密结合学校的核心战略，绩效管理没有发挥出预期价值。绩效管理的基本原则之一便是其要为组织的战略负责。但是，当前许多高校绩效管理体系的运行主要还是取决于上级部门的宏观调控或硬性规定，加之学校自主用于激励人才的政策较少，从而导致了学校制定的差异化人才战略难以运行。第二，人才是高校保持高速发展的重要竞争优势来源，是高校发展的战略资源，一旦人才对学校满意度不高，就会出现人才消极怠工、离职、不愿意创新等问题。但是人才对高校绩效管理体系一般缺乏表达途径或畅通的沟通，这不是一种良好的互动状态，很多时候他们不得不委曲求全、压抑自我。第三，一些高校的管理者仍然认为绩效管理是人力资源部门的事情，而由人力资源部门推行的绩效考核往往是走形式，难以做到科学计量。虽然目前大多数高校已实施二级管理，但是由于各个二级单位涉及的专业和工作内容都不太相同，绩效衡量的标准也不尽相同，所以绩效测评缺乏科学合理的方法。因此，推动我国的高校管理体制机制现代化改革，加强优化对高校教师的绩效管理成为当下我国进行应用型高校和"双一流"高校建设的新课题。如何进行高校教师绩效管理的优化改进则是科研工作者亟须解决的首要问题。

二、研究意义

（一）丰富和完善教师绩效管理理论

应用型本科院校的专业技术人员是最核心的人力资源，将应用型高校的绩效管理和学校的战略有效结合，运用目标与关键成果法（OKR）研究构建应用型本科院校绩效管理模式，通过将绩效管理模式落实到学校战略层次，可以达到不断提高高校教师绩效的目的。同时，这不仅能深化OKR在应用型本科高校的应用研究和构建一种系统的模式和体系，帮助解决某些地方高校转型中遇到的一些问题，而且能够深化事业单位的人事制度改革，并为我国高校的绩效管理改革提供新的指导理念，为高校组织赢得丰富的生命力、核心竞争力和可持续发展的创新力。本书丰富了应用型高校教师的发展性评价体系，促进了教师的自我发展和自我完善；深化了教师分类管理理论，为构建科学合理、开放灵活的大学教师评价体系提供了政策建议和理论依据。

（二）创新企业管理理论与高校教师绩效管理实践的融合

我国应用型高校教师绩效评价面临着如何将教师绩效考核评价真正融入和有效促进教师的职业发展，如何充分认可和评价教师在教学、科研和社会服务等多方面的创新，如何科学地评价教师的跨学科研究与教学工作等挑战。本书创新性地将OKR绩效管理理论成果和实践方法有效应用到高校教师绩效管理中，通过科学有效的运用，切实提升高校绩效管理水平，提高高校教师科研教学积极性，并且能够从绩效计划、绩效指标、绩效考核、绩效沟通、绩效反馈、绩效改进等方面构建科学、有效、系统、全面、可操作和易执行的高教教师绩效管理体系，为高校实施教师绩效管理提供了积极有效的切实参考。

（三）实现教师职业发展和高校发展的双赢

作为一个严密而科学的管理控制信息系统，高校教师绩效管理体系应从人力资源开发和管理计划入手，以自由、民主、开放、安全的强支持力和高保障力的外部环境为依托，通过教师招聘、培训、沟通与激励，以先进的绩效文化和共同的愿景协调和引导高校的发展，使其永葆青春活力和获得强竞争优势。应用型高校通过有效的绩效管理，一方面，能够有效促进高校管理者和教师的双向沟通与交流。在整个绩效管理实施过程中，从绩效目标和指标的制定、绩效计划的制定、绩效反馈和指导到绩效评估和对评估结果的运用等，以及以此为基础再形成新一轮的绩效管理过程都离不开绩效管理对象的参与，这种"参与式"管理方式不仅能够明显提升绩效管理的实施效果，同时对高校教师而言，也体现了高校对他们权利和劳动成果的尊重，能够极大提升高校教师的科研教学工作积极性，保证高校各方面工作的顺利开展和学校科研教学水平的提高。另一方面，还可以优化高校的人力资源管理。绩效管理能够将教师的个人发展融入高校的战略发展，将个人目标和高校发展整体目标结合，做到互相促进，实现共同发展。同时，绩效管理的考核结果也为教师的职务职称晋升、薪酬管理、培训进修及高校岗位聘任提供依据，做到对教师工作绩效的科学全面评价和绩效分配，为高校在优秀人才的引进和内部有能之士的选拔晋升方面提供参考依据，不断满足发展中对人才的需求，形成良性和谐发展循环，实现高校和教师互促共进的双赢。

第二节　国内外相关研究

一、国外相关研究

目前，国外学者经过企业绩效管理的经验积累和对传统绩效评估理论与实践的不断发展完善，在已有研究的基础上，针对高校和公共部门存在的管理不足，逐步发展出高校绩效管理的研究分支，使高校人力资源管理更加全面和科学。传统的主要面向企业的绩效管理开始于20世纪70年代，经过20多年的经验积累和实践沉淀在90年代绽放异彩，迅速发展。在绩效管理发展早期，相关研究者将绩效管理独立于企业管理之外，是一个相对独立的管理单元，与组织战略、组织目标、组织文化等组织管理元素割裂开来，没有认识到绩效管理应是组织管理中重要的一环。经过实践的发展，理论研究者逐渐改变了传统的绩效管理观点，相关学者认为应该更加注重员工的个人发展，满足员工的诉求，实现人本发展，促进员工个人价值和职业成就的实现。Fandray 和 Dayton（2001）指出，传统的绩效评估方式应该被现代的、科学的、全面的绩效管理系统所取代。Jenkins 和 Johnson（1997）认为，绩效管理和绩效评估应该是组织整体文化的变化，包括组织晋升决策、管理沟通反馈、领导和指导、薪酬和绩效管理及组织制度的阐述。

高校绩效管理体系的应用开始于20世纪80年代的美国,美国许多高校为了有效、最大限度地利用教学资源,普遍采用了高校的绩效管理体系,该方法收到了良好的效果,对促进美国高校的发展有着重要意义。后来,许多国家引入并使用了这种管理系统。目前,它已广泛应用于亚洲和欧洲国家,如日本、印度、英国、法国和德国。通过该管理体系的实施,教师的薪酬分配更加公平透明,极大地提高了高校教职工的积极性,使薪酬分配制度更加规范。

美国高校的教师绩效考评制度起源于20世纪50年代,美国研究型高校为有效地考核教师的劳动成果,针对高校教师工作的侧重点和内容将教学、研究和服务作为对教师工作进行评估的三大方面。其中,对教学的评估指标主要有对教学内容的贡献、教授科目门数和学时数以及学生对教师的反馈评价;科研的评估指标主要有教师的论文的发表数量和质量、出版的专著和教材的数量、承接课题研究数量及经费数目;服务的评价指标主要有为学校发展所做出的贡献。每年进行一次这种评估,将其结果作为教师职称职务晋升、人事岗位调整、加薪和奖金的主要依据。这种绩效评估设立的绩效指标相对丰富,有较强的可行性和区分度,在具体实践中采取"非升即走"的原则,无论是助理教师还是讲师,如果聘任期限到期后没有通过高校对其在教学、科研和服务上的全面检查和绩效评估就会被解聘,体现了竞争原则和劣者淘汰原则,对促进高校人才结构优化和高校发展具有一定的积极意义。

20世纪90年代以后,美国高校教师绩效管理进一步发展,经过长期实践开发了一个以课堂教学评估为基础的教师绩效评价工具,并通过各种方法提高信度和效度。在美国高校责任制的实施和扩大背景下,高校管理者不断对高校管理进行优化改进,在教师绩效管理上更是取得了长足进步,评价体系逐步完善和多样化。根据对这一时期高校绩效管理的研究梳理,这一时期的绩效管理评估形式主要有三种:一是教师同行评估(平行评估),二是高校专门评估(上行评估),三是高校学生评估(下行评估)。评估内容上依旧以教学、科研和服务为主要内容。评估目的主要有年度例行评估、职务晋升评估和终身聘任评估三种。对高校教师绩效评估方式的不断创新,绩效评估内容的不断丰富,人性化绩效评估应用面的不断扩大使高校绩效管理评估体系不断发展完善,为美国高校的持久发展奠定了坚实的制度和人才基础。经过研究分析和总结,美国高校绩效评估体系在其发展完善中具备如下特点：一是绩效评估体系制度规范，二是绩效评估过程民主，三是绩效评估内容科学全面，四是绩效评估实施执行力强。各个高校根据自身实际，对绩效评估系统进行灵活科学运用，在绩效评估各个环节坚持公平、公正、民主、客观的原则，以人性化的方式能够较为有效地评价教师的价值和贡献，真正发挥出绩效管理对高校管理和教师发展的促进作用。

在英国，高校教师评估体系与教师的专业发展密切相关。英国大学教师绩效评估体系的主要特点如下：一是取代简单的奖惩。英国大学教师的评价主要集中在教师的发展上，摒弃了过去的以奖惩为目的的做法。二是评估形式主要是一对一的面试访谈。这一评估访谈不仅是对教师绩效的评价过程，还是与教师一起分析解决问题和思想交流的过程，更关注教师的个人发展。三是操作复杂，评估耗时长。对教师的评估一般需要十几道审核程序并且持续很长时间。根据英国高校人力资源绩效评估理论，绩效评估本身是一种基于评估对象的定期评估讨论，一般先由教师进行自我评估，评估教师先对自己的工作进行全面的评估和总结，并填写教师自我评估表；随后进行的评估讨论则是绩效评估过程中最正式和重要的过程，一般由评估人员和被评估人员分别进行；绩效评估的质量直接决定了绩效管理活动的成败。经过研究分析得出，英国大学人力资源绩效管理主要具备以下特点：一是始终以绩效为中心，并坚持以目标为导向，重视教师的个人发展和专业进步。二是绩效管理的目的是为教师服务，注重应用绩效评估结果，解决分析问题，推动教师的学术进步。三是绩效管理注重高校实际情况，如英国斯塔福德郡大学根据自身情况，不断改进绩效评估方案，协助教师制定个人目标和职业发展规划，在评估过程中与评估教师进行沟通交流，协助教师不断改进工作，实现个人发展目标。四是评估周期大多是一年一次或两年一次，但教师自我评估是每年一次的。

日本的大学教师绩效评估特征主要是指标体系的全面性、评价与期限的相关性。另一个值得注意的特点是坚持各方的多角度、开放和满足三个原则。例如，冈山大学的多维度绩效评估标准采取定性评价和量化评价两种方式，将评估内容分为教育活动评价、科研活动评价、社会活动评价和校内管理活动评价四个方面。在这些原则的要求下，对教师绩效评估的工作程序、评估标准和评估结果必须及时公开；采取多种评价方式，个人评估、同行评估、上级评估相结合；要求绩效评价要及时沟通，尊重教师的表达权和申诉权。遵照这些原则，日本高校教师绩效管理取得了相当的成就。

德国在"二战"后经济发展迅速，为满足经济需求，各企业工厂都需要大量熟练的一线技术工人及经验丰富的工程师。但由于高校教育一直以理论教学为主，大学生的职业技能贫乏，并且规模较小的职业教育也无法满足市场的需求。在这一背景下，亟须进行高校教育创新。在德国，理论和实践相结合，定位于市场专业需求，以非学术性为特征的应用技术型大学成为解决人才短缺的主要培养地。其培养目标主要是培养能够满足实践需求，服务于区域经济发展的工程师。这些大学一经成立，便得到了社会、企业的一致认可，从而得以迅速发展，成为德国高等教育的主要类型之一。在20世纪八九十年代，随着高科技的发展，社会向信息社会转变，美国的科技大学网络建立在学科专业的基础上，与行业相结合，极大地促进了美国经济的发展。

（一）高校教师绩效影响因素的研究

教师的人格、认知和行为方式与绩效密切相关。Pringle 和 Blumberg（1982）认为，绩效是员工意愿、能力和发展机会相互作用的结果。意愿主要是指员工的工作动机、工作态度及工作满意度和获得公平感；能力主要是指员工的智力、知识、技能和实践经验等有助于员工个人发展的要素；发展机会主要是指个人掌握的利于个人职业发展的相关资源，如发展信息、物质条件、职业规划、工作条件和个人特质。查尔斯（2002）发现，高校教师的自我效能感和教学表现显著正相关。拉克里茨（2004）则指出，高校教师职业倦怠与教学绩效明显呈正相关；Gappa 等（2007）为分析高校教师绩效管理构建了高校教师绩效模型，根据该模型，认为高校教师绩效是组织特征和个人特质相匹配的结果，并且将影响高校教师绩效的因素概括为学术自由环境、就业公平保证、专业学术成长及高校管理水平。Kalyani 等（2009）根据对印度高校教师的研究得出如下结论：绩效结果与职业压力成反比，与抗压能力和技能娴熟程度成正比。Arasi 和 Nooraeir（2011）指出，高校教师的学术绩效不仅与其智商有关，而且受到情商的影响。Nandan 和 Kreshna（2013）根据印度的样本得出，高校教师的学术成绩和教学表现与其工作满意度显著正相关，即工作满意度越高，则学术成绩和教学表现越好。Kyvik 和 Bentley（2103）对13所国家研究型大学进行了研究，发现教师的科研和教学投入受到个人动机而不是高校政策和家庭因素影响,从而间接影响教师的科研和教学成绩。Rentocchini 等(2014)通过对西班牙大学教师的研究,对于教师的学术智商对科研表现的影响有了新认知,发现在人文和社会科学领域,学术智商与科研表现呈正相关,而在自然科学领域却恰恰相反。研究还发现,这种关系受到智商活动输入强度的调节,在美国的信息系统学科教师中,学术经历如参与高级博士研究项目及其研究表现(引用次数和出版物数量)对其科研成果并不重要。

组织特征也是影响高校教师绩效的重要因素。Kezar(2013)指出,组织文化影响高校教师的发展意愿和发展机会,学习型组织和包容性文化有助于提高非终身教职人员的绩效表现。Zamani 和 Abbasi(2013)指出,变革型领导和学习型组织文化对教师绩效和组织学习具有显著的预测作用。Nedeva 等(2012)对英国高校教师的研究发现,高校教师认为发表学术专著和出版教材对自身职业发展具有阻碍作用,从而愿意向排名靠前的期刊发表文章,这些都源于教师的研究动机和学术绩效受到高校管理者对期刊排名的重视程度的影响。Kumar 和 Maniunath(2013)在对印度大学的研究中发现,高校教师的学术绩效与互联网使用有着显著的关系,即使用互联网的熟练程度对学术绩效有着促进作用。

(二)绩效管理的影响因素

高校绩效管理的制度框架由组织行政政策决定。Parker(2008)指出,英国政府启动了"高校质量保障运动",通过政府相关工作和会议及财政资金支持高校进行管理改革,从而有效地改善了英国高校教学现状,提高了高校教学和科研回报率。意大利政府于2009年颁布了高校管理新法规,所有意大利高校必须遵循该项法规。该法规从制度上规定了绩效评价体系的主要要素,如绩效目标设定、绩效计划制定、绩效报告制定、绩效奖罚标准及评估方法方式的选择。而在美国,高校资金主要来源于财政支出、学费收入和私人捐赠,尤其是公立大学,其主要的运营资金主要来源于政府财政支出,因而公立大学的教师管理包括教师的绩效管理很容易受到当地公共政策的影响。

高校绩效管理的内容和标准受学科特征影响。Hardre(2010)研究发现,美国不同大学的绩效评估体系和原则存在差异。以物理学、数学、化学、心理学等自然学科为主的高校倾向于采用定量绩效考核标准,而以文学、历史学、社会学等人文和社会科学等软科学为主的高校则倾向于采取

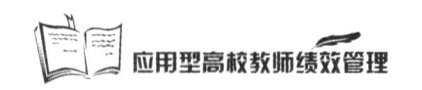

定性绩效标准考核为主、定量绩效考核标准为辅的考核组合。

高校绩效管理的价值主张由组织文化定义。Ehtesham（2011）等发现，组织文化从各个方面对绩效管理产生影响。绩效评估与一致性、参与性、适应性和明确的绩效目标、评估培训、咨询评估、绩效薪酬等显著相关。Decramer（2013）等在比利时的研究表明，个人绩效管理满意度受到绩效管理系统的人性化程度、遵循严格程度、内部一致程度、双向沟通畅通程度的正向影响。另外，公立高校校长的政治倾向也是影响高校绩效管理价值主张的重要因素，即具有保守倾向的校长更加关注教师绩效数据，而非绩效管理的实施反馈。

高校绩效管理的效率受到高校人力资源系统和实践的一致性的影响。Kollmann 和 Hardre（2012）研究发现，研究型大学具备高效率且有效的绩效评估体系都具有如下特点：客观的绩效指标、科学稳定的绩效指标判断依据、准确清晰的绩效考核标准、与实际绩效一致性的报酬、专门有效的绩效反馈渠道、对绩效考核对象的尊重及绩效管理政策与实践的一致性。

(三) 绩效评价的内容

英国大学教师的评价标准一般包括研究、教学和管理三个方面。在传统评价标准上，研究是最主要的，因为它容易测量，同时也是大学教师职业发展最重要的指标。在实际层面上，许多大学仅仅以研究进行评价，通过研究成果和专利来进行考核。2014 年，Abramo 和其他人指出，意大利大学没有设立纯教学职位，因此教师必须完成研究和教学任务。所有高校新入职者必须首先参加政府组织的公开考试，通过者才有资格进入高校；然后学术委员会进行专门选拔，允许他们进入一所特定的大学。接下来是学校对考生的评价，评价内容涉及教学技巧和研究能力。

Shirabe（2004）研究发现，日本的大学绩效评估具有全面性和客观性的特点。全面性是指评估面广泛、评估内容详细及评估程序完备；客观性则是指基于 SCI 指标，采用客观量化的指标评估绩效，而非根据较为主观的实际价值进行评估。在评估内容选择上，主要分为四类，分别是教学、研究、服务及管理，又将每类内容分为若干一级测量项目，然后再将一级测量项目划分为若干二级测量指标，使绩效评估体系较为完备科学。但这也有弊端，主要包括以下几点：一是评价内容不分主次，没有按高校实际情况将评价内容按轻重程度排序；二是能够做到评价结果客观、真实，被教师接受，但是识别功能丢失；三是程序较为繁杂，耗费大量人力、物力和精力。与日本的大学教师绩效评价相区别的新加坡大学的大学绩效评价内容则侧重于对教师教学水平和教学质量的考核,例如新加坡南洋理工大学对教师的绩效评价是以教师教学工作的质量及绩效目标实现程度为主要依据,绩效评价内容虽涉及教学、科研和服务贡献三个方面,但是仍以对教学的评估为主,在评价方法上,学生评价、同行评价、学校评委会评价相结合,但在涉及教师的聘任、晋升和科研资助方面,为减少同事间的利益冲突,保证客观性和说服力,同行评价发挥主要作用。而在美国,对教师绩效评估内容则会根据高校情况赋予不同的权重,以将高校教师评价内容分为研究活动、教学和社会服务为例,不同的大学对不同评价内容各有侧重、要求不同,但总结其权重分布发现,一般而言,科研和教学占同等比重但均不会超过40%,而且都会高于社会服务的权重。

Shepherd（2009）等研究发现,高校学位授予层次不同,其绩效评估内容也会存在差异。具有博士学位授予权的高校更加侧重于科研表现,其指标主要是教科书、同行评审期刊论文及全国性学术会议论文数,而不具备博士学位授予权的高校则会较为侧重于教学绩效,其指标主要为同事评价、课堂教学质量、研究生教学、学生评价及教学方法创新和新课程开发等。

(四) 绩效评估方法

目前,在高校教师绩效考核领域比较常用的绩效评估方法主要有综合关键绩效指标法、控制面板评估法、平衡计分卡法等。其中,平衡计分卡是应用于绩效管理的一种典型的定量评估方法,其主要思想就是要平衡企业不同利益相关者的各种利益和需求。根据Taylor和Baines（2012）对英国大学教师绩效管理的研究,平衡计分卡在绩效管理中的运用,尤其是移植到高校教师绩效管理中,对科学、客观地评价教师绩效具有一定的作用。但在使用平衡计分卡进行大学绩效评估时也有一些注意事项,在移植过程中需要将平衡计分卡原有概念与高校教师绩效中相关概念进行对应,例如：环境识别和情报收集如何提供平衡计分卡的方向和背景？谁是"客户"？如何将战略计分卡与运营计分卡相关联？

测量方法主要是为了满足测量目的及确保测量的准确性,避免为了测量而测量。在具体操作上,制定较为严格、开放的评估程序和规则,对绩效的衡量主要基于多角度的评估,对于科研绩效评估多采用同行评估。

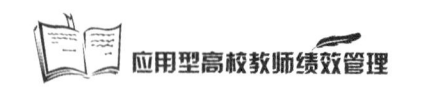

(五) 绩效评估结果的应用

高校教师绩效评估的最终目的并非得到绩效评估结果和数据，关键在于合理利用评估结果，将绩效评估结果作用于教师的能力诊断和发展、教师劳动的个人补偿、教师的职业晋升。教师绩效评估的运用对于以往教授终身聘任制造成冲击，在各个国家绩效评估越来越与教师的聘任、晋升、补偿和奖惩挂钩，改变了以往没有人会因为工作表现不佳而被解雇的局面，使教师在工作时具有一定的危机感，提高其教学科研积极性。

(六) 国外高校绩效管理评估

如何使高校教师绩效评估适应高校教师生产力的积极发挥，适应人类知识的生产、传播和创新的价值，一直以来都是研究者和高校管理者所要面对的问题。经过对国外绩效管理的研究，国外高校的绩效管理主要有以下特点：一是教师聘任方面，一般都具有相对完善的教师准入机制，一般要求教师水平能够达到高校的最低期望，为高校教师绩效管理奠定了良好的人力资源基础。在美国，许多高校对教师进行选聘时，首先要求教师具备博士学位，其次只有通过学校人才委员会的认可才能够进入高校成为一名教师。如此严格的标准，不仅利于高校教学科研水平的提高，同时也会激励有志于进入高校工作的人才进一步提高自身能力和学历。欧洲有着与美国相似的经济体制和经济环境，因此在教师的选聘上也与美国有相似性。这些措施都使高校教师绩效考核有着良好的支持措施和文化环境。二是绩效评估过程中及时进行绩效沟通和绩效反馈。这不仅保障了教师的知情权和表达权等基本权利，体现了高校对人才的尊重，激发了教师的工作积极性，同时也在很大程度上缓解了冲突，减轻了教师对绩效评估的抵触，有利于绩效评估的顺利开展。另外，合理利用绩效评价结果，也有助于教师的职业生涯发展，促进教师的个人能力和学术水平的提高。三是绩效评估程序上力求公平、公正、公开，在国外，高校教师绩效评价制度的公开透明是高校绩效管理不可缺失的一部分。国外大学教师绩效评价制度的公开、公平、公正成为国外各大高校教学评价指标中不可缺少的重要部分。四是绩效评价方式注重多样性。以尊重人才的多样性为原则，根据教师的工作侧重点，从多角度、多途径评价教师的工作，其中大多都是看重教师的科研能力，将教师定位为学者型教师，在方式选择上考虑到客观性和全面性，采取同行评价、学生评价、个人评价和校外第三方评价等方法，同时在过程中也注重教师的参与，给予教师充足的主体权。

（七）对我国高校绩效管理的启示

一是完善高校整体管理制度和人力资源管理系统，将绩效管理作为高校人力资源管理的子系统。从人力资源管理其他内容，如招聘、培训、薪酬和员工关系等方面对绩效管理提供支持和帮助，并且将管理学与人力资源管理其他模块的方法如目标管理、平衡计分卡转化成适应绩效管理的有效手段。

二是改变绩效管理的理念观念，使绩效评价的内容尽量全面，改变过去"重科研、轻教学及服务"的理念，开始重视高校教师的另一项重要职能——教学职能，公平、客观、合理地评价教师在教学上的付出和贡献，并提供合理的工作补偿。同时，优化对科研工作绩效评估的指标建立和工作流程，改变功利性的"为论文论"，对教师的科研成果进行全面的评价，并且注重对教师科研成果获得过程的评价和总结。

三是高校绩效管理应融入高校的战略规划。各类高校应该根据自身发展特点，避免机械化和"一刀切"地进行绩效管理。应该根据高校战略及教师能力对评价内容进行不同的权重分配。高校应该采取多元化管理，对教师类型进行划分，设立科学合理的绩效管理指标体系，对不同类型的教师进行分类评价，做到公正、客观地评价各类教师工作付出。

四是在绩效管理中建立起有效的沟通和反馈机制，让教师参与绩效管理。在建立沟通和反馈机制之前，高校管理者首先要改变对教师和高校之间关系的认知，将管理和被管理的认识观变为服务与被服务的认识观，因此高校和教师之间更多的应该是合作而非冲突。而在绩效管理方面促进双方合作，减少冲突的有效手段便是建立有效的绩效沟通和反馈机制，使教师参与到绩效管理中，激发教师的工作自主性和积极性。

二、国内相关研究

现代人力资源管理的发展经历了档案管理、政府职能管理和企业管理三个阶段。当下已进入到战略人力资源管理阶段，因此绩效管理也进入到战略性绩效管理阶段。战略性绩效管理是以高校发展战略为依据，把教师个人目标和学校战略相结合，以教师为核心，实现教师个人价值。

绩效管理作为在西方政府改革运动中形成的推动政府管理效率的新型

管理工具，一经产生便被西方管理学家进行广泛发展完善，但被引入中国后，国内的绩效管理主要应用于企业管理中，因而公共部门的绩效管理发展起步较晚，在20世纪80年代后，我国的高校绩效管理才开始产生，其研究内容主要集中于教师的教学工作，随后逐步成为评价教师教学工作的主要手段。1983年，中国正式加入国际教育成果评估协会，开始将绩效管理应用到高校教师的管理中，开始了对教师教学和研究工作的评估，逐步形成了我国的高校教师绩效评价理论体系和实践经验，并应用于指导教师发展。1990年，中国近500所高校开展了不同程度的教学评估，评估的重点是课程评估和教师教学质量评估。此时，高校教师绩效考核开始成为常态。与此同时，教育领域的法律法规不断建立并完善，《中华人民共和国教育法》《中华人民共和国教师法》等相关法规的不断颁布和实施，为高教教师绩效评价提供了法律保障。1997年，高校教师绩效提升开始在福建省漳州市率先启动试点工程，当即引起了社会的强烈反响，得到了高校的积极反响，并逐步加快了高校教师绩效改革的速度。伴随着我国行政部门开始进行机关效能提升建设及新一轮的工资改革，政府开始谋求建设服务型高效率的服务部门，由此也对高校的绩效管理发展提供了方向和借鉴，进一步促进了我国高校绩效改革的进程。

经过多年的经验积累，人们对高校教师绩效评估体系有了更深入的了解，特别是政府部门和机构的绩效管理的改革不断深入，实践成果也逐渐引起了理论界的关注，激发了学者们对教师绩效评估进行进一步的理论和实践的探索与研究，并取得了丰硕的研究成果。首先，认识到了当下我国高校绩效管理和教师绩效评估的难点和关键在于科学、客观地建立高校教师绩效评估指标体系。其次，教师绩效评估的结果直接影响教师的工作满意度，进而影响教师的激励效果和教师的未来发展。根据相关国外绩效评估理论，研究人员开始利用国外的成功实践经验，着手进行我国高校教师绩效评价指标体系的构建，并对其可行性进行了深入分析和实证研究。徐秀英和韩梅贵（2005）提出，研究型大学教师绩效评估指标的建设应该应用层次分析法，将绩效评估内容分成不同层次的若干指标体系，包括教学、科研、学生培养、学科建设、服务工作五个一级指标，15个二级指标和41个三级指标，并且根据高校的水平层次及高校教师的工作分类对不同指标赋予不同的权重，以体现绩效评价的全面性和合理性。层次分析法用于确定各级指标的权重，构建适合研究型大学的教师绩效评估指标体系。

房国忠等（2006）提出了一个适用于所有高校的教师绩效评估体系，它可以调整权重以反映不同学校的发展特征。郭和旭（2006）首先将数据包络分析（DEA）法和基准管理思想引入高校教师绩效评估中，为教师绩效评估提供了一种新的方法。

关于高校教师绩效评价的内容，黄永亮（2018）认为，大学教师工作绩效是指对高等院校从事教学与科研活动的专职人员在教学工作、科学研究、社会服务等方面工作有效性的描述，以此来衡量工作完成的质量与既定目标的相符程度。大学教师绩效评价主要对教师工作过程、行为与结果进行评估，一般通过定量与定性的方法进行评价。对教学、科研与服务等任务绩效采用定量评价，对于教师工作责任感、主动性、创新性、工作态度等关系绩效采用定性评价。张萍等（2019）在对教师绩效考核的目标定位中，认为学校管理者应当适当淡化绩效考核的管理性职能，以服务教师为宗旨，注重绩效考核的发展性职能。教师绩效考核的发展性职能是将教师绩效考核的结果作为诊断教师教学工作存在的不足的依据，为教师改进不足、进行相关培训提供建议，促进教师的职业发展。发展性职能摆脱了管理性职能充满压迫的模式，将教师的发展放在第一位，以动态、长远的眼光看待教师的教学工作与职业素养，人性化的方式更有利于激励教师改正不足，提高教学工作的质量，对教师以及学校的长远发展有利。

私立学院和大学是初始应用型大学的主要组成部分，主要包括高职院校和私立学校。21世纪初，高等教育受到欢迎，公共教育资源不断扩大。中国政府鼓励社会力量办学，私立学院和大学崛起。虽然国家鼓励私立学院和大学，但对私立学院和大学的投资很少。少数私立学院和大学正在寻求生存发展，将学科与市场需求相结合，扩大学生的来源，提高就业率。这些成熟的私立大学已成为中国首批应用大学的源头。此外，在"上层"发展道路上疲惫不堪的高校已成为应用型大学的另一个来源。

面对机遇和挑战，为适应高校发展，党中央提出，从2010年1月1日起，公共机构将全面落实绩效工资制，并在高校实施绩效工资，绩效管理是基础和关键。国内大学逐渐将教师绩效管理放在重要议程上，对高校教师绩效管理的研究再次回暖。学者们从构建现代大学制度开始，探索和完善高校教师绩效管理体系，提高高校教师绩效管理水平和有效性。然而，许多高校的人事制度改革并不如人愿，许多老师不关心评估，认为这是走过场。现实和理论存在很大反差。井婷等（2005）从宏观的视角提出了教师绩效评估不应与教师绩效管理分开存在，指出教师绩效评价的绩效定义不明确、指标体系不完善、评价目的不明确、实施过程缺乏培训和监督等问题。汪晓媛（2008）采用问卷调查的方法，研究了高校教师教学工作评价中存在的问题，提到评估反馈是评估教学工作中最薄弱的环节，大多数教师不了解评价依据，得到的反馈仅限于评价数据。但是，不知道"为什么"的评价不能有效提高教师的教学工作水平，评价效果大打折扣。王刚（2008）针对高校教师绩效考核体系仍然忽视青年教师长期发展的现象，提出建立符合青年教师的绩效考核体系和发展性评价指标，为青年教师的长远发展提供必要的支持和指导。林家莲（2007）阐述了我国高校教师绩效管理体系中存在的问题，如对绩效管理缺乏认识、缺乏以人为本的管理和管理体系不健全，建议加大对上述问题的激励力度，构建科学的、以人为本的绩效管理体系。宋小平等（2009）提出，传统的高校教师绩效管理忽视了高校教师的劳动特征（劳动动机、工作要求和劳动人格），因此要构建基于高校教师劳动特征的绩效管理系统。万鑫森（2016）认为，现行的高校管理模式不能适应高校发展的新需求，需要建立以投入—产出为核心的绩效管理体系，合理配置高校资源，从而实现高校人才培养、科研和社会服务的管理目标。黄黎华（2017）指出，应用型本科高校教育质量管理及其考核评价制度改革是高等教育综合改革的一项重要内容，对加强高校教师队伍建设、提高高等教育质量具有十分重要的意义。他通过对应用型本科高校教育质量管理思路与绩效评价体系的探索，以期为高校教育管理工作提供参考。比较发达国家的做法，我们也看到许多缺点，主要集中在：①没有建立完善的绩效管理体系，以绩效评估代替管理。②评估科目单一，缺乏连续性。一些学校教师的教学评价已成为唯一的评价方法。此外，如何保持绩效管理的连续性也是管理上的难点之一。③评估结果缺乏应用，激励效果有限。在大多数高校中存在只重过程不重结果，管理只重量不重质的现象，并逐渐成为一种形式和一种过场。

  总之，随着高校教师人事制度改革的全面实施，高校人力资源管理水平有待提高。因此，如何将高校教师的管理从单一环节提升到综合的绩效管理体系迫在眉睫。2006年，宁波职业技术学院人事处王杰法将目标管理法应用于教师绩效管理中，用来提高教师绩效管理的效果。李冬梅和邵英辉（2008）分析了高校教师人格特征和心理因素对管理实践的影响，提出用心理契约构建高校教师绩效管理的动态模型。肖其森（2008）建议将系级直抓、院级主管、校级统筹的教师绩效管理方法应用于高校教师绩效管理。仇玉山（2008）探讨了将平衡计分卡方法应用于高校教师绩效管理的可行性，以及平衡计分卡的优势、应用中可能存在的问题。王彬（2006）提出，高职教师是智力资本的载体，应有效运用智力资本管理理念，创新高职教师绩效管理，充分调动教师的创造力和积极性。崔长欢（2008）和王大南（2006）讨论了岗位聘任制下高校教师的绩效管理，分析了我国教师岗位聘任制度实施中应注意的问题。郑蔚文（2011）根据应用型本科院校的特点构建了基于平衡计分卡的应用型本科院校绩效评价体系。刘洪茹（2017）全面分析了应用型院校绩效管理体系重构的重要意义，并根据现实情况，分析了绩效管理体系重构中面临的困境，提出了重构教师绩效管理体系的有效策略，旨在为应用型院校教师绩效管理体系的重构提供建议，以更好地实现院校的发展。徐明伟（2018）基于对应用型本科高校发展方向的定位，对应用型本科高校绩效管理实施研究中的一些问题进行了探讨，指出尽快形成一套完善而科学的应用型本科高校的绩效管理制度是我国各大高校的当务之急。

应用型高校教师绩效管理研究随着高校绩效管理改革的不断发展将越来越深入，理论和实践都会有进一步的发展，企业管理的新方法将会有更多应用其中。通过研究人员和学校管理者的共同努力，高校将为具有鲜明特色和实际情况的高校教师构建绩效管理体系，促进教师队伍的开发建设，促进学校的全面发展。

第三节 研究内容、研究方法与创新之处

一、研究内容

本书以应用型高校教师绩效管理为研究对象，梳理了国内外相关研究成果，阐述了应用型高校的定位、职能和基本特征，总结了应用型高校教师绩效管理的相关理论，分析了目前应用型高校教师的绩效管理现状，然后针对应用型地方高校教师的特点和地方高校当前绩效管理的问题，设计

构建了一套基于OKR的应用型高校教师绩效管理体系，同时探讨了应用型高校教师绩效管理的保障措施。具体内容如下：

第一章，导言。主要介绍本书的背景和意义、国内外研究现状、研究思路和框架、研究方法和可能的创新点。

第二章，应用型高校教师绩效管理的理论基础。阐述应用型高校的定位、基本特征、职能（人才培养、科学研究、社会服务）及应用型高校教师绩效管理的相关理论（大学教师发展理论、教师分类管理、教师评价理论、绩效管理理论、绩效管理工具）。

第三章，应用型高校教师绩效管理现状分析。分析了影响应用型高校教师绩效的因素，并通过对应用型高校教师绩效管理调查问卷的统计分析总结了应用型高校教师绩效管理的现状和问题。

第四章，应用型高校教师绩效管理体系构建。介绍了应用型高校教师绩效管理原则和应用型高校教师绩效管理系统的组成，并针对应用型高校的特点，结合此类高校绩效管理中存在的问题，设计构建了一套适合应用型高校的基于OKR的教师绩效评价体系。

第五章，应用型高校教师绩效管理的实施保障。为了更好地提高教师绩效水平，确保教育教学质量实现人才培养目标，必须建立完善的绩效管理体系。基于此，提出了诸如规范大学治理体系、打造大学绩效文化、强化绩效引导作用、完善教师激励机制、保障高校运行机制等一些使应用型高校教师绩效管理得以顺利高效实施的保障措施。

第六章，应用型高校教师绩效管理的发展趋势。国家政策的推动加速了高校教师分类管理的实施，加上高校用人机制的不断深化改革，构建基于高校教师分类发展的绩效评价体系相对比较符合我国大多数应用型高校的发展阶段。VUCA时代组织需要敏捷响应外部变化及组织发展的需要，发挥OKR的激励功能，应用社交化的绩效工具加强绩效沟通，借助绩效技术提升学校管理的科学化水平，促使应用型高校完善绩效管理体系。

二、研究方法

研究方法是揭示事物的本质特征及其相互关联的思维方式，在科学研究过程中不断进行总结和提炼。本书主要采用文献研究法、问卷调查法、访谈法等，具体如下：

(1) 文献研究法。本书根据应用型高校教师绩效管理这一研究课题，探索一套更适应应用型高校教师绩效的管理体系为目的，通过以文字、符号、数字等信息的形式收集和分析现有的文献资料，全面、正确地理解和掌握所研究的主题；不断广泛与深入地阅读国内外关于高校教师管理、高校人力资源管理、高校战略及高校绩效管理方面的文献资料，掌握高校教师绩效管理的相关理论和实践经验，通过对绩效管理本质内涵、特点特征、运行机制的了解，结合相关研究，对我国当下进行的高校绩效管理改革提供改革设想，对应用型高校发展及绩效管理提供建设性意见。

(2) 问卷调查法。我们以书面形式将一系列针对应用型高校教师绩效评价体系的问题严格设计出来，分发给某些应用型高校的教师去填写，征求、收集不同人员意见，然后进行统计分析，最后处理调查结果。本次调查的教师是从在应用型大学从事教学和研究的教师中挑选出来的。他们都是全职教师，不包括专职行政人员。调查问卷主要通过现场分发和网络分发，在发出问卷时考虑了教师的年龄、性别、职业类型、受教育程度、职称等，被访者根据表格填写答案。现场发放是通过带着问卷到教师的集中地点进行的，主要是选择每个学院的教职员工会议室。为了让更多的教师参与调查，通过高校人事部门以邮件发送方式对教师进行问卷调查。

(3) 访谈法。本次访谈的目的是采访一些应用型大学的管理层和高级教师，就应用型高校教师绩效考核指标的设置征求意见，了解绩效管理实施现状、成效及存在的问题，并讨论管理层为确保教师绩效考核体系所承担的任务，保证教师绩效考核体系科学、公正，得到学院领导和教学人员共同认可，确保实施过程的顺利进行和实施效果的有效性。

三、创新之处

绩效管理在中国企业中的应用已经广泛而成熟，并取得了良好的效果。但是，教育组织中很少有成功的做法，特别是应用型大学。应用型大学的特殊性决定了其教师与普通高校教师的评估要求大不相同。应用型高校教师需要兼顾教学和科研。在教学工作中，他们还必须注意教授的基本知识和工作技能。因此，应用型大学需要科学、合理的教师绩效管理体系来指导教师的工作，实现有效的教师激励，为学校管理提供依据。然而，应用型院校教师的绩效测评更难，内容多、有偏见，迫切需要一个能够适

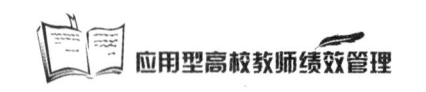

应其实际情况的绩效管理系统。目前关于高校教师绩效管理或者应用型高校教师绩效管理体系重构的研究有很多，但大部分是分析了应用型高校绩效管理体系重构的重要意义，提出了重构教师管理体系的有效策略，旨在为应用型院校绩效管理体系的重构提供建议。基于平衡计分卡、目标管理法、KPI的高校绩效管理相关研究和应用较多，但关于OKR在高校绩效管理中的应用比较少见，尤其是应用于应用型地方高校的相关研究较为罕见。主要创新点如下：

（一）OKR在高校绩效管理中的应用

针对国内应用型地方高校教师绩效管理体系存在的问题，本书基于传统绩效评估方法的不足，导入了新的绩效管理工具OKR，并从内涵、制度等方面揭示了这些思想和方法，提出并构建了基于OKR的应用型高校教师绩效管理体系，将OKR与传统的KPI考核相结合，强调简化管理"目标+关键"的实施过程，旨在确保教师能够齐心协力、通力合作，集中精力为高校发展及个人进步做出可衡量的贡献。其中，OKR可以保证高校目标及关键成果分解实施，使团队可以明晰组织整体目标和个人目标，集中精力聚焦于发展战略，并进行信息及时共享，提出完成组织目标的新方法，也为我国应用型高校绩效管理改革提供新的指导思想。

（二）丰富和完善教师绩效管理理论

创新应用型高校教师的发展性评价体系，促进教师自我发展和自我完善；深化教师分类管理理论，创新性地将OKR绩效工具与高校结合，为构建科学合理、开放灵活的大学教师评价体系提供政策建议和理论依据，激励教师个人发展与职业发展有机结合，引导教师更好地服务院系和学校战略目标。

应用关键绩效指标理论，对高校战略分解、绩效评价指标的提取、指标体系的建立等方面进行研究，提供了实证研究基础成果，推动应用型高校战略目标的落地与执行，为应用型高校教师绩效管理体系的设计和实施提供科学有效的操作方法，在高校人才规划、职称晋升、人员聘用及绩效分配等制度建设方面均具有重要的现实意义。

第二章 应用型高校教师绩效管理的理论基础

第一节 应用型高校的定位与基本特征

一、应用型高校的办学定位

1. 定位和办学定位

"定位"一词首先出现在 Trout 和 List 两位学者的论文中。1981年,他们共同撰写了《定位》一书,该书系统地讨论了"定位"的概念:认为定位始于产品,公司、商品、机构、服务或人……但是定位不是关于产品本身的作用,这意味着采取行动应对潜在的客户心理,即将产品置于顾客心中的适当位置。

菲利普·科特勒将最初应用于广告领域的定位引入营销领域,并明确定义了定位:它是公司形象和供应的设计,使其可以在顾客眼中占有一个独特位置的行动。与此同时,他提出了三个定位策略:寻找一个空置的区域、加强和改善现有立场、重新定位或反定位。可以看出,唯一性是定位的基础和方法。从任何角度来看,定位理论都说明了这样一种观点,即定位不是定位物体本身,而是占据消费者心中的合适位置。一旦占据这个位置,它自然会引导人们在需要时考虑它。

办学定位是高校的顶层设计,是基于高校所处社会政治、经济和文化发展环境及社会进步的需要,根据高校办学层次和办学条件确定高校发展方向、目标、建设的重点与办学的特色,高校顶层设计的主要内容有办学思想、办学特色、管理理念和发展目标等。在不同的发展阶段，教育学者和管理学者的教育管理思想不同，对"定位"的概念界定也不同，所以办学方向不同。高校前一阶段的定位是下一阶段办学的基础，下一阶段是前一阶段办学的延伸和发展。高校只能在一定阶段有适当的定位。只有这样，才能更好地结合现实，为未来获得更大更好的发展机遇和空间创造条件和机会。办学定位源于现实实际，立足现实，服务当前，尽可能地满足现实需要。

2. 应用型本科院校的办学定位

进入20世纪80年代以后，国际高等教育发展出现了新的趋势和方向，随着经济进一步发展，社会对具有实践能力和创新能力的人才需求越来越大，人们越来越意识到实践教学是培养学生能力、提高学生职业素质和就业竞争力的重要方式，各高校开始普遍注重实践教学和加强应用型人才培养，满足社会和企业对人才的需求。目前，中国已建成世界上最大的高等教育体系，拥有世界上最大的高等教育规模，尤其是改革开放以来，培养了大量的人才，为现代化建设做出了巨大贡献。然而，随着中国发展进入新时代，经济发展也进入了新常态，过去只注重发展速度的情况发生转变，开始向追求高质量发展迈进，经济结构不断调整，产业升级不断加快，同时社会文化建设和人民的精神需求开始受到重视，导致人才供需关系发生了深刻变化。面对这一系列的情况，高等教育结构性矛盾更加突出，高等教育的人才培养模式亟须升级，以适应新时代新发展的要求。2013~2017年高校毕业生初次就业率连续五年超过77%，毕业生就业困难和就业质量低下的问题有所缓解，但由于我国高校新的以培养应用型、创新型、复合型人才为目标的培养模式尚未建立并完善，高校毕业生同质化趋势依然严重，其所具备的能力已跟不上时代需求，尤其是生产性服务人才供不应求，我国的人才培养结构和质量尚未完全适应经济高质量发展和经济结构转型及新旧动能转换和产业升级的要求。在这样的大背景下，地方本科高校应适应新的时代要求，服务于地方经济转型和发展，及时确立培养本科应用型人才的办学定位，提高办学质量，增强办学竞争力。这不仅是实现学校事业可持续发展的需要，也是高校密切联系社会，为社会经济发展服务的要求。在高等教育大众化的背景下，发展应用型本科教育，建设应用型本科高校，努力培养应用型人才是一种必然选择。2014年3月，中国教育部的改革方向明确：全国1200所本科院校中有600多所将逐步转向应用技术大学,转型本科院校占大学总数的50%。

2018年9月,习近平总书记在全国教育大会上强调,要提升教育服务经济社会发展能力,着重培养创新型、复合型、应用型人才。近年来,在国家和政府的大力支持下,部分本科院校开始积极探索向应用型高校转变,并取得了一定的成就和经验。在这个转型中,需要着重理解三个核心概念,即转型、本科高校、应用型,这三个概念是相互联系的。就"转型"看,目前我国高校转型大体有以下四种:一是由单科到多科、专业型向综合型高校转变;二是由以教学为主导发展向产学研用"四位一体"发展转变;三是由外延式发展向内涵式发展转变;四是由学术研究型大学向应用型大学转变。"本科高校"则说明目前专科层次的办学已经是应用型为主了,所以向应用型高校转变的主要是以往以学术研究为发展目标的本科院校,并且是部分科研水平较低的地方本科院校,由于学术资源有限,在满足院校发展和服务地方经济的双重压力下进行转变。"应用型"则是指高校发展应该满足国家战略需求和科技创新的需要,培养大批具有创新精神和创业能力的高素质应用型人才。

应用型本科院校是指以应用型本科教育为办学定位,以开设社会经济发展所需要的应用型学科为主,以培养应用型技术技能型人才(应用型人才)为主要目标的本科院校,区别于传统的以科学研究为主要教育方向的本科院校,也称为应用本科院校和应用型大学。从狭义上讲,应用型大学专门致力于服务于本地区的经济和社会发展,满足青年学生的就业愿望,原来的地方本科院校、民办本科院校、新升格为本科院校的高职院校和私立本科院校组成。它是相对于研究型大学和教学研究型大学来说的,根据中国大学培养的特点,这是中国经济建设现代化和高等教育大众化推动的一种新型本科教育。一些应用型大学开展研究生教育,以教学和科研服务当地,它有自己的人才培养目标、培训规范、培训流程、培训方法和评估标准。在这个阶段,它通常包括所有第一批本科和第二批本科录取机构。目前我国建设应用型高校的主要力量有部分老牌本科高校、部分升本较早的新建本科高校和部分其他新建本科高校。

部分本科高校向应用型转变,就是需要这些大学发挥自身特色,重视高校的社会服务职能,以切实服务经济社会发展需求为导向,以培养应用型、复合型、创新型人才为目标,注重专业知识、专业技能的培养和训练有机结合,使学生既要有一定的理论基础,也要有一定的实践经验。应用型人才关键在于"应用"这个词,"应用"即是要求人才培养要体现新时代下的时代精神和符合新常态发展的人才观和素质观,以创新型教育思想为指导,建设符合社会经济发展方向的新学科、新专业和新课程,升级更新教学模式、教学手段、教学内容,提升教学水平,培养具有一定职业竞争力和社会适应性的应用型、复合型高素质人才。部分本科院校向应用型高校转型的关键是培养应用型人才;培养应用型人才的关键则在于在实践中积极探索,创新应用型人才的培养观念和培养路径。在目前各高校实践中,在应用型人才培养探索上,都要求人才培养要结合地方特色,立足于地方需求,注重学生实践能力的需要实践、探索、创造,特别是要在实践中探索应用型人才培养的教育观念和路径。要求各专业要紧密结合地方特色,注重学生的动手能力,培养应用型人才,从教学体系的构建中体现"应用"一词,其核心环节是实践教学。总体方向是面向应用的,这并不意味着大学的每个学科都应该培养应用型人才。一些学科可以培养学术型人才,一些不适合应用的基础学科可以考虑教学和研究的发展方向。

应用型高校的办学定位主要体现在以下几个方面:第一是教学和研究。应用型大学注重教学实践,将教学过程与生产实践紧密结合,强调产学研相结合的人才培养模式。有必要把重点放在教学研究上,作为科学研究的补充,以培养和提高教学质量。科学研究应偏向于实践教育价值取向的应用。第二是学科和专业。应用型高校是一种专业化的教育。其专业设置主要是为了满足社会中某种人才的需求,不再基于学科的发展。其职业将随着产业结构调整和人才需求而发生变化。专业建设有赖于学科,面向应用,提升专业适应能力,应用导向,坚持区域经济和产业发展服务,为人才市场需求设置专业。专业建设的重点是课程建设,主要包括课程组合、实施过程、教学技巧方法、教学基地建设。应用型大学还要开展学科建设,建立应用学科体系,把应用和应用科学研究作为学科建设的指导思想,积极构建技术学科、工科学科和复合学科,以更好地支持专业的建设与发展。应用学科是专业建设的基础和应用,应用专业是应用学科的范畴和应用。第三是课程和教学。应用型高校从工作需求出发,设置技术学科和技术实践相融合的课程,课程目标必须考虑本科教育的基础性和阶段性,并考虑应用型人才适应一线工作的要求。课程内容侧重于成熟的、应用技术的陈述性知识和经验知识,并强调相关结论在理论中的应用,以淡化部分理论推导过程。课程实施侧重于学生的实践活动,将知识和技能内化为能力，注重技术活动，突出以学习者为主体的教学方法。课程评估采用书面考试等多种评估方法，采用以教师、企业和学生为主体的多种评价方法。课程类型包括基于学科的课程、专业基础课程、技术规范课程、一般课程等。根据当前和长期定位设置，它们之间的比例不是不变的。应用型高校包括理论教学和实践教学。理论教学应服务于实践教学，突出实践教学，并且实践教学要比普通本科的实践学时数多，重视产学研合作教育与实践环节开发，强化实践教学。重视校内实训中心和校外实习实训基地的建设，重视校企合作，使学校的产学研教育、实践基地成为转变学生实习培训和技术成果的平台，加强实验和毕业设计。第四是人才培养目标、规范和人才培养计划。在应用型高校中，为了培养人才，必须根据应用型人才的规范设计人才培养计划并实施，以确保高素质人才的培养。

3. 应用型本科院校在办学定位方面存在的问题

发展应用型大学是社会和教育发展的必然趋势，目前部分应用型大学都是在专升本的基础上发展起来的。目前，在我国高等教育体系中，教学和研究型大学都有测量标准，对应用型大学没有明确的衡量体系。因此，虽然一些应用型本科院校将应用型人才定位为自身的培养特色，将建设应用型大学作为发展目标，但仍未对其定位进行科学认识，尚未形成相对明确的建设目标，实际水平仍然停留在口号上，并且没有落实应用型特征，使人才难以就业。只有科学地了解这一认识并在高等教育系统中找到自己的地位，才能从各个方面反映其办学的特点。

应用型高校尚未形成自己独特的办学特色，还没有回答"如何办学，怎么办大学，培养什么才能"等基本问题，缺乏鲜明的特色和定位，模糊了应用型大学的教育理念。先进的教育理念对学校特色的形成起着重要的指导作用。教育理念反映了学校办学理念和学校的人文底蕴，它包括正确的价值取向、健康的校园文化氛围、激励人的意志作用，是一种理性思考和实践追求，它还能作为一种准则，规范师生的行为，培养受教育者的向上精神，指导师生的实践。

（1）在与社会的关系方面。服务社会功能缺乏定位是中国地方应用型大学定位的问题之一。虽然这些高校在办校过程中积极探索地方经济社会建设和发展服务，并进行了多项相关改革，却无法摆脱落后教育的现状，重视学历教育，教育和教学改革滞后。因此，学生毕业后不会使用他们学到的东西，文凭和实际能力脱节，受过培训的毕业生缺乏适应某些工作、促进社会发展和服务社会的能力和素质。一些大学提倡经济利益大于社会福利，但仅仅基于当地应用大学的经济收入。从短期来看，学校发展已经取得了一定的效益，但从长远来看，这种主张不能带来社会效益，不利于学校本身的长期可持续发展。

（2）在办学特色方面。一些地方应用型高校始终坚持普通高等教育，办学特点尚不清楚。例如，专业设置、课程设置、管理模式等都是复制普通高等教育的模式，尤其是普通高等教育人才培养的目标忽视了应用教育的社会发展需求。当地应用型大学缺乏自己的发展特色，从而进一步导致其在教育教学方面出现了一系列难题。

（3）在人才培养目标的定位方面。大多数地方应用本科院校培养人才借鉴研究型大学的人才培养目标和人才培养模式，注重理论知识和理论学习的教学，而轻素质培养和实际应用，不能满足社会对应用型人才的需求，导致人才供应与需求的不匹配。

（4）在教育目的方面的定位。中国相对缺乏教育资源，导致少数应用型高校教育目标不明确或定位不准确的现象出现，在办学过程中过多强调追求经济利益，以寻求自身发展所需的经济和资源支持，增加收入；同时过度降低教学运营管理费用，经费的投入与使用偏离了人才培养的主线。应用型高校必须明确教育的目的，不忘初心，牢记人才培养的第一使命，从满足学校自身发展的需要转移到兼顾考虑社会发展的需要。

4. 应用型本科院校在办学定位方面存在问题的原因分析

如何定位应用型大学及如何建设应用型大学已成为高等教育改革的重要任务。解决问题的关键是找到影响应用型大学定位的因素。其定位受到多种因素的影响，如表2-1所示。

表2-1 应用型大学市场定位的影响因素

因素	宏观	中观	微观
内部因素	学校的办学经验、人才培养、经费、教学方法、课程开发、教材建设、师资建设、科学研究、教学改革、科研状况、学科建设等		
外部因素	国民经济、国家产业政策、家庭结构、人口规模、社会收入、国家的宏观政策	地区经济发展、地区企业发展状况、地区产业结构、地区竞争状况	城市的经济发展和产业结构、学校周边的企业状况、学校周边竞争情况

由此可以看出，地方应用型本科高校缺乏正确认识和正确的理论指导。由于大学组织的差异性，面对诸多复杂因素和不确定因素，企业衍生的战略规划方法无法适应现有需求，也没有找到一套能够适应复杂情况的地方应用型本科学校定位理论，缺乏宏观经济政策的指导。指导高等教育管理部门就地方应用型本科院校的管理方法达成共识还处于摸索阶段，政策指导和宏观判断是不够的，缺乏适当的社会影响机制。应用型本科院校在办学定位中出现的诸多问题不仅给学校的发展带来了巨大的资源浪费，也影响了教育系统秩序的均衡发展。

随着教育普及阶段的到来和买方市场的形成，关乎应用型大学生存的就是就业，其决定了学校的品牌和来源。这取决于学校能否在定位过程中成功创造市场认可的差异化。差异化的创造性思维不同于传统思维。《蓝海战略》给了我们很好的灵感。定位遵循以下步骤：选择焦点；进行侧向位移以产生刺激；建立联系；定位生成；分析可行性；定位实施。定位可以从学生层面、学校自身层面、企业层面切入。

为确保应用型大学健康稳定发展，在当今激烈的竞争中找到自己的立足点，引导高等教育的合理定位、分类和发展，从适应经济技术发展的需要出发，中国的国情是一个值得进一步讨论的问题。每个本地应用型本科院校的定位应根据自身的办学特色，实践创新，以特色和质量求生存，以区域经济社会需求为导向，充分发挥办学优势，积极创新教育模式，提高教育质量。

二、应用型高校的基本特征

目前，中国应用技术人才的数量和结构远远不能满足市场需求，这是不争的事实。因此，现在有必要建立应用型高等学校，否则就会使我们的建设工作陷入盲目状态，脱离科学发展的轨道，浪费资源，降低工作效率。应用本科院校要培养本科工程、技术和技能型人才，特别是注重培养工程技术人才。应用型高校应具备就业导向型的人才培养方向、以职业导向为主的专业设置、以专业性和实践性为主的课程设置、以理论与实践相结合为主的教师队伍、与应用型本科院校相一致的保障体系。中共十九届四中全会对坚持和完善中国特色社会主义制度、推进国家治理体系和治理能力现代化作出重大战略部署。高校作为先进文化的建设和传播基地，为社会前进提供精神动力和智力支持。纵观高校发展史，提供符合经济社会发展的人力资本、创新技术，提高劳动生产率，解决社会问题等是对高校的合理要求。随着这些社会职能的扩展，高校理应按照国家治理体系和治理能力现代化的总目标和总要求，建立起高校社会责任管理体系，完成从被动的社会义务履行者到主动的社会责任承担者的角色转变。

国内大学分为学术型大学和应用型大学两类。前者重视实验性的研究和理论性探索，以培养教学、科研人才为主，授予的学位主要为学术型学位，有一套较为完整、先进的人才培养体系与科研理念作支撑。而应用型本科教育是中国经济建设现代化和高等教育大众化带动的一种新型本科教育。它突破了传统高校的教育模式，作为一种新的教育类型，为我国输送管理和服务一线、生产、工程等方面的高级应用型人才。它是相对于学术型大学而言的，重在"应用"二字，注重学生的实践能力，其核心环节是实践教学，要求各专业要紧密结合地方特色，在教学体系建设中要体现"应用"二字。

（1）人才培养方面。人才培养是高校社会责任国家维度的重中之重。人才培养的方向强调专业的适应性，促进产业、大学和研究机构的合作，即实现学校与企业之间的合作教育、合作就业、合作发展。对于当地经济和工业的生产、管理和服务的一线职位，主要培训技术工程师、技术研究人员和技术管理人员。高校的人才培养在传承民族文化、宣扬道德规范、研究社会问题、满足社会需要、输送人力资本、引领社会思潮等实现国家繁荣富强方面具有重要影响，这也是高校所承担的历史使命。

（2）科学研究方面。应用研究技术开发和关键专业实践的应用强调研究成果或专利的转变。高校作为科研创新的重要力量，必须把科研优势转化为科技优势，再通过充分的市场竞争将科技优势转化为市场优势，最终拉动国家和地方经济社会快速发展。当前，外部不确定因素增多，高校科研院所、实验室等更要发扬自立自强的精神，成为科研成果转化、技术转移的重要平台，主动承担起本地区重大科研攻关、项目研发和课题调研，在服务经济发展的同时，自身业务能力和创新能力也将不断提高。

（3）社会服务方面。通过科技服务、专家咨询、职业技能培训等方式直接服务社区或区域经济发展，解决当地生产建设过程中的技术难题。从社会责任角度看，更多的是为经济社会发展提供必需的基础性研究和应用性研究，高校的研究成果必将成为整个社会创新的重要基础。习近平总书

第二章 应用型高校教师绩效管理的理论基础

记在全国教育大会上强调,要"提升教育服务经济社会发展能力"。首先,高校作为智力和人才的聚集地,通过对科学技术的深入研究,加快应用型科技成果转化和推广,解决地方生产的实际问题。其次,高校在智库建设方面具有天然优势,通过建设新型智库,发挥战略研究、咨政服务、人才培养、舆论引导、公共外交的作用,为政府决策提供信息、法律、心理等方面的咨询,为地方经济建设建言献策,以及为传播与辐射先进文化服务。

应用型高校应遵循专业规则,促进技术和技能人才的培养。应用技术和技术技能人才的增长有其自身的规则,这与普通教育不同。许多发达国家都已建设应用型高等院校,这也是我国决定建立职业教育学制体系的原因。因此,应该推行一系列配套改革,如从儿童入手,植入职业教育基因;将职业教育与普通教育进行联系;倡导全社会的不唯学历论;建立畅通升学渠道。一方面,它改革了普通教育和职业教育的体制和机制,改革了人才培养的评价体系和标准;另一方面,它探讨了中等和高等职业学校的"3+2"或"3+3"分段培养,以及中职与本科"3+4"分段培养、高职与本科"3+2"分段培养等学制改革。专注大学生就业和应用型人才培养的万企千校平台提出,应用型大学和高职教育的发展、应用技术人才的培养已被列为国家战略,也是国家和地方经济产业结构转型的需要。可注重以下几个方面:①应用型高校应有重点地服务地方经济社会发展。②应用型高校应遵循专业规则,促进技术和技能人才的培养。应用技术和技术技能人才的成长有其自己的规则,这与普通教育不同。③应用型高校应抓住机遇,积极实施校企一体化。④应用型高校应注重科学教育和教育的创新和改革。

注重专业核心能力培养,根据专业核心能力要求,形成具有基础性、原理性的本专业的专业核心课程;要根据本专业实践能力要求,将课程与实践相结合,注重实践能力培养;注重创新创业能力培养,培养学生的创新精神、创业意识和创业能力;注重职业道德培养,可以单独开设课程或结合思政课、专业课进行;最重要的是,要注重个性化培养,教育要回到个体中,培养应用型人才,更需要个性化。刘献君教授也分享了文华学院采用的三九个性化教育模式。"个性化教育起点是尊重学生,终点是学生尊重。"

应用型大学应如何培养应用型人才是大家一直在思考的问题,对于如何将其与学术型大学、职业院校区分开来，觉的十九大报告中已经给出了答案：政教融合、校企结合。应用型大学要将目标定位于培养企业、社会需要的人，用这一目标来指导科研和教学。

首先，我们必须坚持学校的应用导向，具有清晰的学校战略定位，包括培养目标定位、培养层次定位和专业学科定位等。目标定位是培养应用型人才，建设高水平的应用型大学，提供应用型科研成果和社会服务，以促进地方社会经济发展；层次定位是分层培养、分类培养应用型人才，根据社会需求和学生能力，以培养应用型本科生为主体，以培养特色高职教育为辅，兼办成人教育，重视继续教育和培训的发展，并根据应用型高校建设进程和社会实际需要，适时发展应用型研究生教育；专业学科定位是紧跟社会发展热点和前沿，大力发展高新技术产业和新兴第三产业的学科，推动高新技术和新兴技术的研究，形成推动经济发展的新动力，并以地方特色优势驱动其他相关行业的发展，服务于地方经济发展。

其次，应该建立一个适用于现代工业发展的应用学科。应用型大学建设和发展的主要问题是建立服务于区域经济发展、满足地方产业发展需求的应用型专业学科。通过对地方社会经济发展实际情况的科学调研及对产业发展的人才和技术需求的认真分析，从而确定学校的人才培养目标和形成人才培养体系，建设适应区域社会经济发展的学科体系并根据地方经济发展特色和人才急需领域，集中力量抓好重点学科建设，形成专业品牌特色并能够切实满足现代工业发展需求，最终使不同层次、不同学科的专业相互支撑、相互匹配，形成完备的应用型人才培养制度框架。

最后，要建设科学合理的专业课程体系。目前，中国应用型人才的培养，由于存在偏重理论、专业教育有限、内容与技术发展脱节、实践性缺乏等缺陷，导致培养出来的学生知识匮乏、素质不全面、动手能力差、创新和创业能力薄弱。为此，有必要做好四个方面的教育：一是满足人才培养基础教育，即通识教育和职业教育；二是人才培养专业基础教育，即基础理论教育、专业教育、科学教育和人文教育；三是人才培养核心教育，即实践教育；四是人才培养精神教育，即科学人文精神教育。纵观世界各国先进的应用型大学发展，其学科课程建设都首先面向社会需求，知识传授与社会实际需求匹配极高，学生毕业后即可适应社会和企业的岗位需求，减少学生进入社会后的二次教育时间和成本。例如荷兰海牙大学的国际商业专业（IBMS），其本科生四年所学课程涉及市场分析与研究、社会商业环境研究、商业沟通交流、财务会计、金融证券、信息技术和经济法律法规等与商业密切度极高的专业知识，并且学校还提供大量的实践机会及与合作院校交流机会，在注重理论知识教授的同时更注重学生实践能力的培养。而与之定位相反的著名研究型大学阿姆斯特丹大学，同样的国际商业专业，其专业课程设置偏学术化和理论化，更多的是强调学生对经济发展研究的能力，并且没有相关的实践课程。对比两所高校的相同专业，不能以好坏来定义两所大学人才培养模式，两所大学的课程设置都是根据学校的战略定位而来的，海牙大学是一所以培养应用型人才为目标的应用型高校，阿姆斯特丹大学则是传统的研究型高校，两者人才培养的侧重点不同，导致其课程设置不同，培养出来的学生能力也不同，海牙大学的学生更具有社会实践能力，能够很快适应毕业后的工作，而阿姆斯特丹大学的学生理论知识深厚，科研能力基础较好，能够适应进一步的学术深造。

应用型人才对社会发展的推动作用主要体现在能够对专业知识与技术进行综合转化，能够灵活具体地应用知识、技术，以及在工作中具备创业创新精神和良好的职业素质。而培养满足社会发展需要的应用型人才的关键是知识、能力和素质结构。如何进行应用型人才知识、技能和素质的培养，是大量学者进行研究的重点。综合各学者的观点，一般认为：进行应用型人才培养必须优化课程专业知识结构。面向职业发展和社会需求，建立科学合理的人才培养知识结构是培养应用型人才核心竞争力和职业素养的基本条件。必须以学生未来职业目标为导向，明确知识结构的社会适应性和开放性的基本要求，以专业知识为基础，以通识知识为保证，以科学人文精神为引领，坚持理论知识与实践经验相结合，不断进行知识创新，以培养适应社会需求的应用型人才。

进行应用型人才培养必须以专业实践能力为核心。根据人才培养的职业目标，结合实际工作中对人才的能力需求和岗位要求，应用型人才应注重加强六个方面实践能力的培养，即社会适应力、就业创业竞争力、创新思维和创造能力、管理能力、信息分析处理能力，以及社会交际和沟通能力。并且各高校应根据各区域经济实际发展需求，培养学生特色能力。

进行应用型人才培养还必须以职业技能培养为核心。从实际职场环境看，一个高素质、高水平的职业人才，既要有过硬的专业水平和专业素质等硬件，还要有维持个人发展的相关软件，如人格魅力、品质特质、合作精神、奉献精神及价值观和人生观。

除此之外，还要建立科学的应用型高等教育体系。该体系的人才培养层次包括三个级别：高职、本科和专业硕士。针对人才培养的现状，有必要加强应用型高等教育的以下三个方面：一是加强应用型本科院校建设，突出本科应用型人才的特点。通过应用型高校示范项目建设，引导高校科学定位，树立应用型大学建设理念，提高应用型人才素质，探索应用型人才培养模式，重点向社会提供具有应用型特征的本科人才，更好地服务于经济建设和社会发展。二是深化高职院校教学改革，提高应用型人才培养水平。现阶段高职院校培养的大部分人才仍然处于技能型人才水平，应通过推进课程体系和教学内容的改革，促进人才培养从技能型向应用型转变，通过校企合作、校地合作等协同创新方式，加强产业技术技能的积累，促进先进技术的转移、应用和创新。打通先进技术转移、应用、扩散路径，既与高水平大学和科研院所联动，又与中职、专科层次高职联动，广泛开展面向中小微企业的技术服务。三是面向现代化和智能化，培养更高层次的应用型人才，创新专业硕士培养机制，当前我国专业硕士在硕士研究生培养规模占比上逐步增加，但其培养模式与学术型硕士相差不大，没有达到应用型的标准，为此各高校必须深度分析市场需求，结合应用型本科和学术型硕士培养方式，创新专业硕士培养方式，培养高层次的理论实践结合者。

第二节　应用型高校的职能

一、人才培养

人才是一个国家和地方发展的核心竞争力。人才是先进生产力和先进文化的主要创造者和传播者，人才是社会发展的宝贵资源，没有人才的培养，国家社会就不会进步。我们首先要解放思想，解放人才，解放科技生产力，创造良好的人才发展环境；其次要做好人才培养工作；最后要做好用人工作。我们必须按照科学人才理念的要求建立新的人才标准。我们必须把道德、知识、能力和表现作为衡量人才的重要标准，在坚持道德的原则下，不唯学历、不唯职称、不唯身份，做到不拘一格选人才。用好的作风选人，选作风好的人。作为一名新时代的教育工作者，高校教师必须充分意识到自身所承担的人才培养的历史使命和重要责任。要充分认识到新时代应用型专业人才培养的重要性和紧迫性，充分发挥高校这一应用型人才教育主阵地的积极作用，做到教书育人、实践成才、服务于才，培养高素质应用型人才，解放思想，大胆探索，不断完善，努力建立科学、理性、有活力的就业机制，形成人尽其才、人才辈出的良好局面。

人才是发展的主体和关键，是地方和城市的核心竞争力。区域经济的科学发展、跨越式发展，需要构筑人才的比较优势，需要解放思想、解放人才、解放科技生产力，创造良好的人才发展环境。高校在人才培养中肩负着重大的历史使命，需要充分发挥教育作为主体的作用，教书育人，管理育人，服务育人，环境育人。在这种背景下，就要求教师不仅要具备过硬的专业知识和教学技术，还要具备出色的创新能力，高校教师要意识到自身不仅是知识技术的传播者，还是人类灵魂的工程师。实施素质教育是中国进入21世纪后，提高人民素质、培养跨世纪人才的重要战略举措。在进行应用型人才培养过程中，可以借鉴素质教育的相关措施，将学生素质教育融入应用型人才培养模式中，素质教育的实施是时代的呼唤，社会发展的需要，是人才培养的必经之路。重视人才的培养势在必行。

培养应用型人才就是培养能够把成熟的技术和理论应用到实际的生产、生活中的技能型人才。内涵社会可以从不同角度对人才进行分类，从生产或工作活动的目的来看，现代社会的人才可以分为四种类型：学术型（理论型）、工程型、技术型和技能型。按照联合国教科文组织1997年发布的世界教育分类标准，与普通高等教育培养学术型、工程型人才相对应，高等职业教育培养高等技术应用型人才。地方政府有必要采用试点推广、示范引领等手段，引导一批普通本科高等院校转变为高等应用技术类型学校，重点是举办本科职业教育。当一所独立学院转设为独立的高等学校时，鼓励将其定位为高等教育的应用技术类型。探索本科职业教育的发展。建立面向专业需求、注重培养实践能力、以产学结合为途径的专业学位研究生培养模式，并建立符合职业教育特点的学位制度。适当提高专科高等职业院校招收中等职业学校毕业生的比例及本科高等学校招收高职院校毕业生的比例。逐步扩大高等职业院校招收有实践经历人员的比例。根据美国心理学家马斯洛的需求层次理论，个体在发展的不同阶段及所处不同地位上都有不同的需求,并且随着个人发展,其需求一般是逐级上升的,即按照生理、安全、交往、尊重和自我实现五个等级,由低到高进行需求升级。所谓"人才"这类个体,一般来讲,其较低的三个层次的需求都已经得到了满足,他们之所以还能够继续发挥自身潜能,更加努力地工作,大多是因为其有着强烈的被尊重和自我价值实现的需求。可惜"人才"的这一优秀意识经常受到打击和压制,被冠以"出风头""好表现""争权夺利"的帽子。因而,在进行人才培养的过程中,就必须要做到尊重人才,尊重能力,尊重其劳动成果,在全社会形成尊重知识的意识。

发展应用型教育是高等教育发达国家和地区在知识经济社会和高等教育大众化背景下的共同选择和普遍趋势。从应用型人才的概念、本质属性和基本特征可以看出,培养应用型人才具有多方面重大意义:

首先,从国家层面来说,培养应用型人才是经济新常态下我国实现创新驱动发展战略,实现经济发展方式转变和产业结构调整,进行供给侧结构性改革的客观要求,也是将科研优势转化为实践优势,将科研成果转化为现实生产力,促进社会经济发展,推动我国现代化进程的必然要求,同时也是国家进行高等教育改革,形成完备的高等教育体系的重要突破口;其次,从学校层面来说,培养应用型人才是我国地方高校求生存、谋发展的必然要求,也是我国地方高校转型服务于地方经济发展、提升国民素质的必然要求;再次,从企业和个人层面来说,培养应用型人才是个人提升能力素质,企业获得所需人才,提高人才培养和人才需求能力契合度的必然要求,也是实现个人发展和企业发展的必然要求;最后,从高等教育性质和特征来说,培养应用型人才是补齐高等教育人才培养短板,形成多层次的高等教育体系的必然要求,也是继续发挥高等教育在社会经济发展过程中的巨大推动力作用的必然要求。因而,注重培养应用型人才是高等教育的时代使命和内在规定。为适应并有效完成这个时代赋予的重任,高等继续教育必须改革。

在新时代,人才的重要性比任何时候都更突出,人才之需比任何时候都更紧迫。发展是第一要务,人才是第一资源,创新是第一动力。在三个"第一"当中,人才之重可以说是重中之重,发展要靠人才,创新也要靠人才。在当今时代背景下,和一二十年前相比,和人才引进相比,在转变发展方式、优化经济结构、转换增长动能的实践中,立足于本土本地的实际培养人才的意义更大。人才引进重要，但人才培养同样重要。只有对两者同等重视，人才才会持续不断地"冒"出来。人才政策不应当只是人才引进的政策，人才培养的相关政策也不能缺位。一些高校出台了不少引进人才的奖励激励计划，但鲜见高校人才培养计划和奖励计划。不可否认的是，人才引进往往能起到立竿见影的效果，而人才培养需要费时费力。但是从长远发展来说，只有立足于人才培养，我们才不会陷入人才荒。

二、科学研究

高等学校不仅是人才培养的摇篮，同时也是社会思想进步的前沿阵地，是科学发展、技术进步的孵化基地。提升高校教学质量、培养社会所需人才是高校赖以生存的根本和基础，而重视科学研究、提高科研水平则是高校谋求长远发展、提升综合实力及促进教学发展的重要保证。因此，作为高校各项工作的主体，高校教师必须在完成教学任务的基础上，积极开展科研工作，将教学与科研两者有机结合，不断提高自身学术水平，如此才能更好地提升教学质量，促进学校发展，培养出适合新时代的合格的高素质专业人才。

科学研究是指为了增加人类知识储备，获得自然和社会领域的新知识，并用这些知识发明新技术、发现新模式用以改造世界的过程。它既是高校传授知识的重要源泉，也是高校综合实力的重要体现，还是国家科研创新能力的重要体现。当下的科学研究是以问题为导向的，即人们为了解决问题而进行的科学研究。问题分为两种：一种是理论问题，关注的是某些理论自身的适用性、科学性和与其他理论的相容或竞争问题。对这类问题的研究主要是为了发展完善既有理论，验证假说形成新理论，是整个科学理论的基础和核心，是社会和政府评估学校和教师的重要手段。另一类是实践问题，所涉及的是如何利用已有相关理论，将其转化为实践所需的直接动力，并验证理论是否正确和是否对实践有着推动作用，以及对实践活动进一步优化完善。如前所述，高校具有浓厚的科学研究氛围和深厚的科研能力及良好的学术声誉意味着该校的人才培养能力也具有一定水平和特色。社会和政府根据科学研究水平向大学提供资金支持。因为新建应用型本科院校定位和功能发生了变化，所以科研管理必须主动适应区域经济社会发展需求，构建管理机制，创新服务途径，营造科研环境，组建研究团队，服务生产实际，凸显产学研相结合、紧密联系社会、服务地方发展、重在技术应用的科研管理新特征。

传统意义上的科学研究有两种：一是基础研究，以论文为主要表现形式，目的是了解自然和传播知识，研究人员的主要收获是良好的声誉；二是应用研究，目的是解决生产中的问题，研究人员的主要收获是技术转让后的好处。因此，这两类研究分别用于"扬名"与"获利"。对于专业研究机构和企业来说，转化研究的成果是主要目的。然而，对于大多数高校和高校中的教师而言，良好声誉的教育和研究经费远远大于转化研究成果所获得的具体收入。因此，从学校的角度来看，其希望教师的主要研究工作是可以迅速提高学校声誉的热门基础研究。这类研究可以发表大量高引用次数的论文，不仅能"扬名"，而且实际上"有利可图"。应用研究的风险相对较大，需要大量的资金和精力投入，不是大学教师在教学之余使用零碎时间可以完成的。这是研究机构和企业应该做的事情。在整个科研体系中，大学的主要作用是提供受过科学训练的人才和新思想，研究机构和企业运用这些人才和思想来创造新的产业和提高生产力。大学和企业是合作关系，而不是竞争关系。

科学研究过程可以分为选题、提出研究假设、搜集资料、整理分析资料、撰写研究报告或论文、发表研究成果六个环节。在科学研究中要选用恰当的研究方法。研究方法主要有实验法、行动研究法、观察法、调查法、经验总结法、个案研究法、文献研究法、统计法等。这些方法各有优缺点，在实验研究中到底选用何种方法，以哪种方法为主、哪种方法为辅，要根据课题研究的性质和目的来合理选用，以便发挥各种方法在研究中的最佳效益。

另外，还要注重科学研究成果的转化。科学研究的最终目的是改变世界，而不是发现世界，但从科研成果转化的特点看，其过程又是极其复杂的。因此，为有效进行科研成果的转化，在微观层面要关注成果应用和产品开发，在中观层面要着力于科技资源集成、开放共享，产学研合力解决核心关键问题，在宏观层面要锐意改革创新，依靠科技进步，培育新兴产业，推动结构调整，转变发展方式。转化科研成果有五种主要方式：①实现转型的自我投资；②将科技成果转让给他人；③允许他人使用科技成果；④以科技成果为合作条件，共同实施转型；⑤以该科技成果作价投资，折算股份或出资比例。其中，第一种方式属于科技成果持有人自行转化,即高等院校、科研院所或企业等主体将其研发的科技成果应用于本单位的生产活动,此方式的特点是没有中间环节,降低了成果转化的交易成本,但仅适合研发生产链条较为完善的主体。第二、第三种方式属于转移式转化,即科技成果持有人通过许可、转让的方式将科技成果的使用权或所有权转移给技术需求方,此方式是高等院校、科研院所实现科技成果转化的主要方式。第四、第五种方式属于合作转化方式,此方式有利于产、学、研单位以技术为纽带形成利益共享、风险共担的合作机制。

高校教师要有正确的科学研究观念。科学发展观是指导高校教师合理树立科研观的理论依据。高校教师不仅是教书育人的主力军,而且是科学研究的生力军,在当前条件下,高校教师要高质量地做好科研工作,需要具备四种意识:①超前意识。科学研究要站在时代前沿,密切结合时代发展与最新动态,超越突破性的研究内容和思路。②创新意识,要在现有技术的基础上进行大胆的创新,以创新推动发展。③团队意识,要注重团队成员之间的相互配合,发挥各自的能力共同完成科学研究。④坐得住意识,要能沉下心来,踏踏实实,一步一步地去做科学研究。高校教师的科学研究除了要服务社会,促进科技、经济、社会的发展之外,还需要服务于教学,促进教学水平的提高。一名科研实力强的教师,其对所教学科的理论前沿和实际问题都比较清楚,而且具有科学的思维、研究和创新方法。这样的教师不仅能教给学生最新的知识,而且能教给学生获取知识和创新知识的方法。中外科研史上的著名科学家,大多数同时又为教学大师。教给学生获取知识和创新知识的能力对于培养创新型人才、建设创新型国家至关重要。

科学研究还要努力申报各级基金和计划项目。国内和国际上都有各级各类专门的科研基金管理机构,负责科研项目的审批立项。每年各类的基金项目一般都是紧跟国家和地区社会经济发展趋势和面对的问题,高校教师积极申报科研基金项目一方面是寻求科研成本的负担者,更专注于科学研究,省去经济上的后顾之忧,从而提高自身学术水平,促进高校办学,另一方面也是为国家和社会解决一定的实际问题,取得研究成果来推动社会进步和经济发展及解决相关问题。对于应用型高校来讲,其办学定位就要求其善于调查研究,紧跟国家和地区发展,洞悉社会经济问题,并切实服务于解决这些问题,因而应用型高校本身所具备的特点使其在申报科研基金项目时更具有比较优势。同时,应用型高校在进行科研创新时,一方面可以使学生参与其中,解决学生的教学实践问题,另一方面也切实能为地区发展做出贡献。

综上,科研工作对于一所高校的发展是具有重大影响作用的,科研与教学是相辅相成、相互交织、相互促进的。对于研究型大学,科研工作虽处于主要工作方面,但其对教学的促进作用却是显而易见的,而在应用型大学,其虽强调"应用"二字,注重学生实践能力的培养,但若无紧跟时代发展的科学研究、社会调查作支撑,提高学生实践能力的知识源泉便无从谈起,掌握不了第一手资料,对于应用型大学的发展而言便缺乏了创新性,失去了创新性,拾人牙慧便只能做应用型大学建设的跟随者,无法真正发挥应用型的科研含义。从教师层面分析,科学研究同样具有重要的意义和作用。在普通高等院校,教学是其主要任务,而教师作为知识的传授者,其学识高低、能力大小直接关系到教学质量,目前能够提升教师教学质量的途径除了定期培训,便只有高校教师的自我学习,况且培训大多为短期的教学技术方法的学习,无法从根本上解决教师需要渊博学识的问题,因而教师水平的提高很大程度上来源于继续学习,科学研究作为知识创造的重要途径,显而易见是教师提高自身素质、能力、学识的不二法门。通过进行科研工作,教师一方面会提高自身学识,增强理解、分析和解决实际问题的能力,从而提升学术水平和教学质量;另一方面也能将科研成果作为最新知识融会贯通地传授给学生,从而使学生所学更加贴近社会,提高其实践能力。但科研工作并非轻松愉快的工作,其过程较为艰苦,也特别考验教师的精神意志。在科研工作中锻炼教师意志,激发教师创新精神,培养教师科学严谨的治学态度,不仅对于教师个人发展具有重大意义,同时也会潜移默化地影响其所教授的学生,能够促进学生形成同样严谨、一丝不苟的科学态度及敢为人先的创新精神,对学生的未来发展具有良好的积极意义。

创新是促进经济发展、产业升级的第一动力,目前是中国经济社会发展的关键时期,也是建设创新型科技强国的关键时期,因此提高自主创新能力,切实把科学技术摆在优先发展的战略地位,全面落实《国家中长期科学和技术发展规划纲要(2006-2020年)》的各项战略任务,用科技力量推动经济发展方式转变成为当下我国发展的重点。国家创新能力的提高,离不开高校的科研创新工作,因而必须重新认识到高校在国家创新体系中的重要地位,重新树立高校科研瞄准国家战略发展的旗帜方向,高等学校的科学研究是有效地利用和开发知识从而促进经济活动及其竞争和增长的根本途径。科学研究必须服务于国家战略需求，积极面向国民经济建设主战场，大力促进科技成果转化，在获得巨大的社会效益的同时获得更大的经济效益，为学校发展筹集更多的经费，并争取社会各方面给予高校更多的支持。走产学研紧密结合的路子，特别是和与学科紧密结合的企业建立联合实验室，这是我国建设高水平大学的优势所在。

在各类高校进行科研工作时，还应进行有效分工，科研实力深厚的研究型大学在科研工作上具有天然优势，因而应将科研重点放在基础性研究及高新技术的转化应用上，而应用型高校是教学型高校，其进行的科学研究应首先服务于应用型人才培养及提高教学质量。因此，应用型高校要偏向于具有应用实践性教育价值取向的科研，追求科研的实践性教育价值的最大化，科研的各方面和各环节都要有利于教育教学活动，有利于应用型人才培养目标的实现。应用型高校可以搞基础研究，但应以技术开发型的研究为主，坚持学校服务行业的方向，进行促进行业和地区发展的领域研究，注重面向行业、职业实践的技术开发和应用等方面的应用研究，以解决地方经济发展中的实际问题。

三、社会服务

广义的社会服务是指高校的社会功能和作用，包括培养人才、发展科学技术和直接服务社会等。就内容来说，高校的社会服务职能除了经济的之外，还包括社会的、政治的、文化的和教育的等各方面；就服务项目的性质来说，既包括有偿的，也包括公益性的或无偿的。狭义的社会服务是高等学校提供的学术服务，提供专业人才，促进知识功能的发展，以直接满足社会的实际需求，服务于经济、政治、科学和文化发展，使高校能够做到人尽其才、物尽其用，这是高校融入社会的重要体现。为此，应用型高校应充分利用自身具备的各类资源，从人力资源供给，到智力资源输出，为社会治理和社会发展提供高水平、高质量的全方位服务，使高校进一步成为社会服务中心。大学社会服务职能的实现主要是基于教学和科研活动，但随着高校发展及社会需求的变化，其服务内容日益丰富和扩展。现阶段，高校的社会服务职能主要有成人继续教育服务、公共组织决策咨询服务、进行社会批评和监督、科学技术培训与推广服务、建立数据库实现资源共享服务及高校自主建立企业服务社会经济。在上述高校社会服务职能中，应用型大学在为区域和国家重大决策、建立知识型企业、促进区域高科技园区发展提供咨询方面发挥了关键作用。从高校社会服务职能作用形式看，随着社会服务内容逐渐复杂化和整合化，要求服务形式升级换代，逐渐多样化。目前，服务形式除了传统的聘请教师作为顾问、协助创办公司等之外，越来越多的学校正在与企业和地区创新合作模式，深度进行校企全面战略合作，以及创建高校—企业资源库，逐渐优化高校的社会服务职能，提升高校对社会经济的影响力。大学服务社会职能的发展，把象牙塔和社会的距离拉近了，使高校更加融入社会发展，聆听更多社会需求的声音，使学校在为社会服务的同时，也为自己的发展赢得更广阔的空间。

高校是知识分子和人才培养的摇篮。随着国家创新驱动战略的实施，供给侧结构性改革和产业转型升级对"创新支持"的需求日益增加，高等教育正在走向社会的中心，大学的作用正逐渐从过去的适应服务转向服务和支持引领同步。贯彻习近平总书记重要讲话精神，地方高校要自觉找到正确的立场，深化综合改革，创新体制机制，进一步激发广大知识分子的知识活力，全面建成小康社会。培养创新型人才、创造原创性成果将在全面建成小康社会的过程中发挥支撑作用。

应用型大学应服务地方经济。随着经济发展方式的转变和产业结构的转型升级，新型劳动力就业的结构性矛盾日益突出，为适应形势发展，地方本科院校应用型大学的转型已成为当务之急，且被提上重要议事日程，坚定不移地走融入当地经济、社会和文化生态之路，关注当地主导产业，打造符合当地需求的特色专业群体，巩固办学特色，注重培养地方应用型人才，突出办学的地方特色。服务地方经济和社会发展不仅是办学质量的体现，也是自身可持续发展的需要。在服务地方经济时，高等院校应该勇于承担历史责任，提升科技创新能力，服务于物质文明建设。一是人才培养。人才培养是基础，缺乏高素质人才是制约地方经济发展的重要因素，要发挥高等院校的优势，培养大批高素质创新人才，打破地方经济发展的"瓶颈"。二是技术服务。技术服务是核心，地方经济增长主要取决于科学技术的进步和更新。只有创新和提高科学技术的质量，才可以提高当地经济发展的质量和速度。三是信息服务。信息服务是渠道。高等院校必须为地方经济发展提供高效、快速、准确的信息服务。四是物质资源服务。物质资源服务是一种必不可少的援助形式。高等院校的研究基地、科技中心、图书馆和体育场馆是高等院校服务社会的重要资源。实现资源共享，它们就可以在为当地经济和社会发展服务方面发挥积极作用。

应用型大学应服务地方文化。高校利用自身优势促进当地文化的繁荣发展。高校作为传授知识、传播文化的中心，有责任培养当地文化"软实力"，营造良好的社会文化氛围。独特的文化环境、浓厚的学术氛围和积极的学校道德观念对地方文化建设起到了指导作用。充分发挥高校独特的文化主导作用，培育当地良好的文化生态环境，是高校服务社会的重要功能。首先，地方大学必须立足自身，努力增强内功，强化大学文化。要充分考虑地方文化的特点和优势，整合地方文化的先进要素，完善自身的精神文化，规范自身的行为文化，改善自身的环境文化，提升地方高校的核心竞争力，塑造为高端品牌的本土文化。其次，地方大学必须找到一个与当地社会的结合点。地方大学不是无所不能的。掌握清楚当地大学可以为当地文化做些什么、当地社会需要在当地大学做些什么，就有可能做好供需对接，引领当地文化。最后，引领地方文化是一项长期发展战略。尽管存在许多困难和问题，但地方大学不能缩首畏尾，也不能空喊口号，更不能放弃。相反，它们必须审视整体情况，坚持不懈，一步一步地稳步前进，接近、研究、扬弃和领导当地文化。地方大学在地方政治、经济、社会和文化建设中发挥着重要作用，任重道远，应进一步树立文化服务意识，建设文化服务队伍，形成强大的文化服务，增强文化服务功能，走适合自身发展的特色道路。

应用型大学应服务地方教育。大学应利用自己优秀的教师团队及高素质的大学生投身于地方教育发展中，科学、高效、高质量、全面、长期地为地方教育整体水平的提升发挥自己的力量。应用型大学重在"应用"。这是一个双向的机制，互利共赢、相互协作、共同发展。尤其应用型大学中师范类专业的师生通过进入地方小学、中学进行支教活动，一方面，把自己的理论研究、学术知识和教学技能带到学校实际应用中，通过实践活动完善及提高自己的各方面能力；另一方面，地方教育整体水平也得到显著提升与发展。

学校应建立全校性社会服务管理职能部门，或者整个学校社会服务的管理由相关职能部门执行。要制定配套的社会服务管理方法、规章制度，制定社会服务发展规划，加强团队建设，组织和规划一批思想作风好、科研水平高、技术能力强的社会服务骨干或队伍。为了健康、有效地发展社会服务，必须正确处理人才培养、科学研究和直接社会服务三大功能之间的关系，建立协调三个功能的平衡机制。这三个功能是相辅相成的。社会服务可以促进教学和科学研究的发展，通过服务，可以直接了解新的社会需求和新问题，补充、丰富教育内容，为科学研究提供信息和课题。而教学水平的提高和丰硕的研究成果已成为高校社会服务的前提和优势。只有三个功能平衡协调和相互促进才能保证社会服务的正确方向，形成三者之间的良性循环。当今高校社会服务的内容和形式更加丰富，高校的社会服务能力也得到了很大提升。事实上，无论高校的社会服务内容和形式如何变化，本质都应该是一致的，即高校根据自己的使命和责任，不断适应社会发展的变化，用自己的知识和才能来促进社会发展的直接服务性活动。重新审视高校社会服务职能形成的历程，有助于我们认识高校社会服务的本质，为当今我国高校社会服务的发展提供正确的指导。应用型高校需要深化产教融合，将国内一流学科和区域一流学科建设与推动经济社会发展紧密结合，着力提高高校对产业转型升级的贡献率，努力成为催化产业技术变革、加速创新驱动的策源地，推动重大科学创新、关键技术突破转变为先进生产力，增强高校创新资源对经济社会发展的驱动力。

第三节 应用型高校教师绩效管理相关理论

一、大学教师发展理论

高校教师是高校存在和发展最重要的倚靠，从某种意义上讲，高校教师的素质直接关系到高等教育的质量，甚至决定了高校的存亡及发展状况。柯南大学前任校长科南特曾说过："大学的荣誉不在于其校舍及其数量，而在于其一代教师的资格。"这充分体现了大学教师在整个大学中的地位。高校的根本问题是在教育教学和科研方面应该拥有一大批热情高、能力强、素质优秀的人才。新课程理念、新教材、新课程评价理念对现有教师教育体系产生了重大影响,对教育工作者提出了新的更高要求。教师发展是实现教师生命价值的过程,是在充分认识教育意义的基础上,教师不断完善精神追求、增强职业道德、掌握教育规律、扩大学科知识、增强专业技能、提高教育教学水平的过程。从狭义上讲,高校教师的发展是指促进教师教学和科研能力提高的过程;从广义上讲,它还包括促进学生学习的活动、促进高校发展、促使高校社会服务职能更好发挥等一系列方面,因而高校教师发展从广义上可以看作高校自身的发展。进入21世纪后,时代发展的内涵和重点及高等教育的发展都在发生变化,高校发展的内外部因素也在不断发生变化,这使高校教师发展呈现出一些新趋势。

1. 大学教师发展目标的提升

美国是第一个实行大学教师发展运动的国家,在20世纪60年代,美国进入了高等教育大众化的阶段,高等教育规模扩大,但短时间师资及硬件设施无法跟上,使高等教育质量出现明显的下滑,其中研究型大学教学质量下滑最为明显,这引起了学生的不满,并引发了普遍的大学生抗议活动。针对大学生的诉求,美国的一些研究型大学启动了大学教师发展运动,旨在通过提升教师的教学和科研水平来带动高校教育质量的提高。在一些基金会和其他非政府组织的支持下,哈佛大学、西北大学等知名大学最先开始了高校教师发展运动,积极通过多种措施对高校教师进行相关培训及鼓励其自主学习,以促进高校教师进一步提高教学水平,保证教学质量的提高,满足学生对高质量教育的需求,提高学生的满意度。由于是以一定的问题为导向,即大学教师发展工作的早期目标是解决当时高校因规模扩大而导致的教育质量下降的问题,因而提高教师的教学技能,满足教师在平台上的需要是早期大学教师发展运动的初衷。然而,随着时代发展,仅仅满足站稳讲台已不能作为衡量一名大学教师是否合格的标准,在新形势下,大学教师应该往应用型方向发展。美国越来越多的大学和学院为了进一步满足社会需求,提供多样化的教育,更加重视教师的教学质量,纷纷建立了大学教师发展机构,从而使大学教师发展运动从最初的教师个人目标发展到学校的组织目标:高质量的大学教师发展计划和活动可以极大地促进教师教学,提高学校的声誉。教师专业发展作为专任教师从专业新手到专家型教师不断发展与逐渐完善的转变过程,是教师自身掌握教学规律,增强职业道德,强化专业技能,拓展学科知识,提高教育教学水平与提升精神追求的重要途径。

现代科技日新月异，学生的要求也越来越多，老师必须不断充实自己的知识，这是时代的大背景。近 20 年来，高校教师的发展目标也进一步从学校组织目标跃升为国家战略目标，成为国家高等教育质量保障体系的基础。这一趋势与世界高等教育质量保证体系的重点转移有关。经过一段时间主要依据外部认证、政府和中介评估的外部质量保证，世界主要的起始国家已经从外部质量保证转向内部质量保证，即更加重视学校自我发展和自我评估。在构建高等教育内部质量保障体系过程中，更加意识到教师教学直接影响着学校的教学水平，更加重视教育教学质量的提升。高校教师发展工作长期追求的"优秀教学"已成为大学自身发展的基础。世界高等教育的发展也极大地改变了高校教师发展的投资与收入之间的关系：高校教师的发展不仅是高校教师的个人回报，而且以高等教育的质量提升为终点。

高等教育的质量决定了一个国家的国际地位和文化软实力。优质高等教育意味着高等教育可以作为一种重要的战略性商品出口：越来越多的外国学生主动学习，高等教育输出国家也将获得多重经济、政治和文化效益。相反，一个国家的高等教育质量低，意味着本国的学生选择出国留学并接受其他国家的高等教育。随着时间的推移，这个国家在实现国际交流和战略意图方面将处于不利地位。提高高等教育质量主要取决于大学教师的整体素质和水平。

根据分析可知，决定大学教师的学术素质和教学质量的因素一方面是科学研究，另一方面是教学，而一所大学在知名度增加及获得国际声誉的过程中，其教学水平往往比学术水平更重要，因为对于普通大众来讲，进入大学学习，最能影响其发展的不是高校有多少位诺贝尔奖获得者，而是能有多少位诺贝尔奖获得者亲自教授他们。例如，在过去 20 年中，澳大利亚的高等教育发展取得了显著成就，使越来越多的外国学生选择在澳大利亚学习。数据显示，1994~2004 年澳大利亚的国际学生人数每年增加近 10%。其中一个非常重要的原因是澳大利亚非常重视高等教育中教学质量的保证，建立了高等教育质量维持机制，通过有效的大学教师评估体系，激发了教师的教学热情，促使其不断提高自身水平，有效提高了教育教学质量，因此高校教师评价机制的转变提高了教学水平，深刻影响了高校教师发展工作的现状和内容。

2. 大学教师发展内容

自国内引入大学教师发展观以来,对教师发展的研究成果不断丰富。这些成果的研究视角可分为四个方面,即学术职业、教师专业化、教师教学发展中心和教学发展。

(1) 学术职业。长期以来,学术生涯一直是西方学者对大学教师发展研究的重要视角,但在中国,从这个角度研究的学者并不多。2004 年,沈红教授在"国际学术职业变化研究——中国研究"项目中对中国本科院校的学术现状进行了全面的调查、分析和研究,并将调查结果与 22 个国家进行了横向比较,以推进中国学术职业研究的步伐。

(2) 教师专业化。高校教师的专业化也是研究高校教师发展的一个视角,朴雪涛的《教师专业化:思想与行动》、胡定容的《教师专业标准的再思考》、张军的《教师专业标准的探索》、孙福兵的《教师专业化标准与素质》等从基础理论出发,对教师的专业标准和质量进行了探讨。针对高校教师专业化存在的问题,研究人员对大学教师专业化的在职培训、科研创新和职业道德等进行了研究。在教师专业标准方面,国内一些研究者在国外标准的基础上,提出了一些中国大学教师专业化的具体标准。

(3) 教师教学发展中心。面对大学教育质量的下降,中国研究者在借鉴美国大学教师发展战略的基础上,提出了建立教师教学发展中心的策略。近年来,关于教师教学中心研发的文献显著增加,大多数学者研究了教师教学发展中心的性质、意义、作用、目标和内容等。李红惠、王中向、胡锋吉等分别研究了教师教学发展中心的基本规律、共性、转变策略和建设思路。

(4) 教学发展。中国高等教育经历了扩招跨越式发展后,面临高等教育大众化阶段,教育质量也像发达国家一样面临高等教育转型期的教育质量下降的局面,许多学者对高等教育规模扩大所造成的教育质量下降这一问题进行研究后发现,教师作为高校教育质量的保证,其数量的增加并不会直接带来教学质量的上升,青年教师缺乏积累知识、课堂教学组织和信息沟通技巧等能力是教学质量下降的主要原因。另外一些研究人员还认为,高校重学术、轻教学的办学理念是导致教学质量下降的首要因素。对于高校教师教学能力的构成,研究发现其也是由多种因素构成的,其中有客观因素,如教学硬件设施及高校办学理念,更多的还是主观上的因素,如教师的分析性思维、批判性思维、创造性思维、实践思维等思想和智力

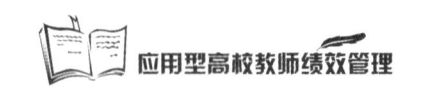

因素，以及教学认知和教学操作等技能因素。

3. 大学教师发展资源的整合

建立专门的大学教师发展机构可以看作大学关于教师和教学资源的第一次整合。资源整合可以为教师发展更全面的能力提升资源，以及更高层次的学习平台，既有利于高校教师间相互学习、相互促进，也有利于高校对既有资源的合理有效利用，提高教学水平。具体到教师培训上，综合资源可以大大提升大学教师培训和发展的质量和效率。起初，在美国和其他国家建立专门的大学教师发展机构进行综合资源整合的过程中，主要面对的问题不是如何进行资源整合，而是如何克服资源有限的障碍，积累更多教师所需的资源、信息和资料。但是今天，随着社会经济的发展进步，各类信息和资源已变得相对充足，因而目前教师发展专门机构所面临的主要问题不是资源太少，而是资源太多，如何从庞大的信息库中选择最合适、最可操作的资源，付诸行动，已成为教师发展组织的一项重要任务。

在互联网时代，大学教师发展专业机构的资源整合程度得到进一步加强。对于信息资源的利用已从传统的单项信息输出转变成信息的综合利用。传统的资源整合更注重对相关资源的整理、收集和存储，以供教师随时取用，这种资源整合可以看成建立了资源储备库，而现在由于信息技术的应用，在资源整合上除了传统上资源仓库的功能，教师发展组织也是一个信息交换平台，它不仅具有信息输出的功能，还起着信息交换的作用。为了避免重复设置和实现资源共享，美国和其他先发国家采用了跨校或多校区合作计划的方式，进行了大学教师发展资源的二次整合，给教师带来更多的资源。

4. 参考和启示

目前，中国正处于大众高等教育改革时期，高校扩招对教育质量有一定的影响，如何从高校教师发展的角度提高我国高等教育质量，借鉴其他国家在该领域的经验，对于中国大学教师的发展具有重要意义。

理论研究是指导大学教师发展的基础。国外的大学教师发展理论更为成熟，有许多可借鉴之处，但不同国家的高等教育所处的发展阶段不同，具有比较大的差异性。我们应当把理论与实际相结合，更加强调教师的自主性和自发性。教师需要不断通过学习与探究来拓展自己的专业内涵，提高专业水平，从而达到专业、成熟的境界。

组织机构是大学教师发展的平台。在整个发达国家，许多大学教师的发展依赖于高校的组织，特别是在美国。大学教师的发展是一个终身和持续的过程。这一过程的顺利实施还取决于某些组织机构。这些组织的任务是支持教学，并为大学教师提供科学研究支持，促进大学各部门之间、教师之间、教师和学生之间的合作。因此，我国应充分重视院系组织在高校教师发展中的作用，积极建立各种教师发展组织，如教学发展中心、学术发展中心、各种教学研究室等。

多元化发展是高校教师发展的必然选择。过去，我国大学教师的发展是教师培训，具有一定的义务，不利于教师的自主发展。需要为教师发展创造真实的情境，提供各种培训方法，强调自主学习、协作学习和发现学习。笔者认为，综合在线学习的使用是高校教师培训方法的最佳选择，同时，应建立分类培训体系，即对不同类型学校的教师和不同年龄的教师采用不同的培训方法。此外，应根据不同类型的高校建立不同的教师发展中心，以促进高校教师的发展。在这一点上可以以国外实践作为参考。

二、教师分类管理

2015年，李克强总理在政府工作报告中指出，"引导部分地方本科高校向应用型转变"，作为高等教育的主力军，地方本科高校正处于一个重要的过渡时期，不仅是"身体转型"，也是"灵魂转变"，"转型"应以人才市场需求为导向，突出地方和应用类型，服务地方经济社会发展，注重培养具有较强实践能力的高水平应用型人才。因此，高校教师岗位分类管理已成为当地应用型本科院校转型发展的重要课题。教师的岗位管理基于政府的宏观调控和定编定员，根据学校发展、学校定位和人才资源配置的需要，高校可以根据一定的原则合理确定各级教师的结构和比例，并根据高校情况与教师个人特点进行类型划分。应用型本科高校的教师不仅应有心理素质、观念素质、道德素质等基本素质，还应具备技术操作能力、实践组织能力、知识应用能力、协调合作能力和应用创新能力。即应用型本科高校教师应具有"双师型"的特点，同时也应该具有科研能力。另外，不同学科因其特点不同和所具有的条件不同也会存在考核标准的不同。基于分类管理的绩效考核能够在一定程度上反映高校的管理理念和价值追求，对学校的未来发展产生深远的影响。高校教师的分类管理有利于教师人才资源的合理配置，凝聚优秀人才，调动教师的积极性和创造性，促进教师的专业发展和全面发展，从而提升学校的办学水平、办学质量与办学效益。

　　对高校教师依据个人差异进行分类管理更有利于教师发挥其自身的优势和特点，从而致力于自身职业发展与学生全面发展。陈惠雄等（2007）提出，基于职称—职能配置定位的高校教师分类管理方案，通过科研和教学绩效，对不同类型教师的绩效评估进行确定和计算，通过合理定价解决相关定价问题，如绩效薪酬问题。王滨等（2011）提出，教师的分类管理和评价将有助于合理配置资源，从而提升教学质量和科研水平。汪建利（2015）以黄山学院为例，把教师根据职能分为理论教学型、科学研究型和实践型三种类型，设计了适当的激励机制，构建了应用型高校教师的多元化发展模式。美国高校大多是从教学业绩、科研、社会服务三个层面来对教师进行考核评价。不同类型的高校应结合办学特色、专业学科、岗位职能等对教师进行分类管理，客观地制定特色教师绩效评价方案。应用型本科院校需要做一个顶层设计，确定考核的目标和定位，不仅要考虑组织目标，还要充分考虑"以人为本"的要素，基于教师的认知选择建立教师分类管理的绩效考核系统。总的来说，国内外高校评估指标的选择和制定没有统一的标准。除教学工作量、教学质量、科研绩效等指标外，应用型高校教师绩效评价还应考虑服务地方经济发展的特殊性，采用科学方法合理实施考核体系中各种评估指标的权重。

　　目前，大多数实施分类管理的应用型大学将教师职位分为三类：①教学型。这类教师主要以课程教学为职业内容，主要负责课堂教学，尤其是公共课程、基础课程和实践课程的教学，教学效果更好。②教学科研型。该类教师指从事一线教学和科研，在教学任务完成的同时，还要积极开展科学研究。教学科研型教师是应用型高校教师队伍的主体。③科研型。它主要是指从事学术研究和创新的研究人员。他们全职或大部分时间从事科学研究，研究领域及方向稳定，研究成果创新性显著。对应用型高校来说，研究重点应致力于地方文化传承，应具有地方特色，要能够促进地方经济社会发展。一些高校的社会服务教师较少，因此社会服务导向的职位较少，显然，这与应用型高校的战略目标和人才培养方向不符。为促进地方高校的转型发展，教育部提出：加强评估和指导，促进高校转型发展，把办学理念转化为服务地方经济社会发展，转向生产和教育的整合，转向培养应用型技术技能的应用，转向提高学生的创业和就业能力，全面提高学校服务区域经济社会发展和创新驱动发展的能力。教育部要求完善适用于应用型大学的高校评估体系，建立人才培养、内部控制体系、评估体系和科研质量标准，强调教育质量的评价指标应包括学生的实践能力、创新能力和创业能力，以及就业质量。高校应将服务企业和服务型政府等作为教师绩效考核的重要内容，将先进的技术创新、转移和转化作为科研评价的主要方面。对于应用型本科高校来说，它除了具有高等教育专业性的本质属性外，还具有职业教育实践性的本质属性。应用型高校转型发展的核心是强化其教学的实践性和人才培养的社会适应性，强化教学的社会服务导向和学生的参与度、获得感。由此可见，设置社会服务型岗位具有非常重要的价值和意义，社会服务型教师主要是围绕地方社会需求和大学服务社会使命，重点承担技术咨询、公共政策支持、文化保护传承等社会服务工作。以上分类是依据应用型高校的基本特点、目标定位和发展阶段而来的。在社会服务方面强调解决区域生产建设和实际生活中的现实问题；在科研方面则强调和地方、行业发展密切相关的应用型研究。

教师绩效考核的每一个具体指标，应按照教师岗位分类管理来设置不同权重，不同类别的教职工有不同的考核内容和指标，评价指标权重科学合理才能对教师进行客观、真实、准确的评价。分类分层考核评价体现了高校的教学质量精益管理，高校办学横跨多个学科和专业，因此不能将单一的考核评价体系应用于所有的学科或专业中，否则考核评价将因过于宏观而失去准确分析的价值。另外，教师职业发展也有不同阶段、不同层次之分，对此应建立不同的考核评价体系，一来可以监督教师的教学科研质量，二来可以通过制定具体的质量指标督促教师在职业发展道路上前进。

目前，北京、上海、湖北、江苏等省市陆续对高校教师职称评定方法进行了改革，修订了职称评定条件，允许教师按照自身发展需要根据不同的分类标准申请职称。部分重点大学、独立学院、民办本科院校也开展或尝试对教师进行分类管理。在创新驱动的时代背景下，高校面临着国家任务多元化的挑战，高校教师也被赋予了多重使命。每一位教师都是不同的个体，有着年龄、性格、职称、学科背景、专业特长等的差异，只有对教师岗位进行科学合理的分类管理，才能使教师各展其能、各尽其责，从而促进高等教育持续、健康发展。

三、教师评价理论

随着教育的改革和发展,以及国民对高等教育更高层次需求的日益显现,传统的通过投票及以学生成绩为主要评估手段的教师绩效评价机制已越来越不适应高校的发展。除去传统评估机制评价方法的落后问题之外,传统评价机制会受到许多其他因素的干扰,如教师的人缘、所在岗位工作难度及领导个人喜好,这些非客观因素都会导致教师评价与实际情况之间存在较大偏差。例如,由工作职责不同引起评估偏差,由许多不相关因素的影响引起评价偏差,评价机制本身不科学导致评价偏差。由于教师评价机制越来越直接关系到教师的切身利益,评价结果已成为教师晋升和绩效奖励的主要依据,因而越来越受到教师的关注和重视,如果因为评价机制不够科学而导致评价结果不公,不被大家认可,就会直接引发教师的不公平感,甚至导致矛盾,从而影响教师的积极性,导致教育质量下降。因此,建立科学的教师评价机制既是高校管理进行优化完善的必然要求,也是公正、客观评价教师工作,提高高等教育质量的迫切要求。

应用型本科院校的人才培养目标是培养应用型、复合型高素质人才,其人才培养的目标决定了其教师队伍除了要具备高校教师一般素质外,还应具备优秀的知识应用能力、组织能力和创新能力等素质。应用型高校教师应是能够培养各种实用型、技能型人才的优秀高校教师。当前,应用型高校建设如火如荼,老牌本科院校在加紧改革转型,新建应用型本科院校前进速度也很快,但这一建设过程中的一些问题也难以避免地出现在我们面前,有些量化指标距离应用型高校战略发展的要求还有很大差距,尤其以教师层面的问题较为突出和紧迫,主要表现在教师的学历层次整体不高、基础比较薄弱、整体科研实力较弱、实训实践经验不足等,这些问题都是应用型高校建设过程中必然出现的问题。进行应用型高校建设本就是摸着石头过河,国外的一些实践经验虽可借鉴,但由于国情不同,其实际参考价值不大。我国大部分的应用型高校是在高职院校的基础上建立的,本身师资力量就较为薄弱,再加上经验不足,导致了目前的困境。对于应用型高校建设过程中教师层面的相关问题,除提升其能力水平外,更为重要的是要通过建立科学、合理、有效的教师评级机制,调动教师的内生动力,提高教师教学和自我学习的积极性,从而全面提高高校的教学、科研和管理水平,这是破解应用型高校建设过程中的教师能力不足困境的有效途径,同时也是提高应用型高校竞争力的关键所在。

个体差异化理论、职业生涯发展理论、思维的模糊性与事物的可测性原理三大理论是促进应用型本科院校不断发展的依据。在主流形势下,教师的评价和科学管理方法有着密切的关系,一个学校的成功主要在于教师的整体素质,俗话说什么样的老师带出什么样的学生,学生在学习的过程中会不断地学习老师的处理方式和习惯,随着科技的发展,老师的责任更加重大。所谓个体差异理论,是指每个人都有自己独立的思维,教师也应该关注学生的习惯,从中找出最适合每个学生的学习方法,使其对课程感兴趣。同时,教师也不能局限于自己所教授的课程,要学习新鲜事物,与学生分享,这样才能使学生对课程感兴趣。职业生涯发展理论,其根本就是教师要规划自己的教学生涯,给自己定目标,不能无所事事地度过教学生涯,学校也要有自己的教师管理方法,教师在职业生涯中要不断地学习、充实自己。

(一) 教师评价理论浅析

1. 奖惩性教师评价

奖惩性教师评价是基于高校有关工作奖惩措施和管理办法,对高校教师的工作绩效进行评价,并将其结果作为评优选先、进行惩罚的主要依据,"奖优罚劣""优胜劣汰""末位淘汰"等相关思想做法都是奖惩性教师绩效评价的具体表现,奖惩性教师评价在一定程度上对促进学校管理和教师专业发展起到了一定的积极作用。其主要职能如下:第一,检查并确定教师的工作表现是否符合学校设定的目标;第二,根据教师的工作表现进行奖励或惩罚。

奖惩性教师评价虽对高校教师的工作积极性有一定的促进作用,对高校管理也有一定减轻工作负担的作用,但是这种只关注教师工作绩效结果的评价方法在当下的高校教师评价工作中所能起到的促进作用正变得越来越小。对教师的工作评价并不是简单地评价结果,而是要评价教师进行教学、科研工作的全过程,并且还要有一定的反馈和发展机制,评价工作只是手段而并非目的,进行高校教师评价的根本目的是要促进教师的发展。奖惩性教师评价只关注教师的现有表现和评估的最终结果,教师很难参与评估,只接受被动评估,因此,这种教师评价体系难以引起所有教师的关注,有时还会引起教师与评价者之间的紧张关系。它对教师整体素质的影响是有限的，在某些时候可能是负面的。

2. 发展性教师评价

发展性教师评价系统本质上是一种更关注教师发展及如何利用评价结果进行教师绩效改进的形成性的教师评估。这种评价机制旨在促进教师的未来发展，以提高教师的素质水平来带动高校教育质量的提高，在没有奖惩的条件下，通过实施教师评价，达到教师与学校共同发展的双赢结果。发展性评价更加强调教师的个人价值和专业价值，强调教师评价的真实性和准确性，不仅关注教师过去的工作表现和已取得的工作业绩，以及在工作过程中的付出，而且也将教师的个人发展和高校的整体发展融为一体。其主要职能如下：首先，通过教师评估，教师可以充分了解学校对他们的期望及自身能力水平与期望之间的差距，从而既让教师对自身有清晰的认知，也能培养他们的主人翁精神，积极地通过多种方式缩小这种差距；其次，高校也能够根据教师现阶段的工作表现和工作业绩，与教师一同分析进步原因和问题所在，从而确定教师进一步的个人发展需求，协助教师制定个人发展目标，高校也依据个人发展目标为教师提供培训或自我发展的机会，提高教师的素质水平，增强其工作能力，从而达到学校期望，促进学校教学科研水平提高。

在发展性教师评价的实施上，高校管理者还需要认识到进行教师评价的根本目的在于调动教师的工作积极性、主动性，帮助教师提高教学水平，改进教学方式方法，提高教学质量，提高学生的学业表现，促进学生的成长与发展，而不是将教师评价作为一种管理手段，这是基本定位。作为一种面向教师未来发展的过程性评价，进行教师评价时需要根据各教师的学术专业背景、实际工作岗位及职业生涯阶段和发展潜力，从教师的工作目的、工作方法、工作过程及工作结果上对其教学工作进行全面评价，并在评价过程中引导教师进行自我评价，最终形成较为合理的评价结果。

对于应用型高校教师绩效管理而言，发展性教师评价既要坚持"应用型"的战略导向，也要注重教师的个人发展需求，做到学校战略性与个人发展性的统一。有效的大学绩效管理的标志在于营造一个激励性而非阻碍性的氛围，使教师认可、支持并主动参与绩效管理过程。应用型高校作为新近发展起来的新事物，其发展更多的是依靠教师的创新应用能力，而这就在于要激励教师发展，积极进行求知探索并增强知识的应用和转化及传授能力。因此，应用型高校更应在管理中树立以教师为本的理念，尽可能地尊重、理解和肯定教师的发展愿望，关注教师的职业成长，将教师评价作为教师发展的辅助措施而非高校管理的手段，从而尽可能激发教师的工作积极性，促进个人发展带动应用型高校建设。

虽然发展性教师评价结果可以作为职称评审、职务晋升、奖励等多个方面的依据，并且可以得到所有教师的认可，但这种评价更关注教师的工作过程，对工作结果不够重视，容易导致教师发展过程中某一过程的懈怠，从而可能对其发展过程造成一定影响，不能保证实现学校和教师的发展目标。

(二) 教师评价实践探索

根据以上对两种教师评价模式的分析，奖惩性教师评价和发展性教师评价都有各自的优缺点，而事实上，没有哪一种教师评价体系是完美并适用于所有高校的，因而对于应用型高校，建立科学合理并适用于自身的教师评价机制，要根据自身发展战略和教师实际情况，综合奖惩性的教师评价和发展性教师评价两种评价方式的利弊，要认识到适合的才是最好的，即使引入一整套完善的教师评价机制，也要根据自身实际情况做出适当的修改。在建立教师评价机制过程中要做到以下几点：

1. 明确评估目的

进行教师评价的根本目的是：通过建立客观合理的教师评价衡量指标，对教师在一段工作时间内的工作成绩做出全面科学的评价，并充分利用评价结果的作用，调动广大教师的积极性，指导、激励和改进教师工作，促进其工作能力提高，加强对教师绩效的科学管理，最终达到全面提高教师专业素质和学校教育质量的目的。对教师评价目的的认知上，高校要将教师评价作为促进学校发展的措施，而非高校管理的手段，不能过于行政化；对于教师而言，进行工作评价，并非单纯地评价过失，矫枉过正，而是为了促进自身工作水平的提高和素质的提升，不能消极抵抗。

2. 评价原则

(1) 发展性原则。进行高校教师绩效评价，从其目的看是为了共同进步，共同发展，而不是单一地评价过失，因而在评价过程中要坚持发展性原则，应注重教师的专业发展和学校的长远发展，以评价促发展。

(2) 多元性原则。坚持多元化原则，主要包括：坚持评价内容多元化，要涉及教师教学、科研和管理服务等多方面；坚持评价主体多元化，即教师评价的主体既要有学校的专门评价机构，也要有学生的评价，还要有自我评价；坚持评价方法多元化，既要有定量的评价方法，也要有定性的评价方法，坚持多种方法结合使用。

（3）程序性原则。进行教师绩效评估不仅应关注结果，还应关注其工作过程，高校应注重在教师工作过程中及时总结经验，积累材料，并形成一整套教师评价流程，使教师评价工作有章可循、有例可依，按程序办事，既能够保证科学严谨，也有利于教师对评价结果的信服。

（4）客观性原则。坚持客观性原则，既包含评价主体的客观性，即负责教师评价的机构或个人应从客观实际出发，消除个人成见，公平、客观地对教师工作进行评价，还包括评价内容的客观性，即尽量从可量化和可操作的教师实际工作内容出发，减少不具有实际意义指标的使用，保证教师评价结果的客观公正性。

（5）适应性原则。如上文分析，世上没有一种评价机制是完美且具有普遍性的，各高校在进行评价机制选择及实施时，要充分考虑自身实际情况，不求最好，但求合适。

3. 建立评估内容

对教师评价内容的选择上，应坚持客观和发展的原则，尽量挑选那些对教师发展切实起到促进作用的指标作为评价内容，其中应包含主观上的教师道德水平即师德，还应包含教师的教学工作、科研工作、社会服务工作及对学校发展贡献等客观内容。

4. 进行多重评估

（1）对象多样化。评估既要包含教学科研主体——教师，也应包括高校管理者、职能部门及基层服务员工这些维系高校运转的各个要素。

（2）内容多样化。评估既包括道德水平，也包括教育、教学、研究、管理和服务多个方面。

（3）主体多样化。

1）教师自我评价：教师自我评价是进行教师评价的主要形式，也是最有效的评价方式之一。教师的个人情况只有教师个人最了解，同时自己工作中遇到的困难也是自己最清楚，并且，注重教师的自我评价不仅有效地尊重了教师的个人权利，减少其对评价的抵触，而且实践表明，教师自己发现的个人问题较别人所指出的问题的解决效果更好，更易被教师改正。因此，在进行教师评价时，必须重视教师的自我评价，并且树立教师的自我批评和自我反省意识，突出教师在评估中的主体作用。在具体实践操作上，一般以个人总结为主要手段，并辅以一定的个人评价表，以期对教师进行合理、全面的自我评价，促进整个评价过程的优化。

2）学生对教师的评价。作为教师的服务教育对象，学生既是教师教学活动最终参与者，也是对教师教学水平最有发言权的群体，他们能够对教师的教学水平和质量做出最直接的判断，尽管这些判断带有很强的个人主观性，很多学生可能会因为教师的个人魅力而忽视其真实教学水平，但是大多数情况下，教师的个人魅力很大程度上就来自教师的教学实力和个人道德水平，而这两方面又是教师绩效评价的重要内容，因而将学生对教师的评价作为评价教师的重要依据之一也是客观合理的。在具体操作上，一般采用定期的学生评价教师研讨会的形式进行定性评价；设计学生问卷，使学生能够定量评估教师。

3）家长对教师的评价。学生家长作为学生教育费用的实际承担者，他们有权利知晓学校的管理方式及教师水平，即对教师的评价也是家长的权利，这在一定程度上不仅使教师教学行为有了更广泛的监督群体，同时也鼓励家长了解学校和教师，形成家庭与学校结合的有效途径。在具体操作上，类似于学生对教师的评价。

4）教师对教师的评价。作为工作上的合作者，大多数情况下教师之间还是非常了解的，因此教师互相评价也是对教师评价的重要依据之一。进行教师之间的相互评价，不仅能够起到评价的作用，而且还是同事间相互交流和学习的过程，这对于教师间资源的共享、能力的互相促进、教学理念的交流具有积极的促进意义，这种方法对于教师个人成长及高校发展都是有益的。但在实际操作上，也要加强管控，既避免私交良好者之间相互包容，也要避免话不投机者之间的相互诋毁，可以通过问卷调查、讨论与评估、相互评估量表、讲座评估、舆论测试等多种手段进行教师相互评价，从而使评价结果更加准确可靠。

5）学校管理者对教师的评价。学校管理者作为教师工作的负责人和指导者，对教师实际工作绩效具有相当的话语权，也是教师对于高校发展贡献最直接的见证人，同时高校相关管理者也是进行教师评价的责任主体，负责对整个评价过程的监管，因而其评价视角更为多元，掌握信息也是最多的，其评价结果更具有客观公正性和权威性。

（4）方法多元化。

1）奖惩性评价。奖惩性评价有时在教师评估中非常必要且非常有效。

即在教师工作中通过设立相关硬性基础性规定，通过奖惩的方式来鼓励和约束教师在道德上和品质上的行为，并且在特殊时期通过加大奖惩力度来开展某些工作。需要提醒的是，奖惩的内容不应该单纯以金钱衡量，可以根据实际需要多样化，使奖惩性评价更加有效。

2）发展性评价。发展性评价注重教师和学校的长远发展，其评价目的不是单一地反映教师的工作绩效，更多的是通过教师评价来促进教师的能力发展及学校的发展。对于发展性评价方法的使用，在重视其效果的同时，也要规避其弊端，即可能因为考虑长远发展而造成对现阶段能够影响教师未来发展不利因素的忽视。

3）民主评议。采用民主评议的方式能够有效规避因个人喜恶等偏见因素影响评价结果，因此在教师评价中被广泛使用。

4）课堂教学评价。对于大多数教师来讲，课堂是教师工作的主要阵地。教师在进行教学时的表现是最能够说明教师能力高低的依据，因而教师在课堂上能否促进学生的发展，将理论知识转化为实践能力传授给学生，培养学生动手实践、自主探索、独立思考、合作交流等观念意识，是进行课堂教学评价的重要内容。注意学生的个体差异和情绪体验等是课堂教学评价的重要内容。将这些依据作为对教师教学能力的评价也是最有说服力的，所谓名师出高徒，学生能力水平提高较快，必然少不了教师的课堂教学作用。

5）定量评价。定量评价作为最客观的评价方式，在进行教师评价时也是必不可少的，并且定量化的数据也更能体现教师在某些方面的不足，同时也更能够对教师的进步有直观体现。具体操作如学校的各种量化评比方案、细则、意见等。

6）成长记录袋评价。对教师的教育工作可以从教育思想、反映个人教育水平的代表性作品或成果等方面进行自我展示和评价，以建立教师成长记录袋的方式来对教师教学上的进步和问题做出记录，并通过这些记录来进行促进教师的发展和进步。对教师的科研工作和管理工作同样可以通过建立教师成长记录袋，从科研上的课题研究（包括参与或申请的课题）、研究成果及课堂管理、班级管理、行政管理等方面进行自我展示和评价。

四、绩效管理理论

绩效管理（Performance Management）是指为了实现组织目标，为各级管理者和员工提供绩效计划、绩效指导、绩效评估和绩效目标改进的连续周期。绩效管理的目的是不断提高个人、部门和组织的绩效。绩效管理的本质是对绩效信息的获取、分析和应用过程。故此，绩效管理可以理解为个人绩效管理和组织绩效管理。应用于高校教师绩效管理，则是个人绩效管理与组织（整体）绩效管理相结合，共同发挥作用。绩效管理思想、方法经历了从传统的非系统化到现代的系统化的演变。控制论、系统论、信息论、行为科学、管理科学等构成了绩效管理的一般理论基础，目标管理理论和管理控制理论构成了直接的理论基础。

绩效管理体系的发展同管理学实践发展一样经历了历史演变的过程。在这个过程中，绩效管理逐渐从一开始的结果导向管理演变为行为过程导向管理，即从最初更加关注结果的管理转向更加关注行为过程的管理，并最终使两者取长补短、相互促进，有机地结合在一起，与公司的发展战略和管理系统融为一体。理查德·威廉姆斯（1999）等把绩效管理看作一个系统，而非单纯的绩效评估，认为绩效管理应和组织的战略目标相联系，应有助于组织总体战略目标的实现，应为组织员工的选拔、考核、发展和工资制定、设备更新等提供依据。付亚和、许玉林进一步将绩效管理视为绩效沟通的循环系统，并通过明确绩效计划和绩效目标来实施绩效考核和改进。这使得绩效管理系统的思想最终得以形成。

绩效管理系统（Performance Management System）是一个用于管理组织和员工绩效的系统。该系统就像是企业各种管理系统的管理平台，它是各种管理系统之间的链接，用于验证每个管理系统操作的效果。

1. 绩效管理系统的要素

绩效管理是在管理者和员工之间达成协议的动态沟通过程。该协议从书面上明确规定了员工的工作职责、工作绩效的衡量，并通过工作过程中双方的协调，消除相关障碍，减少管理者和员工之间的管理冲突，既有利于绩效考核，也有利于维持组织秩序。绩效管理体系在实际应用上难以发挥其应有的作用，甚至评估中的两方也被私下描述为"浪费时间"。"走形式""做样子"的主要原因是员工缺乏参与及双方之间缺乏持续的动态沟通。绩效管理的本质是通过持续和动态的沟通实现绩效的真正提升,实现部门或企业目标,促进员工发展。绩效管理是一个完整的系统(见图2-1),该系统包括如下几部分:

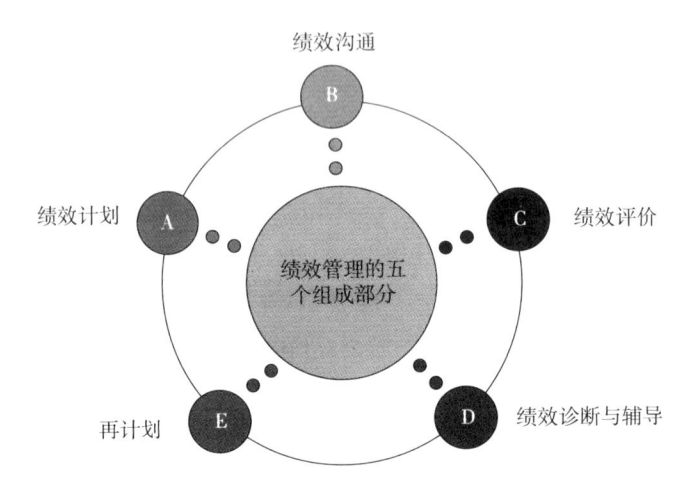

图 2-1 绩效管理系统五大要素

(1)绩效计划。通过管理者和员工充分进行沟通,依据组织的发展战略和短期发展计划,结合员工上一工作时期的表现及员工的实际工作能力,在管理者和员工共同努力下所形成的员工下一工作时期的工作职责和所要达成的工作目标的说明书。在绩效管理的过程中,绩效计划的制定是最为重要的。首先,绩效计划一旦确立无特殊情况不得更改;其次,绩效计划在绩效考核的过程中,始终是进行绩效沟通、绩效控制及绩效评价最重要的依据;最后,绩效计划也是员工工作的指南,其重要作用显而易见。

(2)动态和持续的绩效沟通。沟通在管理的整个过程中都是极为重要的,大多数的管理问题和管理危机都是因为沟通渠道不畅、沟通不及时及沟通方法不对。在绩效考核中,绩效沟通更是不可或缺的,通过动态持续的绩效沟通,管理者可以及时掌握员工的工作情况和工作中遇到的困难,便于管理者及时介入,指导和协助问题的解决,使员工工作回到正轨,员工也可以及时表达诉求和反映工作进展,便于员工工作积极性的有效发挥。

(3)绩效评价。进行绩效评价是绩效管理体系中最重要的内容,在员工充分参与绩效计划及动态有效的绩效沟通的前提下，对员工的绩效进行科学、客观的评价，并将其作为员工晋升、奖惩及进行绩效辅导的重要依据，也是进行绩效管理的直接目的。

（4）绩效诊断与辅导。针对绩效评价中员工表现出的工作情况，及时依照事先预定的绩效计划，对出现的工作问题和绩效偏差进行及时解决和纠偏，以确保员工按照既定绩效计划工作，保证组织目标的实现。同时，在这一过程中分析造成工作问题和偏差的原因，若是员工个人因素，则对员工进行适当的绩效辅导，既能保证绩效目标的实现，也能在一定程度上促进员工工作能力的提高；若是组织因素，则及时调整组织相关决策。

（5）又回到起点——再计划。完成了上述过程之后，绩效管理的一轮工作就算结束了。绩效管理是一个不断改善并提升组织绩效和个体效率，使部门及员工的工作目标和组织的战略目标保持一致并实现的系统过程，如图2-2所示。可以看出，绩效管理是以环境为依托，在组织战略目标层层向下分解的基础上，由绩效计划、绩效沟通、绩效考核、绩效反馈四个环节紧密联系在一起而形成的一个有机的循环系统。绩效计划是绩效管理

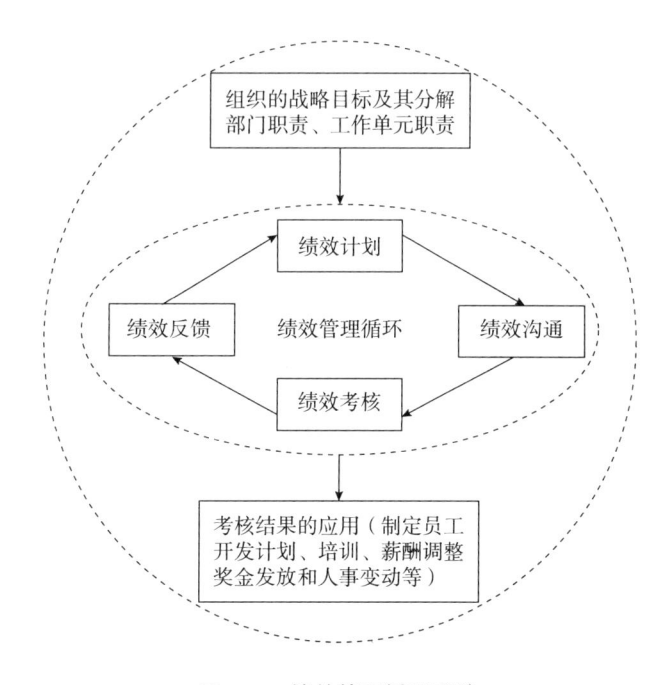

图 2-2 绩效管理循环系统

系统的首要环节，它是一个绩效管理周期的起点，主要任务是由管理者和员工共同商榷来确定绩效目标、发展目标和行动的计划，搞清楚在计划期间员工应该做什么、为什么要做、何时完成、做到什么程度，以及每个人的工作职责和权力大小及分配等内容；绩效沟通是绩效管理系统的核心，是管理者和员工双方追踪进展情况、找寻影响绩效的因素来得到双方成功所需信息的持续的、动态的交流互动的过程，其主要工作是通过观察、反思、会谈、回顾等方式收集和处理数据，及时发现、处理出现的绩效问题和修订工作职责；绩效考核是管理者和员工共同评估员工在完成绩效计划目标方面所取得进展状况的过程，其主要任务是使组织尽可能地对员工进行客观、真实的评价，且尽可能使员工满意；绩效反馈是绩效管理最重要的一个环节，它渗透于绩效管理的各个环节中，在此环节管理者要当好导师和帮助者的角色，及时、准确地提供有效的反馈，并且就各种绩效问题和员工一起商榷。

2. 绩效管理系统的重要提示

（1）从完成工作的结果出发来制定绩效指标和标准。即通过组织和个人以往的工作结果，来制定下一阶段的绩效计划，原因在于以往的工作是最能说明组织和个人发展与否的证据，只要既往工作有效促进了组织和个人发展，那就说明以往工作是合理的。但在实际操作上，还是要在对未来环境的分析上进行最终确定，或者制定相关预案来应对已有计划在未来失灵状况。

（2）绩效诊断和辅导技术将有助于绩效管理计划的实施。进行绩效诊断和辅导是绩效管理体系中的重要组成部分，它起到了纠偏和员工培训的功能，但在实施过程中需要一些技术手段作为协助，如合理利用组织文化、采取互联网作为沟通方法等，从而促进绩效诊断和辅导的有效进行。

（3）根据绩效评估结果做出薪酬管理决策。绩效管理与薪酬管理在人力资源管理整个系统上是相互依存、相互促进的，合理利用绩效管理有利于保证薪酬的可靠性，让薪酬与绩效挂钩，也使员工更加重视绩效管理，同时因为涉及个人利益，也在一定程度上激发了员工的工作积极性，从而确保绩效管理系统的作用得到有效发挥。但同时也会产生一定的弊端，因为并不是每个人都能保证在每个时期都能拿出良好的绩效表现，一旦某种原因使员工绩效下滑而引发薪酬的下降，可能会造成一定的组织冲突，即使绩效考核是公正客观的。

（4）绩效管理系统的改变并非解决问题的最终之道。组织出现绩效问题，甚至因绩效问题产生组织冲突，此时改变原有的绩效管理体系虽可能在短时间内解决问题，但从长远来看，不利于绩效管理在员工心中的威信和地位，导致组织绩效管理难以发挥作用，因此再出现问题和冲突时，直接改变原有的绩效管理体系不是解决问题的方法，而是应该在有效沟通和组织诊断的前提下，分析产生问题和冲突的具体原因，做到就事论事，是哪方面的问题就解决哪方面的问题，不能一味地将责任推诿到绩效管理上，只有明确是绩效管理系统出现了问题，才能对原有绩效管理系统采取相关完善措施。

（5）绩效管理的成功实施需要高层管理者的参与和支持。虽然高管可以通过很多方式来促进和优化绩效管理系统，但仅仅在技术、资源和人员上给予支持是不够的，从绩效管理过程来看，绩效计划体现的是组织短期发展目标，组织发展目标则是根据组织发展战略这一高层决定的事物所确定的，只有让高管参与绩效计划，才能使其更加与组织发展匹配。另外，在绩效评价环节上，绩效优秀的员工如果能得到组织高官的赞赏和认可，这将是巨大的精神鼓舞，这种效应不仅仅是对嘉奖员工的激励，同时也是对全体组织成员的鼓励。

（6）绩效管理需要员工全过程的参与。员工参与绩效管理不仅仅是参与绩效计划的制定及绩效诊断和辅导，在绩效管理的其他环节同样需要员工的参与。例如，在绩效管理过程信息收集上，员工收集有关其表现的数据是可行的，并且也应该这样做。在绩效管理中，收集与评估者绩效标准相关的数据是一个巨大的工程。如果绩效信息单纯由管理者来收集，一方面会加重管理者的工作负担，另一方面由于员工并不知道绩效信息的出处，自然会对其持有一定的怀疑，而一旦让员工参与到绩效信息收集中，则不仅能够减少管理者的工作量及提高绩效信息的权威性和认可度，更为重要的是，由于绩效信息是在员工工作中产生的，员工会更加熟悉信息的来源及重要程度，从而也提高了绩效信息的收集效率和可靠程度。

（7）绩效管理体系需要公开和透明。任何管理工作，无论结果如何都不会令所有人信服，将管理工作的全过程进行公开化和透明化，不仅可以有效减少员工的不信任感，更能以公正的事实来有效减少组织冲突。绩效管理更是如此，尤其是将绩效和薪酬挂钩后，如果员工不能清晰明确地了解个人绩效是如何产生和计算的，一旦出现令其不满意的绩效结果，就会产生以"黑幕"为由的组织冲突,只有保证绩效工作尤其是评价过程公开透明,才会减少此类现象的产生,同时也增加了绩效评价结果的公正性,使员工在更易接受的基础上,也更有动力去分析自己、改进自己。

(8)绩效管理系统与员工的职业生涯规划紧密相连。实行绩效管理,一方面是为了评价组织现状,便于改进不足和促进发展,另一方面也是为了促进员工的个人职业生涯发展。绩效评价的结果既是员工晋升和薪酬的重要依据,更是对员工进行培训的依据。对员工的培训包括但不限于绩效辅导,更重要的是将个人绩效结果与个人发展相结合,通过绩效进行自我认知,并制定培训方案,以提高员工能力,促进其职业发展。

(9)绩效管理系统的实施是一个过程。绩效管理系统给组织和个人发展带来促进作用是需要较长时间的,从一开始绩效计划的制定到绩效辅导都会耗费管理者和员工的时间和精力,并且对员工进行绩效辅导和能力培训,员工需要有一个的吸收和利用阶段,其效果一般不会在绩效考核当期有明显的提升,而是在下一个绩效考核周期得以明显体现。对于组织发展也是如此。

(10)进行阶段性的绩效回顾和沟通十分必要。如果每年只进行一次绩效评估和沟通,并评估评估人员的表现,则相当多的评估人员会对评估结果感到惊讶和愤怒。他们可能会抱怨经理不更早告诉他们有关绩效问题的信息。因为在这一年中,员工可能会遇到绩效问题,因此他们应该能够及时了解自己的绩效并提高绩效。也许一些管理人员会抱怨他们每年要与下属多次沟通,但由于缺乏及时沟通,他们每年可能会花费大量时间来解决下属员工的绩效所带来的问题,并且花在这些事情上的时间可能远远超过与员工多次沟通的时间。

3. *绩效管理系统的顺利实施*

企业绩效管理系统以人力资源系统为基础。所有人力资源管理工作者都很清楚:绩效考核和绩效管理是不同的,绩效管理的延伸比较广泛,绩效考核的内容也很丰富。绩效管理系统建立在工作流程、工作分析和组织结构等基础上。因此,如果在开发的早期阶段没有建立基础,那么它们应该从基础开始,不能急功近利,因为员工仍然不了解绩效管理的含义及他们为什么要进行绩效管理。建议先进行绩效考核评估。

企业的绩效管理体系要顺利实施,只有人力资源管理工作者、员工和企业主在绩效管理平台上共同努力才能成为现实。绩效管理是一个系统的管理项目,需要大量的精力和时间,而不是一次性的事情。因此,公司必须管理宽容的环境并维护、实施和发展它们。只有这样,企业的绩效管理才能得到更好的实践,才能真正成为帮助企业不断发展的助推器。

4. 绩效管理系统中应注意的问题

(1) 不要将绩效管理与绩效评估混淆。从两者的定义上就能够看出两者的区别,绩效管理是包括绩效评估在内的一个管理系统,而绩效评估则是绩效管理系统下一个具体环节,是绩效管理系统的重要组成部分。绩效评估固然有其特殊性和重要性,但若将两者混为一谈,则会造成绩效管理其他环节,如绩效计划制定、绩效沟通、绩效反馈和辅导等重要环节的弱化,无法实现绩效管理的根本目的,即促进组织和员工的共同发展。

(2) 让员工参与绩效管理的整个过程。绩效管理不是管理者对员工的命令和指导,而是管理者和员工共同参与、共同实施的组织发展过程,员工并不是单纯的政策实施者,而应与管理者具有共同制定相关计划的权利,这样不仅有利于绩效管理工作的科学化,也有利于绩效管理过程的实施。

(3) 绩效管理不是强迫员工的"大棒"。绩效管理的最终目的实现组织和员工的共同发展,管理者不能只注重组织的发展和进步而忽视员工的发展和进步,只有注重绩效管理对员工工作能力的促进作用,而非将绩效管理作为约束员工行为的手段,才能使员工与组织一起进步,并且组织还要意识到,员工工作能力的提高也是促进组织发展的重要动力。

(4) 绩效评估结果不应只作为薪酬的依据。绩效管理虽与薪酬管理具有天然的联系及相互促进的关系,但是绩效管理并非只与薪酬有密切的联系,绩效管理同样与企业其他人力资源管理模块有着密切联系,绩效评价结果也同样是其他工作环节的依据。例如,绩效评价结果可以优化岗位说明,为招聘提供新的职位说明书,同时绩效评价结果也是对员工进行培训发展的主要依据。将绩效管理的成果狭隘地只与薪酬相联系是无法发挥绩效管理的真正作用的。

(5) 不及时将绩效诊断结果反馈给员工,会导致员工无法了解自身绩效,没有办法提高绩效。进行绩效管理和绩效考核并不只是为了了解,而是为了改进,只有及时将绩效评价结果反馈给员工,员工才会有改进的方向,才能及时帮助员工进行解决问题和提高能力的培训。相关信息的及时反馈和传递也体现了对员工的尊重和重视,它还可以激发员工的积极性和热情，从而提高组织效率。

五、绩效管理工具

随着市场经济的发展，绩效管理是目前管理学界、企业界比较热门的话题，其根本原因就是绩效管理作为人力资源管理的核心部分，是企业提升核心竞争力、实现组织目标最有力的工具之一。如何实施绩效管理，不同的专家有不同的看法。具体到一个企业、一个部门，以至于个人，因自身情况不同，所采用的绩效管理的方法也各具特色。根据调查研究，随着企事业单位管理水平的不断提高，以前常用的仅仅考核员工"德能勤绩"的做法除了少数企事业单位仍在沿用外，已渐渐退出了历史舞台，更不能直接照搬应用于高等院校教师绩效管理体系中。

当绩效管理工具纵向发展到一定的程度，各项绩效管理工具的作用相互补充，形成了相对完整的绩效管理体系。但是，绩效管理工具还存在横向发展的趋势，以促进绩效管理体系不断完善。如近几年出现了有针对性的绩效管理工具、方法来倡导细化绩效管理，如360度评估、中层管理人员绩效考核、中层管理人员绩效结构、员工绩效等；加上绩效管理形式也更加多样化，如绩效管理软件等的研发应用，更加拓展了绩效管理工具实施与运用的途径。目前，企事业界、各个单位使用较多的绩效管理工具主要有以下几种：

（一）目标管理（MBO）

1. 目标管理概述

目标管理（Management by Objectives，MBO）的概念最早由美国著名管理大师彼得·德鲁克提出，并在其1954年出版的《管理的实践》一书中做了详细的阐述。德鲁克在书中首先提出了"目标管理和自我控制的主张"，并且认为"必须将企业的目的和任务转化为目标"。如果企业没有总体目标和与总体目标一致的阶段目标来指导员工的生产和管理活动，则企业越大，人员越多，内耗和浪费的可能性就越大。因而，应根据企业整体战略形成企业的总目标，再将总目标依照企业各层级和个人层层分解，转化成每个组织成员的小目标。简而言之，目标管理是一种管理系统，它允许公司的管理者和员工亲自参与工作目标的制定，在工作中实施"自我控制"和"自我管理"，努力实现自己的工作小目标，促进企业总目标的实现。在绩效管理的环节上，个人的绩效评价是根据目标完成情况而定，并以此来决定对员工工作进行奖惩。目标管理体现的是现代管理的哲学思想，即重视人本的管理方法，目标管理是领导者与下属之间双向互动的过程，这样既有效促进了企业的发展，同时也加强了企业各层级之间的沟通，有利于维持企业的内部稳定。

目标管理方法是以结果为导向的评估方法之一，它是根据组织领导者成员共同制定的预定管理目标对员工及组织管理者进行绩效的检查、考核和评估。这里的目标既包括组织总目标，也包含组织各层级的分目标及个人的小目标，这些目标强调组织管理者和个人共同协商制定，并且在制定过程中，个人的目标是根据公司的战略目标和相应的部门目标来确定的，并且尽可能保持一致，在进行绩效评估时，强调以实际产出为基础，评估的重点是员工工作的有效性和劳动的结果，即通过实际结果与预先目标的比较得出的客观结果。该方法将组织和个人目标作为员工评估的基础，尽可能使用可观察和可衡量的工作结果作为衡量员工绩效的指标，让员工个人目标与组织目标保持一致，这样既能够对员工的绩效进行有效的评估，又能够加强管理者的管理工作专注度，减少管理者将精力放到与组织目标无关的工作上的可能性。例如，美国贝克曼库尔特公司使用目标管理方法进行公司的绩效管理，这使公司得以实现重大发展。目标管理法倡导以员工为中心及员工参与管理，并努力实现与绩效管理目标一致的员工利益和企业利益。因此，目标管理的实施可以促进企业的管理，调动和激励员工的工作积极性。

目标管理法应用于绩效管理中的特点主要是将绩效考核人从过去的裁断者和法官转换为顾问和教练的角色，将员工的角色从过去的执行者和负面旁观者转变为积极参与者。这种转变不仅能够减少管理者在绩效管理上额外付出的时间和精力，使管理各模块能够通过目标进行有机统一，也使员工增强了满足感和工作的主动性、积极性和创造性，能够以一种更加高涨的热情投入工作，促进工作目标和绩效目标的实现。采用这种方法时，不仅要关注目标实施的结果，还要注意实现绩效目标的过程，否则，很容易误导员工更多地关注短期目标的实现，而忽视了公司长期战略目标的实现。

2. 目标管理应遵循的原则

（1）目标性。企业的目的和任务必须转化为可实现的目标。

(2) 层次性。将企业总目标层层分解，事先根据各部门职责规定好各自的分目标。

(3) 普遍性。目标管理是将目标从上至下分解到每个人的手中，包括从领导者到员工的所有人员，每个人都应该有服务于企业总目标的个人目标。

(4) 整合性。将目标和绩效评估标准进行整合，即绩效管理的评价以目标完成情况为依据。

(5) 创新性。强调发挥各类人员的创造力和热情。每个人都必须积极参与目标的制定和实施。领导者应该允许下属根据公司的总体目标设定自己的目标，以满足"自我成就"的要求。

3. 目标管理的实施过程

(1) 设定目标，包括制定目标的依据、对目标进行分类、遵守SMART原则和目标须沟通一致等。

(2) 实施目标。

(3) 信息反馈处理。

(4) 检查实施结果和奖惩。

目标管理是用目标来激励而不是控制下属。目标管理方法通常有四个共同点：明确的目标、参与决策、截止日期和反馈表现。目标管理通过专门设计的流程运作目标，该流程将目标分解到组织的每个单元。组织的总体目标被转化为每个组织级别的具体目标，从总体组织目标到经营单位目标，再到部门目标，最后到个人目标。在这种结构中，一个级别的目标与下一级别的目标相关联，并且对于每个员工，目标管理提供特定的个人绩效目标。因此，每个人对自己所在单位的成果贡献至关重要。如果每个人都实现了各自的目标，那么他们所在单位的目标也将得到满足，并且组织的总体目标的完成将成为现实。

4. 目标管理的典型步骤

(1) 确定组织的总体目标和战略。

(2) 在经营单位和部门之间分配关键目标。

(3) 每个单位管理者及其上级一起设定部门的具体目标。

(4) 部门的所有成员都参与制定自己的具体目标。

(5) 管理者和下属就如何实现目标的行动计划达成一致。

(6) 实施行动计划。

（7）定期检查实现目标的进度，并向相关单位和个人提供反馈。

（8）基于绩效的奖励将促进成功实现目标。

5. 目标管理的优缺点

（1）优点。第一，目标管理法以目标实现情况作为绩效的评价方法，使得绩效标准直接反映了员工的工作内容，便于评价考核者观察绩效结果，并且产生评价误差的概率也较小，能够得到员工的认可；第二，评价结果直观明显，有利于对员工进行绩效辅导和员工的自我改进；第三，目标从制定到实施全程都让员工参与，因而员工的责任感和积极性较高；第四，组织总目标层层分解到每个部门和个人，使每个部门和个人对部门职责和个人职责有着清晰的认识，有助于改善组织结构中的职责分工，避免相互推诿扯皮，提高组织效率。

（2）缺点。首先，目标管理法只关注组织目标的分解，没有明确组织权利和个人工作权限的划分，很容易发生授权不足和责任不明确等情况；其次，随着组织规模的扩大，组织目标的合理分解将是一项耗时不少的工作；最后，部门之间和员工之间缺乏统一的目标比较标准，很难横向比较员工和不同部门之间的工作绩效，也无法为未来的晋升决策提供依据。

6. 目标管理的主要内容

（1）目标分解。关键是设定战略性整体总目标。确定组织的总体目标是目标管理的起点。随后是将组织总体目标层层分解为各部门和个人分目标。下属的子目标和个人目标是构成和实现上级总体目标的充分必要条件，即组织总目标的完成依赖于各部门、各个人的分目标的完成情况。总体目标、子目标、个人目标相互连接集成到目标结构系统中以形成目标链。目标管理的核心是通过整合各部门和个人不同工作活动和贡献，实现其个体的分目标，从而实现组织的总体目标。

（2）制定目标实现计划。将组织目标分解后，需要为目标的实现及实现过程中处理突发情况制定周密的实施和纠偏计划，这个计划包括目标的确定，指导方针、政策及实现目标的方法和程序，从而使目标实现过程有章可循，同时也使各目标的实现始终围绕在总体目标实现的轨道上。并且还要对目标实现的期限做出规定，以保证目标实现的效率。

（3）组织支持。目标作为组织行动和发展的纲领，是为了促进组织目标的实现和发展由组织协调各方制定、批准、实施和监督。目标从制定到实施都是组织行为的重要表现。目标管理本质上是组织管理的一种形式和一个方面。因此，要促进目标管理的有效实施，离不开组织各方面的协调和支持。

（4）管理意识。目标管理强调个人的自我管理，目标由个人根据总目标制定，由个人根据自身实际情况来实行，并要求及时进行自我评价，这些都要求个人要有管理意识，管理好自己的时间及精力分配，利用有效的管理方法来进行自我管理，促使自身为实现目标积极行动，并努力实现自己的个人目标，从而实现部门单位的目标，进而实现组织的总体目标。

（5）合作配合。目标管理虽然将目标任务分配给了个人，但并不是让每个人、每个部门去单打独斗，而是更加需要部门间、个体间的相互配合、互相合作，共同为实现个人目标、部门目标和企业总目标努力。

7. 目标管理考评基本程序

（1）绩效管理者和员工依照企业总目标和个人能力共同制定评估期间要实现的工作目标。

（2）在评估期间，绩效管理者与员工根据目标实现过程中业务的变更或环境的变化及时修改或调整目标，以保证个人目标不偏离企业总目标。

（3）绩效管理者和员工共同决定目标是否实现，并对目标结果进行分析，总结经验，讨论不足并制定改进措施。

（4）绩效管理者和员工根据上一时期目标实现情况，为下一个评估期制定工作目标和绩效目标做准备。

8. 目标管理在教师绩效管理中的实施步骤

目标管理法作为一种公正、有效的管理方法，在许多企业中取得了良好的应用效果，为企业发展起到了积极的促进作用，并且也被借鉴到公共管理部门的绩效管理中，因此将其应用于高校教师绩效管理也有一定的实际意义。根据客观管理法的基本原则，以及各学者对目标管理在教师绩效管理中应用的探索，可以得出在教师绩效管理中应实施以下步骤：

（1）转变思想观念，为实行目标管理奠定思想基础。首先，高校领导者应该树立绩效管理意识，认识到科学的绩效管理对高校教师发展及高校自身发展的促进作用；其次，转变以往单一的为课时量、论文数论的思想，拓宽对教师绩效评价的思路；最后，加强目标管理法及绩效管理理论知识的宣传，在学校中形成人人谈绩效、人人追求绩效的良好氛围，改变教师对绩效管理漠不关心的态度，并且加强对绩效管理实施思想、目标和方法的解释，避免教师产生误解，对实行绩效管理有抵触心理，促使教师形成科学的绩效观。同时，加强绩效管理实施队伍建设，加强对其培训和教育。

（2）确定教师的绩效目标。根据目标管理法的相关理念和原则，高校管理者应该从学校战略出发，征询教师相关意见首先形成高校的发展总体目标，下一步则通过与各部门和各学院及教师的协商沟通，确定各部门和教师的分目标，形成完整的高校绩效目标体系，并且要确保这些目标是可实现及带有一定挑战性的。通过设定教师的绩效目标，能够使教师对未来一段时间的工作有清晰的认知及了解高校对其工作的期望。在目标制定完成后，还需要制定与目标实现相配套的相关计划，使教师明确自己该如何做以及目标实现后的益处，并且树立成功的信心，以提升教师的工作积极性。

（3）协助教师实现绩效目标。从管理思想上讲，最高级别的管理是帮助下属取得成功。教师在实现绩效目标的过程中，不可避免地会出现相关问题，这些问题的产生可能是因为教师能力水平不足等主观因素，同时也可能是因为管理权限不足、组织机构不匹配以及支持力度不够等客观因素，为此，高校管理者需要及时与教师进行绩效沟通，指出教师的不足，及时纠正教师工作偏差及帮助教师解决相关问题，从而促进教师绩效目标的实现，进而实现高校的整体发展目标。

（4）做好绩效评估工作。进行有效、科学、公正的绩效评价是整个绩效管理过程的核心，绩效评价的结果是教师发展、培训、晋升及奖惩的重要依据，在绩效目标实现过程中，及时收集绩效信息，做出绩效判断并形成书面记录，待教师绩效目标完成后，根据预先制定目标和实际目标的比较，最终确定教师的绩效评价结果，从而依靠这个结果完成后续相关工作。

（5）运用评估结果，提出绩效改进计划。进行绩效管理和绩效评价的目的一方面是使高校管理者有评价教师的客观依据，另一方面是促进教师的能力发展，进而推动高校的发展。所以绩效评价结束后，最重要的过程就是管理者和教师共同分析和评价绩效评价结果，总结成功经验，分析失败和不足，并共同制定解决措施，并付诸下一个绩效目标管理循环中。

(二) 360 度考核

360度绩效考核是绩效考核方法之一。它具有多样化的评估维度（通常为四个或更多），是一种普遍适用于中、高层企业职员的重要评价方法。该方法的正确使用对企业及组织构建合适的发展方向具有重要作用。一般而言，360度考评系统由如下两个步骤构成：首先是对调查问卷的设计与填写。选择相关合适主体如上下级、企业员工、同事、业务客户等，对相关考核人进行客观、公正的问卷填写。其次是分析汇总调查问卷。将问卷调查结果的反馈信息输入计算机相关分析软件加以处理，并综合相关因素进行相关分析，最终生成综合考核结果及评价。相对而言，要用一分为二的观点看问题。360度考核亦是有利有弊。所以，在运用该方法进行评价时要注意以下几点：首先，由于相关人员评价的出发点及专业性可能存在差距，所以需要构建专业、系统的考评指标体系以实现该方法的专业评价与高效运作。其次，由于问卷对考核相关人员选择范围较广，进行培训和组织可能耗时费财，成本较高。基于此，要遵循一个重要原则：要选择真正与考核主体相关的考核相关人员，经过系统的相关培训，实现相关考核人员公正、客观的评级，努力避免主观性、情感性、报复性等现象的产生。

1. 360度绩效考核的作用

360度绩效考核法是企业实现战略发展、助推企业变革的重要方法与工具，具有举足轻重的作用：①实现企业管理层与基层企业职员之间的双向互动，极大提高了企业员工的参与感与互动性；②通过企业管理层与基层企业职员及时的沟通互动及信息互换，从而培育和增强企业荣誉感，进而培育和增强企业人员的核心价值观，有利于构建高效的工作组织架构与和谐稳定的工作关系；③广开言路，听取和汇总多方建议，有利于提升企业整体的工作氛围；④在组织考评过程中，企业职员都有机会参与到企业组织考评之中，这对于企业职员企业归属感的培育和增强大有裨益，进而有助于提高企业各运营团队、各部门的凝聚力；⑤有利于实现"学习型组织"，切实避免"组织学习障碍"等相关问题的产生。

在实现组织成员自身价值方面，有利于促进企业职工的进步和长足发展：①可以找准定位，有利于企业职员全方位、多角度地认识和评估自身优缺点；②企业多职员共同参与评估，有利于考评公信度客观、公正结果的实现；③从管理者角度出发，有利于实现管理的高效实施，进而提高管理水平，带动企业管理效率的快速提升；④有利于调和甚至解决企业管理层与基层员工的矛盾，营造团结和睦的企业文化；⑤根据考评结果，在精准定位各个企业职员优缺点基础上，针对各个企业职员存在的问题进行及时培训；⑥企业职员通过自身定位，及时做出相关调整，从而实现自身整体的职业生涯和发展规划。

2. 360 度绩效考核的内容

该考核的重要作用是使企业职工的绩效考核形式更加公平、公正和公开，基于此，部分企业在进行考核时将参与人员的考核形式从上级考核拓展到 360 度考核。在这种考核形式下，企业职工的工作行为信息来源于他（她）企业中密切关联的人，其中主要包括企业职工本身、领导、下级、同事及企业客户，由此进行绩效考核的相关人员主要有：

（1）自己。职员自我考核评价，顾名思义，是指管理人员在日常工作中对自身的工作表现进行客观评价，抑或是依据相关绩效指标来评定自身能力是否与设定的预期目标相契合。职员自我考核评价时，对自己的不足有深刻、直观的认识，并且能够降低自身防御意识，从而从自身潜意识中了解并弥补自己的劣势和弊端。

（2）同事。同事评估是指同行之间通过相互评议的方式来进行并实现绩效考核。对于一些企业而言，上下级在工作中进行交流和沟通的时间远不及下级企业职员之间的交流沟通时间。在此情况下，上级要对下级做出客观的考核评价是比较困难的。但在下属职员之间合作的基础上，其相互间的了解程度会远高于上级与下属之间的了解程度。在此情况下，同级评议的绩效考核形式将更加公正。

（3）下属。对于传统的人力资源工作者来说，下属对上级进行评估有点令人难以置信。但随着当今社会的不断发展，"向上反馈"出现，企业更加注重下层员工对上层领导的评价。该种绩效适用于发掘上级管理人员的领导和管理潜力。此外，上级管理人员可以通过下属职员的意见和观点，对自己进行精准定位，明确自身优缺点。如果自身感觉与下属职员评价出入过大，则可以深入了解产生这种差异的原因。域内人士普遍认为，企业职员对上级管理人员的客观、公正评价对上级管理人员潜力的发掘影响深远。

（4）主管。企业对主管的评估是最常见的绩效评价方式，即进行绩效评估由部门主管参与并执行。主管作为监督人员，要对各种绩效评价方法都有深刻了解，并能够根据评估结果进行对下属职员的指导和对部门发展的规划。

随着公司的调整，一些公司经常推动跨部门协作计划，因此一些员工可能同时与许多主管合作。因此，在绩效评估系统的建立中，多监督者和矩阵绩效评估方法也可以纳入绩效评估系统。

3. 操作过程

（1）准备阶段。该阶段对整个评价过程的衔接性与有效性有着举足轻重的作用。该阶段的目的是使包括所有评估人员和被评估人员在内的企业职工和管理领导人员能够对企业实施的360度评估的目的和作用进行深刻理解，在此基础上实现对该种绩效方法的高效使用。

（2）评估阶段。企业组建一支360度的评估意见反馈团队。值得注意的是，进行绩效评估的前提是要得到相关评审人员的赞同，以保证最终评审结果为评审人员所接受。对评估相关人员进行相关专业性培训。为使评估者进行公平、客观的评价，企业应该对相关人员实施360度评估反馈方法的相关培训，并使其都能熟练掌握并科学运用此评价方式。此外，企业应从实际出发，结合自身发展现状，构建企业自身的能力模型，并以此为基础设计科学、合理的360度的问卷调查表。

（3）实施360度评估反馈。评估由上级、同级、下级、相关客户和个人根据各自的尺寸标准进行。在进行评估时，为了保证评估的公正性和机密性，除上级对上级的评价建议保持透明外，相关其他评估可以通过控制评价相关人员的身份信息进行匿名评估。相关研究数据表明，匿名评估的评估方式下，人们往往会提供更真实的信息。

（4）统计并报告结果。在提供360度绩效评估时，要在确保考评结果科学合理的同时对评估相关人员匿名化身份信息。例如，报告中的评估样本容量通常局限于3~5人；但若某种类型的评估者不到3人，则需要及时将其另行分类，评估结果不应作为独立评估对象而进行单独评估。

（5）反馈和辅导阶段。对被评价人进行及时反馈并根据评估意见进行指导是一个重要环节。通过企业多参与主体（包括上级、下属、同事、自身及客户等）的全方面建议和反馈，受访者可以更客观、全面地进行自身科学分析，找出不足，强化优势，并清晰定位自身现状与公司期望的差距。经验表明，为实现360度评估的顺利进行，在首次实施时，可邀请相关权威专家对企业职工进行一对一的反馈咨询培训，目的的在于指导评审员清晰、高效地理解和利用360评估和反馈报告。此外，外部专家不涉及企业内部利益，在进行相关评价时相对客观、公正，容易形成"安全"的氛围（无须担心会受到企业内部的压力等），这有利于与相关评价人进行深入沟通。

4. 360度绩效考核法优点与不足

（1）360度绩效考核法优点。打破传统的评价体系，可以避免在评估中很可能出现的"紧张或松散""光环效应""中心趋势""个人偏见"和"评估盲点"现象；有效避免致力于提高与薪资挂钩的业绩指标而进行的相关急功近利行为；此外，更客观、公正、多角度的信息建议与反馈有利于改进被审核者的相关劣势与不足。360度绩效反馈方法实际上是企业各级员工参与企业内部管理的一种直接途径。相对而言，企业职员增加了自主权并实现对自己工作的掌握，企业职员的参与度会更高，忠诚度会提升，员工的工作满意度及工作效率也都会提高。

（2）360度绩效考核法的不足。评估流程耗时费财。时间方面的耗费主要体现在企业职员要同时对多个其他职员进行评估。费财主要体现在多个企业职员同时进行评估时的成本消耗可能会超出其对企业贡献的价值。个别企业职员在进行绩效评价时易于情绪化，不注重上级、同事或者下属职员的指导和建议，进行主观化、偏激化考核评价，从而偏离客观现实。企业所有职工身份都具有两重性，既是绩效评价当事人，又是参与评价的相关人员，对其整体进行多方位系统培训也存在难度。

（3）解决办法。①匿名评价。要严格控制参与评价的相关人员的身份信息，进行匿名化评价。此外，主管作为监督管理人员，要主动对评价小组内部成员评价进行培训指导，确保其评价结果具备客观性、公正性和可靠性。②借助计算机相关统计软件及程序。科学化统计评价结果，如采取加权平均、去除n个最高最低评价后取均值等定量分析方法体现科学性和严谨性。③甄识和量化偏见。充分考虑确定参与评价企业职员的与年龄、宗教信仰、文化等有关的习俗或偏好。

5. 注意问题

企业在运用360度绩效考核法时，应切实注意如下问题：

（1）正确看待360度绩效考核法的价值。360度绩效考核法就目前发展阶段而言最重要的价值在于实现发展价值的能力而不是仅仅局限于评价本身，其包括两个重要方面：第一，可以使企业职员找准定位，客观、公正地评价自己的优劣势,提供自省能力,从而为制定职业生涯规划奠定重要基础;第二,对企业职员的工作和行为都有正向激励作用,可以使企业职员的行为和工作绩效更加合理高效。值得一提的是,当360度评估反馈与企业职员自身发展规划相结合时往往效果会事半功倍。360度的方法是明确地向被评估者提出这一差距,从而刺激他们积极向上。但仅使用单一的360度评估和反馈方法进行评价(无论是人才评价还是绩效考评)都将不能满足企业复杂系统下预期规划的期望,此外还可能会产生许多负面影响,如人际关系冲突、劳动力和财富减少,以及人力资源部门和高级领导层声望降低。

(2)高层领导的支持。360度绩效考核反馈的信息涉及企业各个阶层的员工,有些信息还包括客户等企业外部人员。所以,360度绩效反馈实施存在难度,高效解决存在问题的重要条件之一是要得到企业高层管理人员的支持和拥护。否则,其与各层员工直接的矛盾可能通过评价形式进一步扩大,不利于各层员工的合作交流,严重者还可能导致企业稳定性下降等不安局面的产生。

(3)企业的稳定性。实施360度绩效反馈的企业,一个重要前提就是要具备良好的稳定程度。在实际应用中,要正确认识360度绩效反馈的"双刃剑"作用。当企业处于员工缺乏稳定体验的购并、裁员乃至濒临破产等动荡阶段时,员工的不安全感相对较高。此时使用360度反馈毫无疑问会产生负面影响,增强员工的抵制和矛盾,由此其也就难以实施360度反馈以实现对企业职员能力和潜力的评价。

(4)建立信任。在此过程中举足轻重的环节便是沟通,其体现在整个环节和每个细节之中。通过持续的沟通机制,上层管理人员能及时、准确向企业职员传达管理指令,取得职员信任,在此情况下,企业职员通常对企业反馈的信息持接受态度并进行积极响应,从而降低企业职员的抵触心理。因此,当开始使用360度绩效反馈时,最好只使用能力开发作为评估和推广的基础,因为这样企业职员可以持接受态度并积极响应这项评价,待其发展成熟后再逐渐拓展到诸如评价、人事决策等其他企业应用领域。

(5)建立长期的人员能力发展计划。在领导能力发展领域应用360度绩效反馈时,企业要根据实际情况构建相匹配的领导能力模型,这也是对现有管理人员管理能力进行系统评价的唯一途径。但许多企业对前期准备工作不够重视,就实际而言,360度绩效反馈作为一种有效的评估反馈方式，其科学性主要来源于领导能力模型的问卷的设计和填写，这是360度绩效反馈技术发挥企业预期结果的核心决定要素之一。许多企业忽视长期人力开发计划的构建。要清晰地认识到能力发展是一个长期积聚的过程，不可能一蹴而就、一劳永逸；它需要不断变革、积累才能实现长足进步和发展。因此，在完成360度绩效考核后，必须与评估参与人员一起探讨规划其自身的能力发展长期计划。

值得一提的是，360度绩效评估不是放之四海皆准的法则，企业应具体问题具体分析，处理方法也灵活多样，例如企业可根据发展现状及时调整360度绩效评估的相关指标和构建原则，也可以为适应评估体系主动转变企业目标、文化等。企业可从相关绩效评估标准出发，评估体系可以由人力资源管理者、经理和企业职员共同开发制定；评估不采用评分形式，而是评估员的高级别、低级别和相关同事通过现场论坛的方式进行评估；绩效考核前，管理人员可以构建绩效考核团队，以反映对构建指标评估的重视；创造自由、开放、平等、互信和重视沟通的企业文化。

(三) 平衡计分卡 (BSC)

早在1992年，罗伯特·卡普兰 (Robert S. Kaplan) 和戴维·诺顿 (David P. Norton) 在《哈佛商业评论》中发表了第一篇关于平衡计分卡的文章——《平衡计分卡——业绩衡量与驱动的新方法》，这是商业管理里程碑式的进步。自此之后，平衡计分卡在实践的基础上，被企业及学者进行了广泛、细致的研究，尤其是进入21世纪以来，平衡计分卡理论实现了极大的突破，理论也日臻完善，并且被广大企业使用，获得一致好评。在《哈佛商业评论》成立80周年之际开展的关于评选"过去80年最具影响力的十大管理理念"活动中，"平衡计分卡"仅次于"破坏性技术"一词，位列榜眼。Gartner (盖洛普) 集团的一项调查证实了平衡计分卡对企业管理的重要程度：截至2000年，《财富》杂志对外公开数据称，世界1000强企业中，有400多家在商业管理中采用了平衡计分卡这种绩效评价工具。与此同时，世界500强企业中有接近四成的企业使用平衡计分卡，平衡计分卡也在中国的海信、联想等优秀企业中推广使用，但在非营利组织领域的应用还处于起步阶段。

1. 平衡计分卡简介

平衡计分卡是一套能使公司高层快速而全面地考察企业业绩的指标体系，应用范围极其广泛，被评为最具影响力的十大管理理念之一。作为一种全球盛行的绩效评价工具,其主要对企业战略发展提供指导建议并以四类绩效指标衡量企业发展水平。平衡计分卡包括财务指标,通过推动财务绩效的因素补充财务指标,以及将组织的战略作为可操作的衡量指标和目标价值。设计平衡计分卡的目的是建立一个实施战略指导的绩效管理系统,以确保有效实施公司战略。因此,人们经常将平衡计分卡称为最有效的加强战略执行力的战略绩效评价工具。平衡计分卡主要通过提供的框架对因果关系进行从战略到可操作层面的内容的细化。企业战略目标具有明显的层级性,在进行企业目标细分时,可以将企业整体的战略进行细分,使其成为若干个可供实际操作、有可量化指标做支撑的若干部门的目标。

2. 主要特点

平衡计分卡是一种普遍使用的战略管理工具,可以通过战略细分不断细化目标,从而有效提高目标执行效率,极大减少企业战略与运营实施的脱节现象,尽量避免所谓的"执行漏斗"效应。

平衡计分卡的主要特点涉及五个方面的平衡:财务和非财务考核方式方法之间的平衡、战略性长期目标和运营型短期目标之间的平衡、企业外部和企业内部之间的平衡、考核结果和业务流程的平衡、管理绩效和业务绩效的平衡。基于这五个平衡的特点,平衡计分卡可以较为直观、方便地综合反映出企业的整体运营状况,从而使相关管理部门制定的评价考核体系能够有的放矢,不断得到完善和发展,使企业能够更加注重相互平衡与整体最优,从而有利于企业考虑长远利益,实现企业长远发展。

平衡计分卡绩效考核方法的优点在于跳出传统考核方法使用财务指标作为考核绩效企业管理的唯一指标的桎梏和樊篱,更加注重整体的平衡与发展,所以与传统绩效考核方法相比更具有优越性。主要体现在:

(1) 平衡计分卡可以助推企业战略管理方案的制定。战略管理是企业应对市场竞争及企业可持续发展的重要举措。平衡计分卡的评估内容与相关指标和公司战略目标密切相关。企业战略的实施可以通过平衡计分卡的整体管理来实现。由于平衡计分卡实现了战略长期目标和运营短期目标的平衡,从而使相关绩效评估内容及指标的设计更加符合企业现实需求,从而使长期战略管理的制定更加高效。

(2) 平衡计分卡可以极大地提高企业整体管理运营水平,从而有利于提高管理效率。平衡计分卡通过实现"五个平衡"对企业进行整体考核评估,综合多方面因素进行分析,找出企业绩效缺失点,从而实现企业效率的提高。

（3）平衡计分卡更加注重团队的作用，提倡合作，预防企业无效管理的产生。企业各个管理部门都承担着不同的角色和功能，也都有自身追求的最优目标，但在实现该部门最优目标的同时往往会牺牲其他部门的利益。从整体的业务流程出发，有利于管理者对企业各职能部门进行统筹，实现业务流程的整体最优，从而使企业实现业务流程整体优化。

（4）平衡计分卡通过正向激励考核机制的建立提高企业职工的忠诚度。传统绩效考核方法中强调管理人员对员工的行为或者实践活动的主观判断是一种基于结果的控制和评估，而平衡计分卡是基于流程的目标管理。由于在企业具体业务管理层面，企业的中层或者基层管理人员往往会比企业高管更加了解和熟悉其流程，没有调查就没有发言权，所以企业高管直接对企业基层员工行为进行评估显然存在缺陷。而且，现今企业的绩效评估系统的设计都外包给专业人员，如金融专业人士等。但是隔行如隔山，专业的差异、流程的差异使外包企业对企业的现状和整体规划缺乏深入了解，导致设计的方法也并不能真正反映企业发展潜力和缺陷所在。

（5）平衡计分卡可以极大减少信息时代的数据冲击。当今时代是信息化爆炸的时代，大量新技术涌现，企业面临更多的机遇和挑战。在此背景下，新的信息和数据会随着管理的不断深入而不断涌现，这导致企业管理人员在管理和提取相关有效数据时捉襟见肘，不能很好地聚焦问题。而平衡计分卡通过专注企业发展的核心指标动态发展状况，可以很好地减轻企业管理人员的管理难度，紧抓和聚焦核心信息，从而满足企业发展需求。

3. 作用

平衡计分卡的出现适应了企业发展需要，实现了从简单的企业绩效评估到战略规划的转变。具体作用如下：

（1）为企业管理人员的科学管理提供了指导。实现了对策略、人员、流程及执行这四个企业因素的整合和归并。

（2）是一种科学、有效的管理工具。企业管理人员在绩效考核指标的设计过程中综合考虑企业长期战略与短期运营规划，以及企业内外部影响因素，确保了企业的可持续发展能力。

（3）引入平衡计分卡切实解决了传统企业只重视财务指标评估的相关缺陷而更加注重整体的平衡发展。传统企业评估方法过多看中财务指标的作用，可能会导致企业过度追逐当前利益而忽略如员工培训、客户维护与拓展、客户满意度反馈等长期战略规划。而平衡计分卡的引入则避免了该弊端，通过构建企业四个维度——财务、客户、企业管理及企业职员培训的综合考核系统，并对系统进行汇总分析，最终得出其他三个维度与企业财务各种指标的关联，从而切实实现企业财务指标的合理设计。这种设计是动态的，即统筹包括了对过去和未来两个方面的绩效评价。

4. 平衡计分卡包含的五项平衡

（1）财务指标与非财务指标之间的平衡。就目前企业绩效考核评价方法而言，主要是对财务指标进行相关设计和评价，但对非财务指标，如员工培训、客户维护、企业内部业务流程优化与改进等鲜有涉及。即使有个别方法考虑对非财务指标的评价，也是以简单的定性评价为主，很难进行定量化、精细化评价，从而使评价方法存在缺陷，这也会直接影响评估的系统全面性。

（2）公司长期目标与短期目标之间的平衡。企业是一个整体，要试着用系统的观点看问题，寻找系统的平衡。平衡计分卡作为先进的战略性绩效评价方法，是从战略层面展开的管理系统，从系统的角度进行分析，平衡计分卡输入的是战略层面的规划，输出的则是经过系统处理后的精确财务指标的设计。

（3）结果指标和动机指标之间的平衡。平衡计分卡的动机指标主要以实现企业战略规划为目的，而结果指标则是对动机指标的量化和最终状态的一种描述。

（4）企业组织中内部要素和外部要素之间的平衡。在平衡计分卡设计过程中，企业的外部要素主要为股东和客户，内部要素主要包括企业职工和企业业务流程，其优势是可以统筹考虑从而使企业内外部要素得到兼顾。

（5）领先和滞后指标之间的平衡。财务、客户、内部流程、学习和增长四个方面包括领先指标和滞后指标。财务指标的主要作用是对过去一段时间的公司财务运营情况的总结和反映，所以其是滞后指标，不能为企业的发展方向和企业战略规划提供可靠支持，也无法改善企业的业务流程以提升业务效率。所以需要对企业客户、内部流程及学习和增长三个领先指标进行统筹分析，从而能使企业在兼顾统筹中实现两种指标的平衡。

5. 平衡计分卡的设计

平衡计分卡的设计主要可以从财务、客户、内部业务流程、学习和成长四个视角进行。其中需要妥善处理企业职员、外部客户与股东三个利益相关方的关系。其每个方面设计的核心内容如下：

（1）财务层面。毋庸置疑，财务指标是一种能够直观体现企业战略发展规划及盈利水平的重要指标。财务目标的设计与盈利能力相关性的大小密切相关，其指标主要包括营业收入、资本回报率、经济增加值等，也可能是销售额的快速增长或现金流量的创造。

（2）客户层面。企业管理人员通过细分不同业务部门市场，从而确定具体的目标客户，并在此基础上设计相关的客户层面的指标，划分客户级别。客户级别指标通常包括客户满意度、客户保留率、客户获取、客户盈利能力及目标市场份额。客户级别能够细化市场，使业务部门能够根据客户需求及客户级别实行差异化的客户和市场策略，以实现企业的更高效益。

（3）内部业务流程层面。企业管理人员需要根据企业的实际运营情况，甄别业务层面的关键内部流程，通过对其进行高效化运营，可以提高客户满意度、吸引潜在客户及细分目标客户市场等，从而满足股东的财务回报需求，实现企业高效发展。

（4）学习与成长层面。该层面是实现企业构建基本框架、创造长期效益的关键因素。平衡计分卡的前三个级别主要针对的是企业实际发展状况与期望绩效水平之间的差距。而第四个层面主要是企业为弥补差距而实行的人才投资、流程再造，从而提升企业学习和成长的能力。其中，诸如员工满意度、员工保留率、员工培训和技能等是平衡计分卡所追求的目标。

最佳平衡计分卡不是某些指标或成功因素的单一罗列，而是要实现目标与指标之间的强关联性，以及目标和指标之间协调高效、相得益彰。例如，投资回报率是平衡计分卡的财务指标，该指标的驱动因素可能是客户的重复购买和销售量的增加，这是客户满意度的结果。因此，客户满意度包含在计分卡的客户级别中。通过对客户偏好的分析，客户更加关注准时交货率，因此，交货的高可靠性会极大促进客户满意度的提升，从而实现企业的发展。因此，客户满意度和准时交付率均包含在平衡计分卡的客户级别中。通过缩短操作周期和提高内部流程的质量，可以实现更好的准时交付率，因此，这两个因素成为平衡计分卡的内部业务流程指标。此外，为了提高内部流程的质量并缩短周期，企业需要对职员进行及时的指导和培训，所以提高企业职员的技术水平是学习和成长的目标。这是一个完整的因果关系链，贯穿平衡计分卡的四个层面。

6. 使用平衡计分卡的注意事项

平衡计分卡这种绩效考核方式在不同企业的使用效果也会有很大差距。其中，对平衡计分卡影响最大的是工作目标的界定及考核绩效相关指标的设计，这将在很大程度上决定平衡计分卡的绩效考核效果，所以在该方面我们应该做到衡量目标的 SMART 原则：

（1）明确具体（Specific）原则。对于一个确定的目标，要能够清晰地知道该做什么、怎样做及能够产生哪些影响。

（2）可量化（Measurable）原则。对相关目标的绩效最直观的表达方式就是用数据说话，所以在进行目标绩效考核时，要避免抽象，切实做到具体可量化，从而便于进行整体控制和分析。

（3）可实现（Attainable）原则。目标的制定要具有可控性、可量化性，最终形成可实现性。绩效目标切忌好高骛远，脱离部门和企业职员的实际情况。

（4）相关性（Relevant）原则。目标的设计及确定首先要与企业整体的战略发展方向相一致，与企业各部门的整体目标都相关联，这样才能够切实实现目标的高效设计与保证目标从上到下的传递可靠性。

（5）时限性（Time-bound）原则。目标是以时间轴为基础和前提的，任何目标的实现都应该在一个时间窗内产生。

（四）关键绩效指标法（KPI）

1. 基本概念

关键绩效指标，又称主要绩效指标、重要绩效指标、绩效评核指标等，是衡量管理工作成效最重要的指标，是数据化管理的工具，其必须是客观、可衡量的绩效指标。这个名词往往用于对财政、一般行政事务的衡量，是将公司、员工、事务在某时期的表现量化与质化的一种指标，可协助优化组织表现，并规划愿景。它是打破企业战略目标的工具，是企业绩效管理系统的基础。它分析了公司的战略目标，利用鱼骨分析将战略分解为几个关键领域，并在关键领域设定绩效指标。KPI 可以使部门主管明确部门的主要职责，并在此基础上确定部门员工的绩效指标。建立清晰实用的 KPI 系统是良好绩效管理的关键。

关键绩效指标中包含的衡量内容最终取决于公司的战略目标。当关键绩效指标构成公司战略目标的有效组成部分或支持系统时，其衡量的地位是实现公司战略目标的首要责任；KPI 与公司的战略目标分离，则衡量该职位的方向也将与公司战略目标的实现不一致。

KPI 是公司战略目标的进一步完善和发展。公司的战略目标是长期的、有启发性的、概括性的，每个职位的关键绩效指标都包含丰富的内容，因职位而设定，并专注于评估年度绩效，这是可衡量的。因此，关键绩效指标是真正推动公司战略目标实现的具体因素，也是公司战略对每项工作绩效要求的具体体现。随着公司战略目标的发展，关键绩效指标得到调整。当公司的战略重点发生变化时，必须修改关键绩效指标，以反映公司战略的新内容。

2. 常见的三种 KPI 指标

关键绩效指标表明每项工作应满足的结果或标准，以量化最佳，最常见的关键绩效指标有三种：利益类指标，如资产盈利效率、盈利能力等；操作类指标，如部门管理费用控制、市场份额等；组织类指标，如满意度、服务效率等。

3. 确定关键绩效指标的原则

一是把个人和部门的目标同公司的整体战略联系起来，以全局的观点思考问题；二是指标一般应比较稳定，如果业务流程基本不变，则关键绩效指标也不应有较大的变动；三是关键指标应当简单明了，容易被执行者理解和接受；四是应符合"SMART"原则。

4. KPI 的优点

（1）目标明确，有利于公司战略目标的实现。KPI 是企业战略目标的分层分解。通过 KPI 指标的整合和控制，员工绩效行为与企业目标所要求的行为一致，没有偏差，有利于确保公司战略目标的实现。

（2）提出了客户价值理念。KPI 倡导实现内外客户价值的理念，在市场化经营理念的形成上有一定的促进作用。

（3）有利于组织利益与个人利益达成一致。战略指标分解使公司的战略目标成为个人绩效目标。在个体员工实现个人绩效目标的同时，也实现了公司的整体战略目标，实现了两者之间的和谐，以及公司与员工之间的双赢。

5. KPI 的特点

从目标来看，KPI 的设计必须关注企业的战略目标和年度计划，KPI 必须服务于企业的总体目标，而 KPI 的目标由基本目标和挑战目标构成。

根据公司预算和业务计划，基本目标是根据可达性和合理性完成该职位的预期工作水平。挑战目标反映了实现绩效的最高期望。考虑到挑战目标基于围绕基本目标的绩效的灵活性，应该高于公司的预算和业务计划目标。实施关键在于，需要与公司愿景和战略目标结合，层层分解公司目标，形成整个公司的"价值场"，根据分析在最后设立合理的、富有挑战性的 KPI 目标，并为其赋予相应的业绩分值。

从 KPI 的指标来看，指标必须是重要的、能代表业绩的显著驱动因素，且目标的完成能起到重要作用；指标必须是可衡量/可定量分析的、确切的、可控/可影响的，即对负责的人员部门而言，具体、与考核意图统一，并且在合理的时间内，可以受到负责人员/部门的影响，产生可衡量的水平的改善。其要点在于流程性、计划性和系统性。

从 KPI 的赋权来看，对公司具有较高战略重要性的指标具有较高的权重，受负责人影响的直接和重要指标具有较高的权重，综合指标（利润指标、成本指标等）具有较高的权重，分配在同一级别。它应该是一致的，并考虑到每个职位的独特性。指标数控制在 5~10 个，每个指标的权重一般不超过 30%、不低于 5%。从结果来看，KPI 是绩效考核的关键内容，不仅起到考核作用，还可以对有错误行为的人进行监督甚至开除。

6. 设计思路

（1）"鱼骨图"分析方法用于建立关键绩效指标系统。主要流程如下：①根据责任分工，确定哪些个人因素或组织因素与公司的整体利益相关；②根据岗位业务标准确定成功的关键因素；③确定关键绩效指标、绩效标准和实际因素之间的关系；④关键绩效指标的分解。

（2）从工作要求和时间节点量化。例如，对人力资源经理、行政事务人员和财务人员在量化其关键绩效指标方面存在相对较大的难度。如果从他们自己的责任中对他们进行量化，那么在逻辑上就没有意义，而且情理上也说不过去。实际处理时可以通过评估其工作任务或工作要求来定义，并且可以按时间定义。从本质上讲，时间定义的任务或工作目标也是一个量化指标。

（3）运用 PDCA 循环逐步完善和落实，其主要流程有：①关键绩效指标由专业人士设计；②设计草案报告给公司管理层领导进行审查；③根据公司管理层领导的意见进行修改；④将修订草案提交各职能部门讨论；⑤集中讨论并纠正它；⑥上报批准、下发。

（4）关键绩效指标考核的支持环境。通过关键绩效考核指标体系无法保证将这些指标应用于绩效考核，以达到预期的效果。能否实现真正的目标取决于公司对关键绩效指标的支持环境。这种支持环境已经建立，必须在关键绩效指标的设计中加以考虑。①支持以绩效为导向的企业文化。建立以绩效为导向的组织氛围，通过企业文化解决绩效考核过程中的矛盾和冲突，形成追求卓越绩效核心价值的企业文化。②各级主管承担绩效管理任务。分解和制定关键绩效指标是各级管理者应该和必须承担的责任。专业人士只扮演技术支持角色。③注重绩效沟通系统的建设。在分解和制定关键绩效指标的过程中，关键绩效指标的建立和实施是一个自上而下、自下而上的制度化过程。如果没有良好的沟通系统作为保证，关键绩效指标的评估将不会有效且具有挑战性。④绩效评估结果与价值分配相关联。实践证明，两者之间的关系越来越紧密，绩效考核体系以关键绩效指标为核心才能真正发挥作用。

7. 具体实施细则

（1）在实施关键绩效指标评估之前，做好宣传教育工作，使公司员工认识到实施关键绩效指标评估的必要性、重要性和紧迫性。

（2）采取有效的激励措施，并承诺公司将年度利润中的 X% 作为 KPI 评估的奖金，并且 KPI 评估与员工的直接利益相关联。

（3）统一 KPI 指标的原则是将公司的年度业务目标分配给各部门，形成部门的评估目标和部门评估指标，然后分解部门评估指标，并将其细化到部门的各个岗位。

（4）采用评分系统，由企业管理部门每月审核和实施。部门或个人的评估分数为 100 分。如果没有按时完成指标，将扣除 X 分；如果完成指标，将添加 X 分。

（5）采用公平、公正和公开的评估体系。部门 KPI 指标的定义应与负责部门的主管部门沟通。如果双方都没有异议，部门负责人应签字确认。同时，任何额外的积分、扣除、奖励和处罚必须由双方确认。

（6）根据每月实施关键绩效指标评估的效果，不断对评估指标的不足之处进行修订。同时，定期公布每个部门的 KPI 完成情况，并使用 KPI 评估来最大限度地提高员工的绩效。

（7）从长远来看，通过实施 KPI 评估，规范员工的工作习惯，使 KPI 评估的概念在员工心中得到巩固。

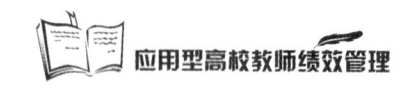

8. 实施绩效改进

（1）为不同的人灌输不同的绩效管理理念。人们经常将 KPI 视为完成任务，而不是将其视为改善个人工作绩效和公司管理的一种方式、一种自愿行为。为确保公司顺利推进绩效考核工作，公司必须改变观念，明确其作用。对于最高管理层而言，公司绩效管理系统成功的关键取决于高级管理层是否有决心并有勇气向前推进。对于中层企业来说，有必要努力改变他们的观念，让他们明白"磨刀不误砍柴工"这一事实。有效的绩效管理可以有针对性地提高下属的能力，并可以立即提高部门的性能从而"利己利人"。对于基层员工而言，通过绩效考核和面试沟通，他们可以及时了解自己工作中的哪些方面做得不够好、如何改进，从而通过绩效考核的实施提高个人能力。员工和企业将从中受益。

（2）绩效的沟通、反馈与改进。只评估而不将结果反馈给员工，评估才会失去其功能和作用。反馈的主要方式是绩效沟通，因为只有通过绩效沟通，被评估者才有可能了解自己的表现，发现工作的不足和改进的方法，纠正工作态度，同时通过各种可用的措施来完成工作，能力和业绩得到很大提高，使他们的工作目标与部门保持一致，团队合作精神得到加强。如果没有有效的双向沟通绩效管理，很难实现目标。

（3）绩效考核结果的运用。KPI 绩效评估必须首先从分配系统中分离出来，并根据资格、个人奖惩建立 KPI 综合绩效评估体系，然后通过薪酬体系、岗位轮换制度、培训和教育机构资格晋升制度等反映对员工的激励，将负面激励转变为积极引导，不断提高员工的工作能力和工作绩效水平，共同实现公司的战略目标。

（五）目标与关键成果法（OKR）

1. OKR 概述

OKR 是近年来在互联网行业应用的卓越管理工具之一，它由目标（Objectives，O）和关键结果（Key Results，KR）组成，包括目标设定、KR 制定和评估，是一套帮助企业及其员工明确发展目标、跟踪目标及其工作进展的管理工具和方法。OKR 是一个简单、有效的企业目标管理系统，可以管理从上到下、从管理层到基层的目标。

OKR 系统包括 Objectives 和 Key Results。Objectives 是公司计划在下一阶段实现的目标，但如何设定既雄心勃勃又无法实现的目标，并选择最适合业务发展的多个目标之一并非如此简单。它需要大量的精力和时间及某

第二章 应用型高校教师绩效管理的理论基础

种方法来实现它。Key Results 是关键性结果。它描述了已完成项目目标的运营目标和运营结果的运营性质。值得注意的是，Key Results 必须是量化处理后的。例如，如果网站想要提高打开网页的速度，结果不能简单地描述为大大提高网站页面的开放速度，而是以更具体和清晰的方式表述，例如：每个网站的开放速度网页是 0.8 秒，比之前的开启速度高 50%。

OKR 系统不是严格意义上的评估系统，而是基于通信的结果。通过这个新的目标管理系统，将中间人与首席执行官连接到基层员工的目标被联系到一个网络中。它可以帮助每个项目团队在项目目标实施周期结束时完成并实施项目目标。它强调企业的上层和下层之间的协作以及员工自我价值驱动的主动性，并继续专注于设定关键目标以获得竞争优势。

OKR 起源于 1954 年美国著名的管理学家彼得·德鲁克提出的"目标管理理论"。他认为，员工或者团队都应为实现企业所期望达到的绩效目标而工作，企业的绩效提高与员工的个人利益应紧密相连，每个团队的领导者都应该对企业的目标了如指掌，且将宏观总目标落实到每位员工，设立分目标，并将这些目标作为绩效考核的标准。他认为，目标设置量不必过多，只要集中于一些重要目标即可。这些重要目标需要团队或企业通过自上而下、自下而上的双向互动决定，而非几个高层领导的单向决定。并且目标设定频率及挑战性最好不要太低，可以几周或几个月就设定几个重要目标。这标志着企业或团队由粗放式管理方式逐步向精细化管理方式发展。

OKR 作为一种重要的目标管理方式，最初是由英特尔公司提出的。1976 年，英特尔总裁（CEO）安迪·格鲁夫（Andy Grove）根据彼得·德鲁克的"目标管理理论"提出了注重少数重要目标、高目标设定频率、目标双向互动设定、强挑战性的"高产出管理"，带领英特尔公司步入事业新高度。1999 年，英特尔公司前副总裁（VP）（Google 的投资人）约翰·杜尔（John Doerr）将他的"高产出管理"理念介绍给 Google 公司的两位创始人，最终成功嵌入企业成为辅助企业管理的有效工具并不断完善，逐渐发展成熟。最终形成了如今的 OKR 模型并一直沿用。多家大型公司在 OKR 系统面世之初将其引进使用，并根据本公司的制度或行业特质进行了创新。OKR 目标与关键成果法是以目标为起始点，在管理者制定出全企业层面的总目标后，中层及基层主管、员工据以设定各自的部门目标及个别目标，并把最宝贵、最接近一线、最有感触的员工的见识、建议、积累的经验方法等更多地纳入运营过程中发挥价值。Google 公司的 OKR 体系中，目标分为四个层级（企业、团队、部门、个人），每一层级的 OKR 都是基于上一层级的 OKR 形成的，并与企业整体发展目标一致。这种自下而上的目标设定方式使其对各个环节的要求都很高，每一步的偏差都可能导致企业发展方向不能与宏观战略密切相关。

鉴于谷歌在 OKR 上取得的成就，国外企业也纷纷使用该系统，例如豌豆荚、Motorola、YouTube、Uber、Facebook 和其他互联网公司，几乎每家互联网公司都在使用 OKR 系统。当外国软件公司引入 OKR 系统时，还在组织内部建立一个特殊的 OKR 团队，负责 OKR 系统的引入、管理、变更和目标监控。例如，谷歌首先在公司层面设立一个 OKR 目标，然后在管理层、项目团队、基层等设置目标，最后形成一个自上而下的目标系统，以便整个企业可以以正常有序的方式完成各自的目标。在每个季度，每位员工都会收到 5 次左右的 OKR 评估。随着评估数量的增加，员工被解雇的可能性也会增加。在每个季度末，Google 将对 OKR 评估进行评分，分值从 0 到 1.0。0.6 分、0.7 分为一般分。得分越高，目标越简单；得分越低，表明员工在实现目标的过程中犯了错误，需要反思自己的错误。在每季度的 OKR 评分过程中，只需几分钟，因此员工不必为此花费更多时间，而应花时间完成项目目标。

2. OKR 的意义

（1）改变了传统监督下属工作的方式，使管理人员与员工共同协商具体的工作目标和每个具体行动，放手让员工努力去达成目标。其重点在于尊重员工及小组设定目标和具体行动的自发性，充分发挥员工的能力。这样每位参与者的自主性、主动性、积极性、创造力都能得到激发和尊重。

（2）各职能组织为实现各自设定的结果和行动，彼此密切协同，将全部绩效型目标系统地连在一起，发挥团体的最大力量。每个人自己的目标也同企业总目标息息相关，更能体现个人的价值和贡献度。

3. OKR 的特点

（1）简单。操作简单，每个人评估的目标不超过 5 个，目标多了方向更加不明确，重点也不明确。每个目标不超过 4 个特定 KR（具体行动），重点明确，易于操作。

（2）直接。每个 KR 必须能够直接达到相应的目标。它不是间接的、不是辅助的，最不可接受的是它可能有帮助。

（3）透明。每个单元、每个人的目标和 KR，以及最终得分对整个公司乃至每个人都是开放和透明的。Google 所有员工（包括 Google CEO 佩奇）的 OKR 评分都是透明、公开的，内部员工可以通过员工的数据库查看每个同事的分数。每个时期的得分和目标在这里都公平、公开、透明。虽然这种透明的评估分数让员工感到有压力，但也促进了部门之间的协作。

（4）上级 OKR 与下级 OKR 的关系。从上至下，目标的设立顺序应该是从公司到部门到组再到个人，且目标必须达成共识——管理者与员工直接充分沟通后的共识要一致。个人想做什么及上级希望他做什么通常不完全一样。然后，他可以通过首先咨询上层目标找出可能有利于公司目标的部分，然后就其与自己的上级讨论并进行权衡。

4. OKR 实施步骤

（1）设定目标 O。明确项目目标。目标必须是具体的、可衡量的，具体到时间段、数量、金额等，最好是量化数字。比如不能说"我想让我的网站建得更好"，而是要提出"融入度提升 20%"或"网速加快 25%"之类的具体目标。目标应为有野心的、有一些挑战的、有些让你不舒服的，如果是板上钉钉的事情就是不够的。能够顺理成章或没有多大挑战性即可完成的事情是不能作为目标的。目标必须是管理者和员工直接沟通后的共识。

（2）将关键性结果进行量化，明确每个目标的 KR，针对完成目标及未完成目标的相关措施进行明确。KR 是产出导向，而不是做事导向（所谓产出导向就是关注做事情的成果，而不是仅仅关注事情做了没有）。目标既要有年度 KR（统领全年，但不是固定不变的，可以及时调整，调整要经过批准），也有季度 KR（一旦确定就不能改变）。KR 必须是管理者和员工充分沟通后的共识，能够很好地支持 O 的完成，是要明显可量化的、便于评分的。KR 就是：为了完成这个目标我们必须要做什么？即所有的目标都是通过行动来实现的，那么这个行动是什么？简单地说，为了达到这个目标 O，你打算怎么干？

（3）全体成员通过协同合作实现目标，推进执行。有了 KR 后，就要围绕这个具体的目标来分解任务了。因此，每项关键结果就会派生出一系列的任务，交给不同的负责人。

（4）定期回顾：结合项目发展进度，对其目标进行评估。每个季度做

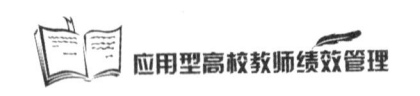

回顾和考评。到了季度末，员工要给自己的 KR 的完成质量和情况打分，分数的范围在 0 到 1 之间，若达到 1 分，说明目标定得太低了；若低于 0.4 分，则可能存在问题；最理想的得分是 0.6~0.7 分。

5. OKR 管理流程图

OKR 管理流程如图 2-3 所示。

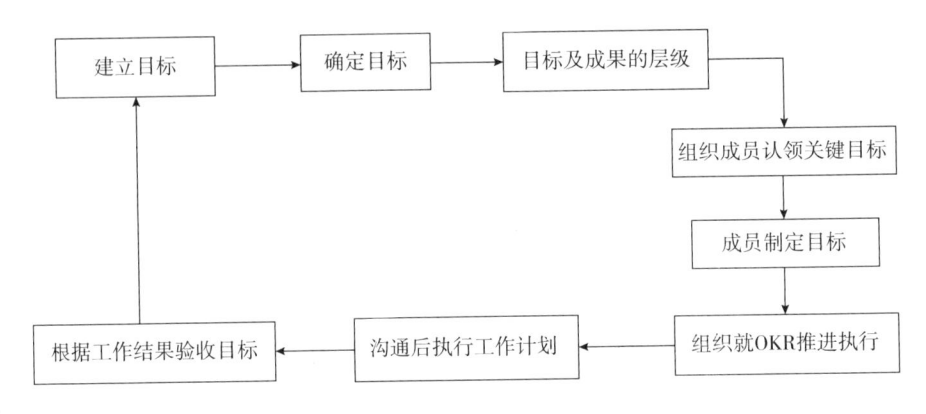

图 2-3 OKR 管理流程图

6. OKR 的指导原则

（1）OKR 是可量化的，包括时间和数量，不说"使 Gmail 成功"，而是"9 月在线，11 月有 100 万用户"。

（2）如果目标比较高，有一定的挑战性，会让人有一些不舒服。一般来说，1 是总分，最好达到 0.6~0.7 分，这样你就可以不断为目标而战，而不会发生提前完成目标的情况。

（3）每个人的 OKR 在公司中都是完全透明的。例如，每个人的介绍页面都有其 OKR 记录，包括评级和内容。

7. OKR 的益处

（1）标准化思维，具有突出的核心目标。

（2）沟通更精确，每个人都了解对他们最重要的事情。

（3）建立测量过程的指标，随时了解和目标的距离。

（4）使团队的工作更加集中。

8. OKR 系统研究现状

在中国，OKR 系统仍处于发展的早期阶段。目前，海尔集团、人寿保险等一些大型企业仍在使用KPI来管理企业的绩效和评估，也有一些企业如小米公司等逐渐认识到KPI系统存在的弊端，开始试验谷歌管理，好的管理方式要与时俱进。KPI制度将关键绩效指标与收入紧密联系起来，很容易导致即时奖励的短视结果。该公司的股东将每季度关注这些数字并评估，这样的结果正是创新公司不希望看到的。KPI的设定更是一个学习问题。例如，如果想提高搜索质量，那么搜索时间是会更多还是更少？更多可以解释为：因为搜索的质量很好，所以用户使用得更多。更少可以解释为：因为质量好，所以搜索一次发现，数量不仅仅是一个数字，而是各种复杂的行为，因此我们很难理解其真正含义及数字背后的过程。特别是对于互联网行业，每个数字都可以通过技术轻松操控。如果只是使用KPI数字来判断结果，则很容易导致技术失真。因此，许多公司选择"基于KPI"或采取OKR之路。OKR系统将绩效与目标分开，不受收入因素的影响，因此员工可以毫无顾忌地实现目标，且组织目标是员工目标的结果，通过敦促每个人的目标来实现目标。公司中的每个员工都可以查看多个目标中的某一个是哪个目标的组合、谁完成它，使每个目标不仅仅是结果，而且还跟踪整个过程。且OKR系统强调所设定的目标应具有挑战性，超出当前能力的范围，可超过上一年的10%~20%，以避免短视问题。每次公司都会评估员工的个人目标，确保在实施过程中没有错误和避免过于简单。

（六）OKR与KPI的区别

作为最常见的绩效管理工具，KPI已经流行多年。它指的是通过逐层分解的企业宏观战略目标决策的运作战术目标，是企业战略执行的监控指针，也是用于衡量工作绩效的定量标准。它的本质是以泰罗"科学管理思想为根基"，在稳定的经营环境中能够提高企业运行效率。其制定过程为：企业战略—部门计划—岗位指标—根据指标进行绩效评价。然而，在当今复杂的市场环境中，其已经暴露出许多问题：

（1）KPI已经将劳动关系彻底转变为"博弈"，这使企业的任务制定和执行相互对立。对于管理层来说，KPI导致企业中高层之间的拉锯战，中层管理人员首先报告"保守"数字，高级管理人员压低"夸大"数字。只有这样，他们才能达成共识。对于员工而言，管理层评估的内容就是员工关注的内容，以及始终能够以更省力的方式提供绩效指标所需的数量。例如，为了降低客户的投诉率，员工尽量不让客户投诉。

（2）将指标视为目标。进行多层次分析后，将企业战略形成的衡量指标作为基层数字指标实施。员工只关心指标的完成，却忽视了工作对企业战略的真正贡献，这使部门之间难以协调。

（3）过度细化会导致组织僵化。企业规模的扩大伴随着制度化程度的提高。详细的关键绩效指标和规定用于约束行为，对 SMART 原则的追求导致僵化。

（4）KPI 越来越难以准确评估。KPI 基于完整的数据采集系统，涉及公司的销售系统、生产系统、研发系统和操作系统。指标数量众多且多样化，因此数据收集将不可避免地出现漏洞，这将导致频繁的检查。通过这些漏洞，企业的所有级别都会伪造关于 KPI 指标的数据。因此，KPI 逐渐失去了惩罚的功能，导致当今的企业员工士气低落、凝聚力差和平均主义泛滥。KPI 思想下的"360 度评估"已成为空谈。

总之，KPI 是制度主义、控制导向、循序渐进的传统表现主义，仅适用于经营环境相对稳定的工业经济时代。在当今的互联网经济时代，企业必须实施积极的价值管理，这是一个和谐的工作氛围和无后顾之忧的福利体系，这是一个愿景和文化驱动、轻松愉快的工作评估和改进，这反过来导致 OKR 思想。

相对于 KPI 考核工具，OKR 兼具了目标工具和考核工具的功能，它时刻提醒团队和员工关注当前的任务和目标，而不是考核某个团队或某个员工。比如 Google 公司的 OKR 系统，它强调企业内部最多有五个目标，且每一个目标下最多有四个关键性结果，约有 60% 的目标是来源于底层的，它不是绩效评估工具，不与薪酬和晋升直接挂钩。举个例子（见表 2-2）：该系统确保每一位员工都向着共同的目标前行，都能得到其他员工的协助与肯定。事实证明这种考核系统（见图 2-4）是行之有效的，并且一直沿用至今。

表 2-2 某公司的 OKR

O	使夏季清洗空调的服务收入比上年增加 10%	项目经理
KR1	制作清洗空调服务宣传海报，4 月 10 日前张贴至社区 36 台电梯及 4 个主要出入口	客服主管
KR2	制作空调清洁消毒服务优惠方案，制作优惠券，完成公司审批流程	财务经理
KR3	4 月 10 日前完成客服、财务、工程等相关人员的培训	项目经理

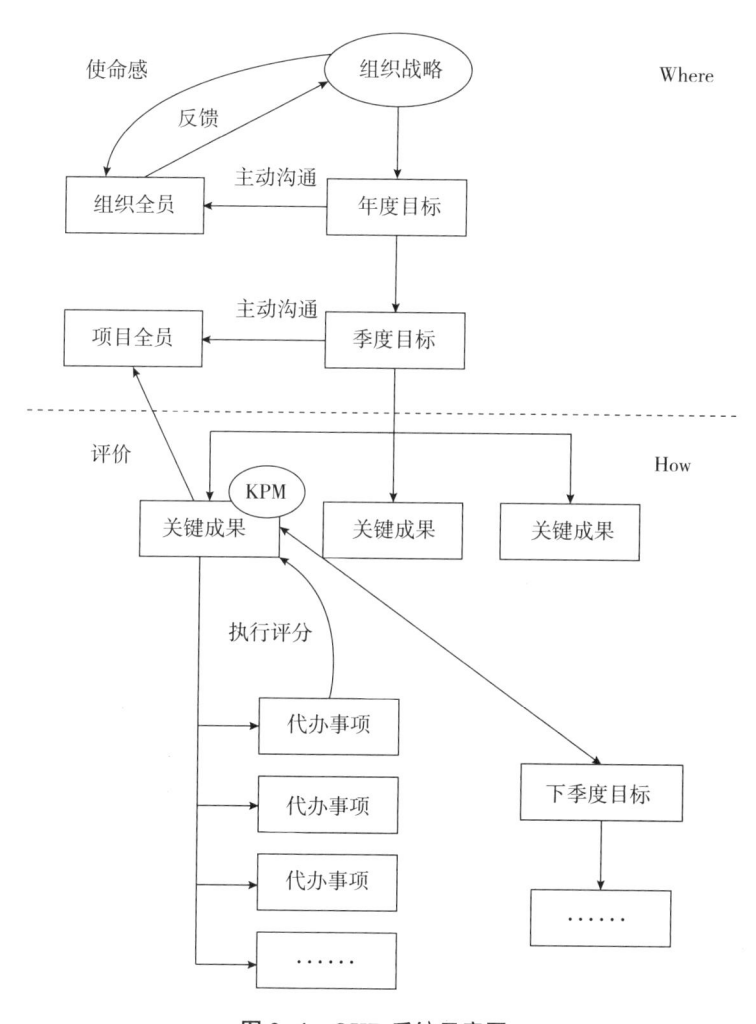

图 2-4 OKR 系统示意图

OKR 的思想已渗透到中国的风险投资，IT 和文化创意等新兴行业，并引起了其他传统行业的广泛关注。①OKR 比 KPI 更加关注目标的达成。OKR 本质上是员工围绕组织愿景进行"内部创业"，它强调员工设定了一个值得挑战的目标，并与他的直接领导者讨论，以确定目标是否符合整个组织的利益，由领导提供相关辅助资源并对关键事件的资源进行监控。这就和 KPI 有区别，KPI 是一种自上而下的分解，当公司的战略通过集团、业务部门、职能部门和任务团队到达个体员工时，往往只剩下数字指标，基层员工不了解或不明确指标的意义，经常会错会企业的意图从而导致失误。例如，销售部门只关心销售增长，忽略了与售后部门的协作，导致忠实客户的流失。②OKR 比 KPI 更灵活，更能突出企业目标的柔性化。OKR 是员工提出的目标。这些目标对于工作的具体情况和公司的实际运作而言是灵活的，并且置于组织的愿景之下。而 KPI 中的平衡计分卡的财务、内部流程、客户、学习和成长目标等指标都是僵化的。今天的 Google 已通过横向和纵向扩展成为平台级企业。这是因为 OKR 使员工能够自由地围绕组织的愿景发挥作用，并发现大量新的利润机会。若采用 KPI，会扼杀员工的创新精神。员工认为谷歌仍然是一个搜索引擎公司，实现目标的过程只是完成数字指标，而没有自己的发挥空间。大多数中国公司将 KPI 视为唯一的评估方法。上层只关心完成指标的情况。员工的福利、工资和晋升都基于 KPI 指标，与指标无关的那些则被认为是浪费时间，员工的创新精神大大减弱。③OKR 可以大幅简化人力资源管理流程。OKR 的绩效评估仅针对员工目标，其工作流程仅针对关键成果进行监控，这些关键成果只有四个指标。相比之下，KPI 具有大量的量化指标和管理条目，考核体系的基础设施建设需大量资源投入，如生产、销售、运营、研发等整体数据采集系统，过于复杂，容易使其成为缺乏战略的绩效管理，注重监督而忽视能力的培养，过分关注岗位评估而忽视整体组织绩效，导致人力资源管理成本高、任务繁重、绩效不佳。两者的对比分析如表 2-3 所示。

表 2-3　OKR 与 KPI 的对比分析

项目	KPI	OKR
定义	根据企业结构将战略目标层层分解，并细化为战术目标来实现绩效考核的工具	一套定义、跟踪目标及完成情况的管理工具和方法、工作模式
实质	绩效考核工具，强调组织控制	目标实现工具，强调自我管理
关注点	财务与非财务指标，默认工作完成情况对于财务结果有直接影响	时刻提醒每一个人当前的任务是什么，有没有做好，而不是为了考核某个团队或员工
理论基础	以科学管理和人性的 X 理论为基础	以人性的 Y 和 Z 理论为基础，员工天生热爱创造

第二章 应用型高校教师绩效管理的理论基础

续表

项目	KPI	OKR
参照原则	SMART 原则	员工目标的挑战性、贡献性和关键事件的可测量性
劳资关系	对立的博弈关系	劳方（各级员工）创造价值，资方提供辅助支撑和平台
上下级关系	典型的"命令—服从"	员工与其直接领导共同设定目标，共同成长
适合时期	稳定的工业经济时代或流水线工种	强调创造性、灵活性的知识经济时代
逻辑导向	过程控制导向，组织管理控制工具	贡献结果导向，员工自我实现工具
操作要点	（1）自上而下分解和分配业绩指标 （2）目标尽可能指标化 （3）绩效薪酬与 KPI 得分直接相关	（1）自上而下分解目标，员工目标与经理确认；关键成果及任务与经理沟通后，员工自己确定 （2）关键结果不一定指标化 （3）绩效薪酬与 OKR 得分不直接相关
核心内容	没有统一做法，大多不公开	必须公开
优点	（1）目标明确，考核什么就得到什么 （2）极大刺激员工的工作积极性	（1）考虑了 KPI 的优点，对关键结果进行考核，又弥补了 KPI 的不足，即以目标为导向，而非以预定的结果为导向 （2）OKR 自定原则，会更大程度地发挥员工积极性，Key Result 是用来服务于 Objective 的，只要 Objective 不变，就可以在执行过程中调整 Key Result，发挥自身的主观能动性 （3）加强管理者和员工就工作目标和标准的积极交流沟通 （4）不过度强调 OKR 的结果，而强调目标实现，让工作更加灵活，避免僵化，且更利于鼓励创新 （5）薪酬激励和综合评估有关，OKR 只能起到参考作用，更具有科学性

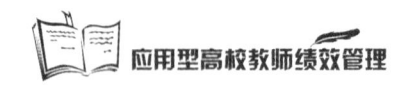

续表

项目	KPI	OKR
缺点	（1）为了绩效薪酬，过于关注KPI数值，过分依赖考核指标而忽略了人的主观能动因素和弹性因素 （2）有许多目标无法或不适合指标化，KPI容易将业务引入误区 （3）过程中管理者与员工缺乏有效沟通，只讨论KPI，而不讨论目标和环境情况	（1）需要高度有责任心和重视贡献的员工 （2）需要更加勤勉的管理者
难易度	较合理，易实现	前瞻性强，难度大
适用对象	程序性、规律性工作	创意性、研发性工作

第三章 应用型高校教师绩效管理现状分析

第一节 教师绩效体系设计及高校教师绩效的影响因素

一、绩效

(一) 管理学中的绩效

绩效自出现以来就与管理学建立了一定的关系。绩效是基于个人行为和组织行动结果进行的分析、评估、沟通及改进等管理行为，其目的是实现组织既定的目标，在过程中将人作为管理核心并进行相关协调过程，从而调动组织成员的工作积极性，挖掘组织成员工作潜力，提升工作水平和能力，并最终促进组织发展和实现组织目标。在实行绩效管理的过程中，如何激发组织成员内生动力和创造活力是当前组织管理者在绩效管理上面对的重要问题。

目前，现代管理理念逐渐强调"人本理念"，在绩效管理中人的作用也开始受到管理者的重视。而绩效最终体现在人的组织效能等问题上，涉及心理学中的强化理论、冰山理论（精神分析学说）、期望理论、激励理论、需要理论及公平理论等，这些理论都是管理心理学的重要理论基础和方法。另外，在人力资源管理中，人员培训、流程设计都体现了培训者和受训者的绩效能力与水平。

(二) 绩效中始终贯穿着心理学

心理学作为研究人行为和心理的科学，一直以来都是管理学重要的理论渊源，其相关理论研究成果对管理学的借鉴作用日渐突出，心理学的研究目的就是了解个人行为等因素的发生机理，并尽可能获得最佳的绩效表现。比如，一位老师的教学态度，就是心理学问题，那么我们在绩效考评时就会设置这个因素，在考评的时候充分利用心理学的相关知识来进一步将态度具体化。另外，在教学成果或者科研成果奖励基数的设置上，也存在满意、愤怒等公平问题和心理问题等。这些问题都可以通过心理学的相关理论进行解释说明，并且也能给绩效改进提供一定的解决措施，因此可以说心理学是绩效管理的基础。

（三）人机工效学中的绩效

绩效管理是从管理学中衍生出来的具体管理分支，其发展过程也是伴随着管理学的发展进行的。从"管理学之父"泰勒开创了科学管理理论之后，管理学便作为一门独立的科学进行相关的实践和研究，因而绩效管理也开启了其发展历程，并且具体表现为工作效能，一直是科学管理进行研究的重点。"人机动作研究之父"弗兰克·吉尔布雷斯及其夫人应用心理学原理对工人的工作动作进行研究，从而得到了一些提高工人工作效率的标准动作，并且也注意到了工人疲劳、工作单调等生理和心理因素对工作效率的影响，以此形成了管理学重要的研究分支——人类工效学。人类工效学是在注意和尊重工人生理和心理上的因素基础上，进行工人、机械及环境之间的相互作用关系，以求获得三者之间合理的工作关系，保证工人的身体健康和心情舒畅，以便提高工作效率的机械工程分支学科。其一般以人的作业绩效水平作为衡量工人工作能力和效率的指标，在研究中会通过规范工人工作动作及给予适当的奖励来改善和提高其工作效率和质量，并且也得出了影响工人绩效的相关因素如操作次数、熟练程度、操作环境等，同时会制定相关措施来提高工人的技能熟练度，从而提高效率。

（四）教育技术学中的绩效

美国教育技术学协会（AECT）于1994年指出，教育绩效技术是具有良好创新性和推广性的能够促进组织变革及组织发展的一个有效辅助手段，绩效技术强调人的主观因素，是一种对项目进行选择、分析、设计、开发、实施和评价的过程。绩效技术作为教育技术学的一个分支学科和实践领域，在操作上具有一定的复杂性，对教育技术的发展及促进教育水平的提高具有重要的作用。它通过多学科理论的交叉融合，将在企业和公共管理部门取得成功的绩效技术方法和理论迁移至教育组织和领域，以实现努力克服教育领域的诸多弊端，并寻求以低成本、高效益和高效率的解决策略来应对教育领域的相关问题，借此来促进教育质量的发展。

由此，我们不难看出，绩效技术是教育技术学的前沿发展方向，它对提升人的学习能力、工作技能及改善人类行为具有重要的影响。随着我国高等教育的发展，尤其是在应用型高校的建设中，如何通过技术手段来弥补资源不足的问题，如大力寻求新的资源支持及提高现有资源的利用率是应用型高校期待解决的问题。

二、ISPI 绩效技术过程模型

(一) HPT 模型

绩效技术最初来源于程序化教学及教学系统的设计，但随着教学实践的发展，程序化教学的弊端逐渐显现，并越来越难以与教学相适应，随即逐步衰落，因此学者们又将教学研究重点转移到教学绩效技术。人员绩效技术（Human Performance Technology，HPT）是一种能够解决工作场所个人或组织绩效问题的新兴方法。其起初也是应用在企业的管理活动上，随着取得的成效得到人们的认可，进而逐渐迁移到其他类型的组织和行业中。高等教育部门将人员绩效技术价值理念和相关实践操作系统应用到高校教师绩效评价和管理上就是人员绩效技术迁移应用到其他领域的典范。

人员绩效技术是以分析绩效差距的原因为前提，通过系统的模型和工具，找到和实施针对性的解决方法，从而达成绩效目标。绩效技术模型被用于揭示工作环境的复杂性和所有要素之间的相互作用，从而向绩效技术从业者解释如何提高工作绩效。

在绩效技术发展的几十年中，绩效技术专业人员运用一般的系统理论和方法来阐述和分析人的绩效系统，在绩效技术的基本原理和特征上达成了许多共识，并开发了多种不同的人力绩效系统模型。在众多成果中，美国的 ISPI（International Society for Performance Improvement）成果最为瞩目。ISPI 于 1962 年在美国成立，50 多年来一直致力于提高工作场所的员工绩效，它是全球绩效改进领域唯一的专业协会，也是最为著名的绩效技术专业机构，其组织宗旨是研究和推广人力绩效技术，推动绩效改进方法的应用与发展。该组织于 1992 年正式提出了绩效技术解决问题的操作性过程模型，如图 3-1 所示。

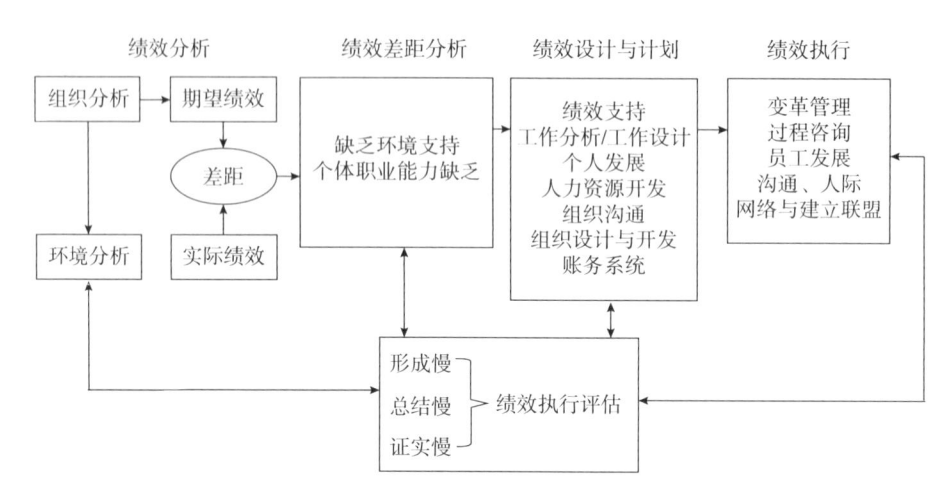

图 3-1 ISPI 绩效技术过程模型

ISPI 提出的绩效技术过程模型具体包括以下五个方面：

（1）绩效分析：包含前期组织管理中的组织分析、岗位分析、环境分析等内容，同时也包括在绩效管理系统中对当前绩效现状及绩效预期的分析。进行绩效分析是为了将组织目标与能力和组织绩效相匹配，是寻求现状与目标差距减小的过程。

（2）绩效差距分析：分析存在绩效差距的原因，即绩效差距的根本原因，以及它们如何影响组织的使命、需求和期望。

（3）绩效设计与计划：一方面，对未来一段时间内的绩效目标进行确定，并制定相配套的绩效计划；另一方面，绩效计划应包括资源整合和员工发展等绩效支持措施。

（4）绩效执行：是绩效管理的主要部分，包括对组织成员具体的绩效进行评价、对绩效评价过程进行监控、对组织成员绩效辅导等方面内容。

（5）绩效执行评估：对员工的绩效目标实现情况及绩效评价本身的相关流程和方法进行评估，形成总结性评价，用以指导下一阶段的绩效评估。

绩效技术模型立足于提高绩效，"原因分析"处于突出位置，详细阐述了需要解决的问题及其影响因素。也就是说，需要更详细的需求分析报告。HPT 模型阐明了对象的设计、开发和实现，并列出了各种因素，包括预算，在具体案例的实施中会更加复杂。元评价的监测功能更加明显，起到"质量保证"的作用。原因是，性能改进的实施主要发生在 HPT 模型的某些部分，而不是全部，并且每个环节（绩效评估）的评估尤为重要。

(二) 基于 HPT 模型的教师绩效体系设计

应用任何绩效技术，其出发点首先是分析技术方法与应用组织绩效现状的匹配度，并且以此为根据分析组织绩效现状和组织绩效目标之间的差距，确定应用绩效技术所要达到的目的，并最终通过绩效技术的实际应用，制定改进措施从而达到进行绩效改进的效果。下面就结合学校组织和教师工作的特点，简要阐述教师绩效体系的设计方式：

1. 学校组织目标的设定

利用绩效技术来进行绩效管理，首先就是要确定学校发展目标和对教师的期望，即对教师的绩效要求。根据对绩效的不同理解，HPT 具有综合的绩效视图，将对绩效从工作目标和工作结果两个维度的绩效理解整合成绩效是工作结果和与组织目标相关的工作流程的统一的观点，并认为行为和结果是绩效的两个主要组成部分，用公式表示为：绩效＝有价值的结果/付出的行为。

从根本上讲，高校的组织目标和教师自身发展目标利益上具有一致性，这种一致性体现为两个层次：一是教师个体绩效必须和学校组织目标相关。教师绩效目标的实现不仅是为了自身发展，同时也是为了促进高校的发展，高校既是教师发展的资源支持者，也是教师发展最依赖的平台，教师只有将个人目标与学校发展目标相结合，促进高校发展，自身才能获得进一步发展的更多资源和更高的平台。二是绩效情况最终还是与教师工作结果相关联，教师所进行的大部分工作都是服务于高校发展的，并在工作过程中不断提升自我和完善自我，其工作结果既是对教师工作的评价依据也是分析其对高校发展贡献程度的依据。

因此，基于以上理解，确定教师绩效目标有以下两个主要原因：一是要实施高校的发展战略，促进学生的学习和发展，满足社会对高校的相关要求，都需要教师的参与。进行绩效目标的制定，一方面能使教师理解和支持学校的核心目标及学校组织的目标和价值观，另一方面也使教师能够了解学校的需求及学校对自身的绩效期望，从而消除误解，共同努力实现学校组织目标的个人发展目标，并促进教师与学校组织的融合。二是教师的专业精神和职业行为不断进步和发展使教师越来越注重人性化。要求学校在关注教学质量、科研成果和社会贡献的同时，更加关注教师的精神状态和个人情绪等生理和心理上的动向和需求。因此，在制定绩效计划的过程中，通过学校和教师共同参与协商，并注意将人本思想融入绩效发展目标，从而拉近学校和教师的关系，使教师感受到被尊重和被关怀，从而精神饱满、干劲十足，有效促进工作的开展。

而且在制定绩效目标的过程中，学校应更加注重教师的发展，强调建立信任、开放和相互尊重的组织文化，致力于促进创新，创建一个特色的学习型组织。由于教师的专业素质是影响教学质量的最重要因素，因此有必要提高教师的专业素质，以提高学校的教育教学质量。教师的绩效技术不仅仅是一种工具和结果价值取向。教师绩效技术的基本精神是积极鼓励教师追求专业进步和成长，回归促进教师专业发展的本体论价值。HPT 工作流程可用作学校的学习型组织发展机制，以诊断和加强教师的职业责任和教学实践能力。

2. 工作绩效辅导和改进策略

HPT 强调对绩效的期望状态与实际状态进行分析，来确定绩效差距和识别原因，从而设计最有效的问题解决方案。问题解决方案可以理解为传统观点上的绩效辅导，是指依照对教师绩效现状与绩效目标的分析寻找差距，通过制定相关措施，改进绩效和减少或消除实际工作绩效与既定工作绩效目标之间的差距而进行精心设计的绩效改进方案。在设计绩效问题解决方案时，绩效技术人员通常会根据教师工作种类的不同将解决方案分为两种：一是教学型，指由于组织中的个体缺乏相应的知识和技能而采取的解决方法，典型的如培训、学习型组织、课堂教学等。二是非教学型，是指一种解决由环境或激励因素引起的绩效问题的解决方案，如组织文化变革、组织设计、激励和反馈系统。因为影响绩效问题的因素复杂多样，可能的问题解决方案和措施也难以穷尽，所以最好能够以一种整体性的、系统性的方式解决问题。

在教育发展过程中起关键作用的因素是教师，对教育质量影响最大的因素也是教师，具体来讲是教师所具备的能力素质及将能力素质转化为教学实效和科研成果的水平。因此，欲提升高校教学和科研水平，首先要提升教师的能力水平，加强对师资的培训，并且在对教师的培训上，不能期望一劳永逸和进行快餐式短期培训，这样做既不利于教师能力的提升，也不利于教师能力的实际改善。更为合理的做法应是注重教师长期发展，正确的解决方案应该是关注教师培训，注重工作绩效，更好地整合教师培训和任务绩效，从系统的角度分析影响教师绩效的因素，并设计最有效的解决方案。对于培训师而言，从基于培训的角度转变为基于绩效的角度不是一件简单的事情，而是需要一系列调解因素，如组织学习、评估和反馈等。专家们提出了完成绩效技术转型的具体建议：对学校的目标和地位进行深入、系统的分析，找出绩效差距；先从一个小的项目进行试点而不是大面积铺开，学校对绩效技术的思想、基本原则和程序方法达成共识，充分地考虑学校和教师个体对于变革的心理承受能力、资源支持和管理支持的情况等。总的来说，对于教师的培训从时间上要讲究短期与长期结合，并统一到教师长远发展目标上，从培训内容上要根据教师需求实行菜单式培训，从培训支持上要加大资源投入及管理支持，进行全面、有效、多层次的教师培训，从而实现教育培训向绩效的转变，最终提高绩效。

3. 多层次评价

绩效技术运营和实施的一个重要且关键的环节是评估。绩效技术领域的学者们提出了各种评价模型，其中 Kirkpatrick 提出的四级评价模型影响最大、应用最广泛。该评估模型的框架是：绩效计划是实施以转变个人的知识、技能和态度（第一和第二级），个人学到的知识和技能导致个人行为的转变（第三级），实现个人行为转变所需的组织目标（第四级）。为确定绩效方案的有效性和绩效改进的效果，必须对其进行评估。在进行评估时，Kirkpatrick 提出的四个层次是按照顺序达成的，每一个层次的评估都非常重要。在"学习"层面，评估侧重于绩效计划在多大程度上导致教师的专业知识、能力和态度发生变化。这一级别的关键指标是教师的专业性和素质，以及专业知识和技能水平。"行为"层次的评价重在检验教师在多大程度上将所学的知识、能力应用到实际工作中。在这个层次来评价教师的课堂教学行为表现，主要是通过课堂观察的方式获得相应信息。评估的"结果"级别侧重于绩效计划在多大程度上有利于实现组织绩效目标。学校教育的最终目标是有效地满足每个学生的需求，促进他们的学习和成长。

虽然肯定了 HPT 在教师绩效管理系统设计中的重要性，但也应该认识到 HPT 概念和技术迁移对教师绩效管理的局限性。首先，教学活动不同于企业的生产活动，教师产出具有多种产出和联合生产的性质，其绩效评估指标中有易于衡量的客观指标，如教学工作量和学生学业成绩，但更多的是一系列难以衡量的主观绩效指标，如师德素养、创新能力、协作能力、促进学生成长及职业发展等，因此很难用企业生产活动相关绩效标准及衡量方法来确定教师绩效目标和绩效目标的实现程度。其次，教师工作中存在信息不对称，主要体现在学生学业成绩受多方面因素影响，无法通过控制其他变量来评估教师水平和能力对学生学业水平的影响程度，同时也相应地增加了教师培训项目和方向的不确定性，难以有针对性地提高教师教学水平和改进绩效。最后，作为一名专业的教学人员，教师对绩效技术的控制取向和教师的专业自主权也会产生一定程度的内部冲突。如何在绩效责任的基础上运用绩效技术管理价值，保持教师职业成长的发展功能之间的平衡是一个需要教育绩效专业人士认真考虑的问题。

21世纪是学校教育发展的绩效时代，改革学校的教师管理模式，建立教师绩效管理体系，从传统资格和基于身份的人事管理转变为基于教学绩效的人力资源管理体系，是许多国家的学校教育政策面临的一个重要问题。

三、高校教师工作绩效的影响因素

影响绩效的主要因素可以分为外部客观因素和内部主观因素两种，具体分为组织因素、个人因素及环境因素。高校教师工作绩效主要体现在教学水平和科研能力上，与教师工资收入、职称评定、自我实现程度直接相关，也影响了高校人才培养质量。目前，随着高等教育的发展和教育体制的改革，相关学者和大学管理者逐渐认识到，高校顺利发展的关键是提高教师的绩效，逐步提高对教学绩效的关注，并制定了许多有利于教师绩效管理的措施。绩效管理包括绩效评估和绩效改进，大多数研究侧重于教师绩效评估和评估体系的构建，在一定程度上制定一系列绩效考核标准可以促进教师在教学和科研中的作用。然而，诸如教师重科研轻教学、工作压力大、职业满意度低等消极后果也不容忽视。由于高校教师特有的职业属性和其作为知识工作者的特点，大学管理者不应局限于简单量化指标的绩效评估，而应注意影响教师绩效的主要因素。只有找出影响高校教师工作绩效的主要因素，完善高校绩效管理体制，才能促进高校教师工作绩效的提升。

在我国，高校教师基本职业风险较低，职业稳定性高，然而由于其独特的专业属性及教学、研究和社会服务的共同要求，高校教师面临着较大的工作压力和较高的社会期望。国内已有的研究中不仅包括教师的职业价值观和胜任力，还包括人口统计学变量如性别、年龄、职位、教育背景等的影响。由此可以推断，影响高校教师工作绩效的因素很多，这些因素来自不同方面，不仅与教师的心理认知和经济报酬有关，还包括大学和社会环境的支持和工作特点。高校教师工作绩效影响因素主要有以下几个方面：

(一) 组织因素

(1) 对于教师的考核标准。教师职业道德和科研成果是大多数高校衡量教师工作绩效的一个重要标准，研究型大学更为突出，导致现在有一部分高校教师只重视科研而忽视教学，并且作为教育对象的学生对于教学的评价也只占较小的比例。这从侧面反映出学校大的方针是偏向科研的，对于教学只有量上的标准。

(2) 教师的组织支持感。社会心理学家 Eisenberger 将组织支持感定义为员工对组织如何看待他们的贡献和关心他们的兴趣的总体看法和信念，包括员工对组织对他们的贡献的肯定以及福利重视程度的感受两个重要方面。首先，从贡献肯定程度来看，教师对工作贡献的认知在一定程度上影响了他们后续的工作积极性，但大多数教师并不认为学校对其工作贡献给予肯定，并持积极的态度。只有少数教师认为学校对其工作贡献的程度较高。副教授和讲师级教师大多不满意学校对其工作贡献的肯定程度。中层教师需要得到学校组织对其工作的认可。其次，从福利重视程度来说，一些教师反映学校对自己的福利不是很重视，有些教师遇到福利待遇更好的工作会选择另择佳径发展，这表明教师对学校的归属感并不强烈，正如一名学校教师 A 所说："许多教师尤其是年轻教师，只是把大学作为跳板，对他们的长期贡献没有深刻的感情。"这也反映出大多数教师对学校组织支持感的缺失，组织支持意识成为影响组织成员人才流失的风险因素，限制组织人员结构的稳定性和平衡性，影响组织总体目标的实现。

(3) 高校管理模式。高等学校是一个学科组织，具有各种学科和专业、有序的行政组织体系，具有相对复杂的等级结构和各种从属关系。组织系统的长期有效运作必须依靠科学合理的管理模式。我国高校内部管理仍然采用行政管理模式，主要体现在复杂的官僚结构、行政委任的干部人事制度、变形的学术组织。真正作为高校"主人"的教师在这种大学管理行政化的背景下往往出现两种行为倾向：一种是教师只关注自己的教学和研究任务，不关心学校的政策和发展计划，甚至完全放弃民主参与权；另一种是教师成为典型的"双肩挑"，身兼数职，不仅承担一部分行政工作，还要做好教学、科研工作。这在中国高校是普遍存在的问题，在对 B 大学教师进行访谈时，他说："现在学校的管理方式仍然是一种经验式管理。学校的严重行政化影响了一些教师的正常教学和研究工作。大学不重视普通教师的民主参与决策，它应该重新采用蔡元培先生的'教授治校'。"大学管理限制了教师的自主权。管理者压制教授学术权力的行政权力不可避免地影响他们在教学和研究方面的表现。组织承诺是提高教师工作绩效的关键。高校教师队伍是一个有着高知识水平的群体，更在乎尊重和自我发展需求的实现，因此高校管理者在做重要决策的时候要重视对教师的影响，要和教师们商量，使教师直接了解上层领导的决策思想，肯定每一位教师的工作贡献，培养教师对组织的归属感和支持感，与教师共同承担责任和分享学校的荣誉。

为此，高校应建立适宜的领导模式。高校管理者应听取教师的意见，关心教师的工作和生活，为其营造开放、民主的氛围，还应该为教师合作和交流创造一个平台，并组织各种活动来促进教师和学生之间的交流。教师行为和管理系统可以有效地预测教师的奉献绩效，教师行为可以有效地预测人际关系以促进绩效。管理体制能有效地预测教师的教学绩效，所以高校应创建适应本校发展的管理体制。

(二) 工作因素

（1）工作压力。大多数高校教师认为工作压力偏大，教师对薪酬不满影响了教师工作的积极性。可能与高校的教学工作主要由副教授、讲师担任有关，副教授和讲师普遍认为工作压力较大。通过了解某大学的教师，笔者认为压力主要来源于三个方面：科研压力、职称评定、教学工作量。也有教师反映：一般理工科教师因为有很多实验项目比较容易出成果，科研方面压力较小，但教学压力较大。还有教师建议：适当区别对待教学型教师和研究型教师，强制要求教师要有一定的研究经费或成果将给熟练教学的教师带来很大压力。对于年轻教师来说，职称和工作量都有很大的压力。因此，学校要适应人民群众的需要，适当减轻教师的压力，合理安排教学工作，注重教师的身心健康。

（2）教师专业发展机会。任何组织，只有为组织成员提供更多的发展机会和更广阔的平台，才能极大地激发成员对组织的热情，增强成员的组织支持感，特别是对于高校来说，人员培训和人员发展是发展大学内部人力资源的战略措施。教师专业发展机会还反映了学校能否为教师提供各种个人发展平台，是否能满足教师自尊和自我发展的需要，能否为教师提供提升自己的机会等诸多问题。只有给予教师明确的职业生涯规划和均等公平的发展机会，才能充分发挥他们的潜在能力和聪明才智，极大地提高其工作绩效。在调查教师的专业成长途径中我们发现，82.08%的教师认为学校提供的发展机会（参加专业学术会议论坛、专业教研活动、出国进修等）对自己的工作有帮助。这就说明，学校要重视教师的职业发展和职业生涯，对中青年教师的发展给予政策倾斜。

(三) 校园文化

校园文化在教师的绩效中起着重要作用。校园文化构成了学校的软环境。在构建校园文化的过程中，学校的战略目标、办学理念和办学方式可以通过文化交流深入到教师的心中，使他们能够共同努力，实现学校的共同愿景。在对校园学术氛围的调查中，50%左右的教师认为学校的学术氛围一般。在学术氛围对教师表现的影响方面，一些教师认为学校的氛围会影响他们的工作，有些老师则强烈地感觉到校园文化已远不及当年浓厚和淳朴，这表明了教师需要的学术氛围与校园的实际学术水平有着不对等的关系。高校是知识型组织，应营造民主氛围，使教师有机会参与学校的管理并感觉到自己确实是学校的一部分。校园文化建设缺失极大地影响了教师的组织支持感和归属感，限制了教师潜能的发展，影响了教师参与学校战略目标的积极性。

(四) 教师个体因素

学历和年龄不是影响高校教师业绩的主要因素。不同学历和年龄的大学教师的表现没有显著差异。在这种情况下，高校在招聘和选拔人才时不应使用博士学位作为限制条件，要更加注重综合考虑教师教学水平和科研水平。

在奉献精神绩效、人际关系促进绩效因素方面，高校教师的性别差异不显著，但研究绩效因素的性别差异显著，男教师的科研表现水平明显高于女教师。产生这种情况主要是性别角色和社会期待在起作用：一是人们大多认为科研是男性的领域，社会对女性在科研领域的发展期望不是很高；二是女性承担着照顾家庭、抚育子女的责任。高校应转变观念，宽容对待高校女教师，关注女教师的发展，重视女性教师在科研领域中的作用，为她们参与科研工作提供帮助，合理安排女性教师的工作时间。

教龄是影响高校教师绩效的主要因素，其对奉献绩效和人际关系绩效因素的影响显著。教龄为11~20年的教师和教龄超过20年的教师在人际关系绩效因素上存在显著差异；教龄小于5年的教师和教龄为5~10年的教师在研究绩效因素上存在显著差异；教龄为5年以下的教师与教龄为20年以上的教师在人际关系绩效、奉献精神绩效因素上存在显著差异。

职称是影响高校教师业绩的重要因素。具有不同职称的教师的工作绩效差异非常显著。教授拥有丰富的工作经验和最高水平的绩效。在工作绩效方面，教授和讲师、教授和副教授之间存在显著差异。教授与讲师之间、教授与副教授之间在科研绩效因素方面存在显著差异。因此，高校管理者应注意职称对教师绩效的影响，并采取措施提高不同职称的教师的绩效水平。对待具有教授职称的教师，应尊重其工作的自主权；由于具有讲师职称的教师正处于职业倦怠期，面临各种挑战，学校应关心具有讲师职称教师的心理健康；学校管理者应给予具有助教职称的老师更多的支持，因为具有助教职称的教师在工作上充满激情，能够积极参与到教学和科研工作中，绩效水平较高。不同专业的教师表现也存在显著差异。理工科教师的绩效水平明显高于文科教师。不同专业类型高校教师的奉献绩效和科研绩效因素存在显著差异。

第二节　应用型高校教师绩效评价总体状况

一、高校教师绩效评价现状

2016年，教育部发布的《关于深化高校教师评估制度改革的指导意见》中提出，完善教师评估制度是深化当前和未来高等教育综合改革的当务之急，指出高校教师绩效评价存在的主要问题是：评价与评价总体设计不足，对教师教育教学工作的重视不够，轻质量重数量的情况还比较严重，考核结构的科学运用有待完善，考核评价急功近利。这些问题必须通过深化改革和有针对性的方式来解决。普通高校教师绩效评价问题重重，尚缺乏顶层设计和整体改革，而且处于转型发展道路上的地方高校不仅存在普通高校教师绩效考核的问题，还存在高校转型带来的挑战和困难。因此，对于应用型本科院校教师的绩效考核，问题更加突出，其不仅是高校转型发展的突破口，也是高校转型过程中的紧迫任务，首先要从理论层面进行研究，进而指导实践改革。

2017年，教育部等五个部门发布了《关于深化高等教育简化政治与高等教育分权管理改革的若干意见》，要求不同层次的教师和不同类型的教师遵循自然科学、哲学和社会科学等不同学科，在现场、应用研究、基础研究和其他不同的研究类型建立分类评价标准。为了引导地方高校的转型和发展，该意见也明确提出要加强评估和指导，促进高校发展转型，真正把办学理念转变为为当地经济和社会发展服务，转到增强学生就业创业能力上来，转到培养应用型技术技能型人才上来，转到产教融合、校企合作上来，提高学校服务区域经济社会发展和创新驱动发展的能力。还需要完善内部评估体系，建立科研质量标准、人才培养、应用型大学内部控制体系和评估体系，学习者的实践能力、创业能力和就业质量是评价的主要标准。教育质量、服务社区和服务企业被视为绩效评估的重要内容，先进的技术转移、转型应用和创新是科学评估的主要方面。对于应用本科大学而言，除了高等教育的基本属性外，它还具有职业教育的基本属性。因此，强化教学的实践性和人才培养的社会适应性是应用型本科高校发展的核心。这不可避免地加强了教学的社会服务取向和学生的参与感。教学改革的根本保证是改变教学人员的结构及其评价标准，从注重学术研究到注重应用研究，从注重科学研究到注重教学，从关注学生的获取到关注学生的知识应用。教师的工作业绩与部门和学校的发展目标密切相关，贡献和创新的程度得到加强。通过评估，指导教师更好地服务于学校的战略目标和教师愿景，更好地促进学生的成长、就业，更好地培养社会所需的应用型人才。高校改革开始以来，这一评价标准的确立是一个明确的价值取向，引导教师根据学生和社会的需要改革课程、自觉转型，引导服务型企业自觉培养应用型人才。

高校教师可量化的工作内容主要体现在以下三个方面：教学工作量、科研项目、发表的著作数和论文数。以讲师为例，当高校对其进行评估时，这三个关键绩效评估指标反映在科研成果指标中。规定每位教师要完成每学年200~300课时的教学工作量；要发表一定数量的研究论文并在指定的国家级和省部级期刊上发表；要主持或参加一项或两项国家级、省部级、校级的科研课题。应用型本科院校的教师在科研课题上除纵向课题外还应有横向课题的研究，通过研究横向课题，促进科研成果转化为社会生产力。因此，在评价指标的权重中，有必要在科研项目中增加具有实用价值结果的评价比例；在评估教师教学工作量的完成情况时，应高度评价完成实践课程数量和质量较高的教师。

在高校，行政管理职位，如组织部门、人事部门、宣传部门、会计部门和教务处等岗位的教师不从事教学工作，但其工作保证了教学工作的顺利进行。这种职位的教师绩效评价方法与企事业单位行政管理部门的评价方法相似。它基于自我评估、出勤记录和领导评估的方法，根据工作职责客观设计评价指标，以评价结果作为增加和减少岗位教师薪酬和晋升职位的依据。但是，在中国的大学里，"官僚主义"和"行政主义"依然存在。因此，在评估行政教师时，还应加入教学学院或部门对行政人员的评估，这将有助于改善学校的"官僚主义"工作作风，更好地满足教学、学生和社会对人才发展的需求。对于高校"双肩"职位的教师来说，为了客观地反映其工作绩效，还应采用多种评价指标。

在高校中，教师是学校发展的中坚力量，教师绩效评估是指有意识地衡量和发展教师工作绩效和效率的一定价值取向的人事教育管理活动。教师绩效评估应包括两个方面：明确的绩效评估和隐性绩效评估。教师的明确表现包括可量化的指标，如教学工作量、科研成果和学术论文。隐性绩效则包括因教师的教育使学生某方面的能力得到培养、学生综合素质的提高、学生某些好的行为习惯的塑造、某种好的性格的养成等。评价教师工作绩效应在全面收集、处理与分析教育信息的基础上，对教师工作进行正确评价，通过绩效评价来有效地激励教师，验证和促进校内实践教学服务质量和资源建设，从而实现资源质量的科学管理和提高资源的利用率。

在国际上，当前主要有奖惩性教师评价制度和发展性教师评价制度。20世纪90年代以前，中国奖惩教师绩效评估体系主要用于加强教师绩效管理。在评估教师的表现后，奖励和惩罚教师，这是一种总结、一个过去的评估系统。它过分关注教师工作的明确表现，导致许多教师将大部分时间花在申请主题、寻求研究经费、发表文章上，很少关注教学质量，从而忽视了教师工作的基本任务。20世纪90年代以后，发展性教师评价体系被引入中国，重点关注教师自我评价，促进教师专业发展，各方参与协调，评估人员根据教师的实际情况进行协商和沟通。收集信息时，为了给教师提供充分展示自己能力和成就的机会，由教师自助提交评价材料，同时鼓励领导、同事、学生和其他各方参与评估。该评估系统为教师提供更多的发言权和参与权，并突出了教师在评估过程中的主要地位，但这种制度执行成本很高，体系的构建还不太完善。

高校教师属于高人力资本型人才，在管理上多采用目标管理责任制方式。高校在进行绩效考核时，一般都会将教师的个人绩效和本学院的整体战略目标联系起来。在制定战略目标时，高校倡导教师根据学校的发展制定自己的发展目标，引导教师提高自身水平和服务能力，从而提高学校的竞争力。通过合理的绩效评估方法，学校探索教师的潜力，随时进行调整，不断提高教师和学校的核心竞争力。根据教师战略目标的完成情况，进行绩效考核，将评估结果作为教师的任用、晋升、薪酬、解雇、培训和教师个人发展的合理、科学的决策依据。

一般地，教师评价的四种方式为领导评价、自我评价、同行评价和学生评价。在领导评价中，领导者通过评估员在日常工作中的观察和联系及阶段量化指标给予教师评估；在自我评价中，每位教师结合个人的目标和每阶段工作的完成情况进行评价；同行既是竞争对手又是合作伙伴，同行评估可以通过工作联系更客观地指出评估者的等级和不足；学生在教学过程中与教师的联系最直接，是教学效果最直接的反映者，也是最客观地反映教学需要的评价者。通过多主体、多层面的评价方式，尽量使评价客观、公平，反映出教师在教学、科研等各方面的绩效。

但是某些应用型高校开展绩效考核的指标还是沿用学术型高校的评价指标，并没有及时更新和调整绩效考核指标，仅仅把绩效考核当作一个工作环节。绩效指标的巩固导致绩效评估重点与学校工作重点之间缺乏相关性或相关程度低，并且没有起到绩效评估的作用来支持学校战略。一些高校对绩效考核指标的主观判断过多，评估结果不公平、不公正，教师对考绩结果表示怀疑，这降低了绩效考核的可信度和权威性。一些高校仍然存在着以管理者为中心的文化，绩效考核指标"一刀切"，没有把被考核的教师作为重心，这对教师的个人发展支持不足，毕竟应用型本科高校每位教师的个人背景、专长、兴趣往往是不同的。

（一）绩效评价应用日益成熟

绩效考核是指应用各种科学的定性和定量方法来评估员工的工作成果

或贡献。虽然绩效评估只是绩效管理的一部分，但它是一个至关重要的环节。教师绩效评价是指高校用来衡量和评鉴教师某一时段的工作表现和工作质量，协助教师成长的一个过程，即对教师角色活动现实的（已经取得的）或潜在的（还未取得但有可能取得的）价值进行评价的活动。这种评价活动应在正确的教师评价理念和原则指导下，根据学校规定的任务和目标，按照规定的程序，运用科学的方法，借助现代技术广泛收集评价信息，对教师的工作数量和质量进行价值判断；同时通过评价过程与结果的反馈，促进教师的工作产生更大的价值。

（1）实行了教师分类考核。为了区分不同高校发展目标和教师工作绩效的差异性，将高校教师分为教学型、科研型、教学科研型、科研教学型等几类，高校按不同类型设计相应的教师绩效考核指标体系。

（2）建立了较为完善的绩效指标体系。众多高校都将教师应该完成的每项工作更为细化地分类与计算，折合成一定的分值，并且在量化考核的基础上加入了定性考核的内容，定性考核重点考察教师的德、能、勤、绩等方面的态度与行为。

（3）实现了年度考核与聘期考核相结合。由学校牵头，按照《聘任合同》与聘任期限进行考核，并在学校内公布。为充分调动广大教师的积极性，很多高校将考核结果对应于奖惩，即将教师的教学科研业绩与其职称评定、岗位聘任、工资分配等直接挂钩，这在一定程度上激发了教师的工作积极性和主动性。

（4）推动了激励理论在高校教师绩效管理中的应用。西方的激励理论在企业人力资源管理中应用得较为广泛和普遍，我国高校的学者和管理者在高校改革过程中能够结合我国的实际情况，不断借鉴西方的激励理论，在高校教师绩效管理的理论和实践方面都取得了一定的成就，发展和完善了激励理论。

（二）KPI在教师绩效考核中的广泛应用

高校教师绩效管理的目的是通过提高高校教师的绩效来促进学校总体目标的实现。KPI系统是一个战略管理工具，旨在实现高校的目标，它也是衡量高校目标的实现程度和教师业绩的关键指标体系。KPI是基于大学战略、教师行为与战略目标之间价值创造及因素因果关系的指标体系。目前，高校教师绩效评价表现出几个突出问题，如考核评价缺乏整体设计、急功近利、考核结构不科学等，对于应用型高校教师的绩效评估问题更为突出。高校教师绩效评估仍缺乏顶层设计和整体改革,评估存在许多问题,更不用说正在进行转型的当地应用型高校。所以,应用型高校教师的绩效评价是高校转型过程中的紧迫任务。

应用型院校的绩效考核体系一般分为三个层次:学校总体目标、院系绩效和教师绩效。总体评价指标包括专业结构、实验实训条件、师资队伍、人才培养、校企合作等。KPI 需要通过组织上下充分沟通和协商,最终达成共识目标,既要明确每个岗位的重点,又要体现分类管理的内涵。

院系绩效的建立应与学校的定位和发展高度一致,它直接反映了学校发展到该院系的总体目标。图 3-2 是根据鱼骨分析方法建立的教师系统绩效评估的 KPI 系统。它设置了人才培养、学科专业、师资队伍和科研工作四个一级指标,每个一级指标下设置了几个二级指标。

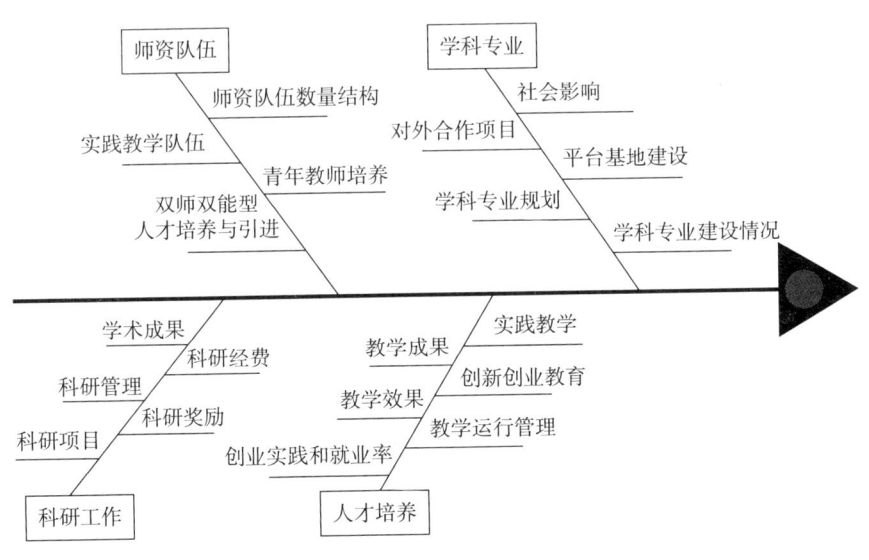

图 3-2 院系关键绩效指标构成

表 3-1 是通过查阅文献和实地调研构建的应用型高校教师关键绩效指标体系,教学业绩、科研成果、社会服务是一级指标,一级指标再分解为多个二级指标。比如"社会服务"这个一级指标分解为科技转化、社会培训、智库咨询三个二级指标。科技转化指企事业单位等负责人的委托,进行新技术、新工艺、新材料等的研究开发;社会培训是指企事业单位委托高校进行特殊的、有针对性的培训或高校安排的面向社会个人开展的单项

培训；智库咨询是指企事业单位通过政策咨询、专业咨询、管理咨询等方式获取申请和获取业绩。

表 3-1 应用型高校教师关键绩效指标体系

一级指标	二级指标	指标描述
教学业绩	学科专业	学科、专业建设投入及产出
	指导学生	指导学生毕业实习及论文、学科竞赛、创新创业等活动
	教学评价	学生满意度、教学质量、额定工作量
	教学成果	课程建设、教改项目、论文、教材
科研成果	作品专著	专著、编著、译著、个人作品等
	奖励与专利	各级科研奖励及专利
	学术论文	学术期刊分类评价情况
	科研项目	项目级别、项目经费
社会服务	科技转化	转化量、转化效益
	智库咨询	咨询质量、数量
	社会培训	服务评估、服务质量

教师绩效评价的每个具体指标应根据教师职务分类管理的不同权重设定。权重的设置直接体现了组织的战略目的、发展阶段的任务等，不但要考虑高校总体的目标，还要考虑应用型教师工作的特点。科学合理的评价指标权重能够客观、准确地评价教师绩效，能够使教师集中精力去完成重要的工作目标。确定体系权重的方法很多，有经验判断法、层次分析法（AHP 法）等。经验判断法是一种确定权数最简单、最常用的方法，它是每个评委通过定性分析给予定量回答，再对回答进行统计处理得出权数，是通过专家集体决策来确定权数；层次分析法是 20 世纪 70 年代美国著名的运筹学家 T. L. Satty 等提出的一种将决策问题的相关要素分解为目标、标准、方案等，客观地量化一定规模的人的主观判断，然后进行定性分析和定量分析的决策方法。

KPI 在教师绩效考核中的主要缺点有：一是 KPI 指标比较难界定。KPI 往往更多是量化的指标。如果不使用专门的工具，这些量化指标是否对业务绩效产生实际影响很难确定。二是 KPI 会使考核者误入机械的考核方式。过度依赖评估指标而不考虑人为因素和灵活性因素，将导致评估中出现一些争议和异议。三是 KPI 并不是对所有岗位都适用。KPI 可以与 MBO、BSC、EVA 和其他绩效管理方法相结合，形成不同的绩效管理系统，这些系统目前在许多企业中得到很好的应用。

(三) 平衡计分卡在高校教师绩效考核中的应用

1. 高校动态平衡计分卡模型

将影响企业运行的内部条件、外部环境、表面现象、深层物质、短期结果和长期发展因素分为几个主要方面，相应的评价指标按照每个方面的绩效目标确定，以便全面和迅速反映企业整体运作的基本原则，为企业平衡原则和策略服务。基本原则是根据组织战略从客户、财务、学习和成长及内部流程的角度定义组织的绩效目标，每个角度都包含战略目标、绩效目标、衡量指标和相应的行动计划来实现对应的行动方案。

根据 Kaplan 和 Norton 的说法，平衡计分卡在实施过程中必须强调客户、财务、学习成长和内部流程的均衡发展，这四个层面必须与公司的战略目标相结合。然而，平衡计分卡指标之间的关系只是单向因果关系，忽略了时间因素。因此，在应用型高校教学管理评估系统中引入平衡计分卡时，有必要纳入时间因素，注意目标与指标之间的冲突、时间滞后、资源约束等，笔者据此建立了一个动态平衡计分卡模型，如图 3-3 所示。

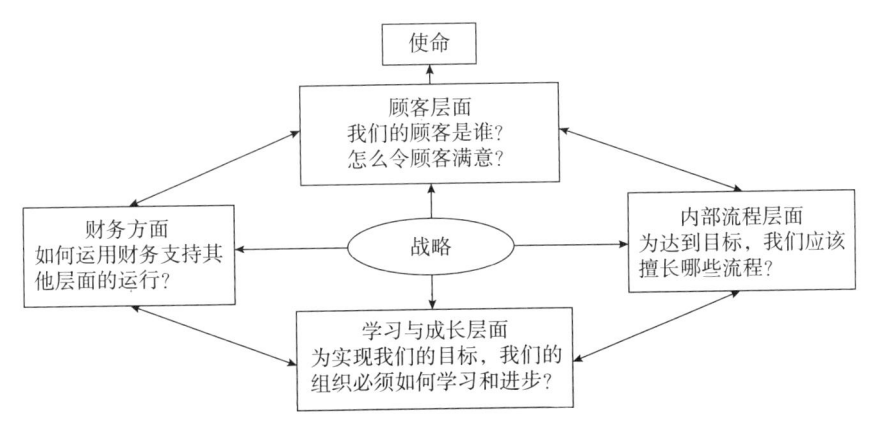

图 3-3 高校动态平衡计分卡模型

2. 基于平衡计分卡的应用型本科院校绩效评价体系构建

平衡计分卡的各指标间并不是孤立的，而应是一个因果关系的动态有机整体。作为非营利性组织，应用型本科高校的主要目标和企业利润最大化的目标有着本质的区别，主要是培养应用型人才，追求社会贡献最大化，培养的人才必须满足社会的需求。为了满足社会需求，高校必须根据社会的变化调整内部流程，从而提高教学管理的质量和效率。但是，教学质量和内部流程的提高需要提高教师的专业技能、业务、工作积极性和创造力等。如此，各个维度间的关系为：学习与成长因素决定了内部流程因素，内部流程因素决定了顾客因素，顾客因素决定了财务因素，如图 3-4 所示。从图 3-4 可以看出，教学管理绩效是由学习与成长、内部流程、顾客满意度、财务四个维度构成的函数，是它们共同作用的结果，而非单一维度产出的结果，教学管理绩效会随着这四个维度的变化而变化，高校可以通过这四个维度的调整来实现教师工作绩效水平的提升。

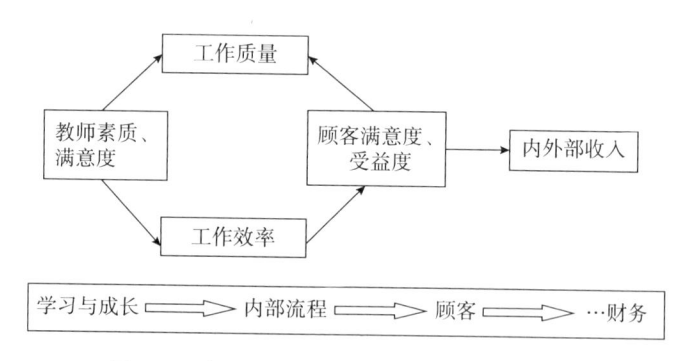

图 3-4 高校平衡计分卡四维度因果关系模型

因此，在设计平衡计分卡四个维度的指标时，必须遵循应用型高校的基本目标，创造性地修改和整合平衡计分卡的指标内容等，构建适应于应用型本科院校的绩效评估体系。

（1）顾客维度。对高校来说，顾客是指教育服务的接受者，包括学生、家长、政府、合作企业、用人单位。学生和家长作为顾客向学校支付学费，除必修课程外，学生还可以参加其他选修课程。为了提高顾客满意度，学校应提供更多的专业知识、实践机会、就业机会、其他教育等。高校作为知识交流的载体，不仅要向学生传授知识，为社会和用人单位提供人才支持，还要为国家和地区经济社会发展提供科技支撑。社会、政府和用人单位是高校的主要利益相关者。他们的满意度对于高校的绩效评估也非常重要。他们期望学校能培养更多的适合区域经济发展的人才和适合单位需要的具有理论基础并能将所学知识应用到实际中的人才。因此，其顾客维度评价指标主要包括：学生的第一志愿报考率、在校学生人数、毕业生就业率；用人单位对毕业生的满意度；每年培训人数、培训生参加统一考试的合格率；每年为当地经济建设提供的服务数量；等等（见表3-2）。

表3-2 顾客层面指标

衡量层面	衡量内容	衡量指标
顾客	学生	新生报到率
		退学率
		学生抱怨率
		基础设施满意度
		选择更多学习机会的满意度
	家长	学生获证率指标
		学生过级率指标
		学院和家长沟通满意度
		家长信赖度
		学生就业率
	单位	就业单位满意度
	社会	各级政府重视程度
		品牌知名度
		社会满意度

（2）财务维度。高校虽不是以盈利为目的，但它们和一般营利性组织一样也遵守低收入、高产出与低成本、高效益的市场准则。一般地，高校办学的资金除了政府财政补贴和企业捐赠外，其余基本来自学生缴纳的学费，资金是其实现培养目标的基本保障，办学资金有限使学校得利用好每一份资金，财务稳健是高校正常发展的前提，所以高校要尽量增加财务收

入，谋求财务收支的恰当平衡，并且要有目的、有侧重地用好每一分财力，提高财务支出效率及效益。将资金投入到学校的研究中，以促进实现更好的教学效果；投资学校的硬件设施，改善后勤条件、增加和维护教学设备、购买图书馆书籍等，都可以提高学校外部和内部顾客的满意度。应用型本科院校具有地方性、区域性、行政性及强调生产、学习和研究等特点，因此，其财务维度评估指标主要包括人均收入、每名学生的支出和平均成本、科研项目数量和研究收入、资产负债率和流动比率等，如表3-3所示。

表3-3 财务层面指标

衡量层面	衡量内容	衡量指标
财务	资金来源	技术转让收入
		社会、校友捐赠资金
		学生的注册率
		课题、其他项目资金
	资金成本	科研活动经费与支出金额比
		教师人均科研经费
		生均教学经费
		科研活动收入年增长率
		管理费用增长率
		生均支出费用增长率
	财务风险	年末借款总额/总经费
		年度总支出/总收入

（3）学习与成长维度。学习与成长维度是平衡计分卡用于考核企业组织的基础，也是整个评估指标体系的基础，它能为其他维度提供动机从而推动高校出色完成绩效。高等教育即将普及，应用型高校面对激烈的竞争，提高其教师的专业和实践能力非常重要。因此，高校应该不断营造学习和创新的氛围，不断完善内部管理流程及考核手段，促使教师自发学习和相互竞争。为提高教师工作技能，高校可以组织教师进行业务培训、考

察、学习、进修等。校园文化的建设不仅要依靠学生努力地学，学校的教师和行政管理人员也要学。对于教师，要提高其职业技能，使他们达到中高级职称的水平，而对于行政管理人员，则要提高他们的执行能力和工作效率。其学习与成长维度评价指标主要包括教师接受国内外培训职业情况、教师学历及职称提升情况、专利及利用情况、教师参与生产实践情况、科研成果及其转化情况等，如表3-4所示。

表3-4 学习与成长层面指标

衡量层面	衡量内容	衡量指标
学习与成长	校园文化建设	教职工流动率
		员工意见采纳比率
		内部会议组织次数
	科研创新	校级课题立项数
		国家、省部级课题立项数
		校教研、科研项目参与率
		省、国家教研、科研项目参与率
	师资队伍建设	举办国际、全国性会议次数
		参加国际、全国性会议次数
		教学研讨活动
		年度发表论文数
		年均培训人数
		员工培训率
	提升管理队伍的能力	工作创新次数
		年均培训人数
		员工培训率

（4）内部流程维度。平衡计分卡注重组织的战略发展，从顾客和股东的利益出发，在不同的时期制定与之适应的内部管理流程。应用型高校为了增强办学实力和提高服务地方经济建设的能力，培养合格的技术管理人员、技术工程师及技术研究人员，必须从学校的定位和顾客的需求出发，

从内部基础管理做起，确保顾客满意，达到顾客价值最大化。其内部流程维度评价指标主要包括：学校长短期规划和学校总体战略发展的匹配程度；内部管理规章制度、工作流程完善程度、内部组织机构的设置及功能发挥情况；省级及以上重点学科数、优秀教学团队数、实验室数、教学名师数、特色专业数、精品课程数；专任教师中双师型教师的比重；教师队伍的规模及结构的合理性；实践课时占总学时的比重及执行情况；具有一线工作经验的兼职教师授课比重；在校生参加职业资格培训及获得相关证书的比重；等等。如表3-5所示。

表3-5 内部流程层面指标

衡量层面	衡量内容	衡量指标
内部流程	教学质量	教学计划实施度
		学生出勤率
		教师调课率
		实践教学满意度
		国家、省级重点、特色学科
		评教合格率
		教学事故次数占教师人数比例
		教学观摩次数占教师人数比例
		内部教学交流次数占教师人数比例
	资源质量	生均藏书量
		生均实验设备
		师生比
		生均教学经费
		硕士学位以上教师比例
		青年教师比例
		实习基地（或校企合作）学生总数/接纳学生人数
		高级职称比例

续表

衡量层面	衡量内容	衡量指标
内部流程	行政管理质量	行政工作教师满意度
		行政工作学生满意度
		行政管理工作效率
		行政管理工作准确性
		学校事务公开满意度
		电子化服务满意度

应用型高校教师绩效考核应用平衡计分卡需要从多个维度进行评估，为了有效地实施这种评估，有必要投入大量的人力和财力进行统计分析，这会消耗很多费用。此外，指标的选择既是关键点，也是难点。如果指标选择不当，将导致量化困难等问题，使评估难度增加。

二、高校教师绩效评价存在的问题及分析

近年来，高校教师绩效管理取得了一定的成就，这在一定程度上调动了教师的积极性。但由于大部分地方高校还没有建立起一套科学的教师绩效管理体系，大多重结果轻行为过程、重物质奖励轻精神奖励、重外显素质轻潜在能力等，使高校教师的积极性和创造性不能有效发挥；"移花接木"似的管理变革忽略了高校教师人力资源的特殊性而产生"急功近利"行为，使绩效管理误入歧途；高校的科层式结构也扼杀了开放、民主、公平的组织气氛，使绩效管理失去了成长的土壤；直接将考核与聘任、加薪挂钩，把绩效考核作为事务性工作。因此，高校教师绩效管理出现了一系列问题，比如目标模糊、岗位分析不清、绩效标准单一、绩效沟通不畅等，不能科学、有效地发挥绩效管理在高校教师管理中的核心作用。

（一）关键指标体系未体现战略绩效

教师指标与学校整体目标经常不一致，绩效评价并未能体现对学校发展目标、内涵发展的支持，评价指标并没有根据学校发展目标逐层分解，教师完成绩效目标成为单纯履行岗位职责的过程，绩效评价不能引导教师

的行为趋向学校的发展目标，出现脱节现象。因此，高校需要战略性地校准教师行动与大学目标的关系，高校教师绩效评价目标应该是为高校的组织发展服务，支撑高校使命和战略的实现，同时服务于教师个人需求及其职业进步。

评估指标或结果与学校的实际情况无关，个人目标和组织目标无法完全结合。从学校组织角度来看，目前的绩效考评对学校战略目标实现所做的贡献有限，考评定位也不合理。教师绩效考评作为对教师进行管理的手段或工具，应该指向学校的战略目标，并最终为学校战略目标的实现服务。尽管不同的学校战略管理水平不同，但都有各自的战略目标。目前的教师绩效考评中，具体的考评指标并未与学校的战略目标对接，对学校战略目标实现做出的贡献非常有限。同时，考评方向的定位是教师绩效考评的核心问题，定位的差异必然造成实施方法上的不同，从而直接影响到教师绩效考评的实施效果。目前，在教师绩效考评过程中，仍然将考评作为绩效工资发放、职称评定的重要依据，是一种立足现在看过去的考评，这种考评定位很难得到教师的认可。

评估指标或标准缺乏深入研究。不同类型或层次的高校有不同的学校发展策略，教师绩效考核指标的侧重点和权重不同。评估指标或结果应与学校的实际情况（自我特征）和学校的战略目标相结合，以便将个人发展与组织发展相结合。各高校首先要明确本校教师考核的目的，对自身进行合理的定位，宣传自己的长期目标、中期目标和近期目标，以便教师更好地了解学校及他们在实现目标中的作用，这样建立的评估系统可以指导教师的工作。然而，在制定指标体系过程中，一些大学未能广泛征求教师意见而进行深入研究，不可避免地导致指标水平低或高，考核标准不能反映教师的实际工作。

（1）关键绩效指标确立模糊。有些地方高校在确立关键绩效指标时盲目照搬照抄其他高校的做法，没有根据本校的具体情况量身打造。即使刚开始时所确立的关键绩效指标是正确的，也没有随着学校内外部环境条件的变化而相应做出修改。同时，关键指标的设立也没有事先与教师沟通或让他们参与设计，导致教师们有较大的抵触心理。通过对一些应用型大学的调查发现，许多高校在评估指标的设定中存在不合理的现象，设置指标过于模糊。在教师考核中，首先，许多学院和大学没有具体的评估标准、评估方法，单一内容和过时的方法导致片面的评估结果，效率较低。其次，评估指标的比例不合理。教师绩效评估应侧重于其教学能力的评估，包括教学效果和专业水平评估。但是，许多高校的评估指标体系长期处于静止状态，并没有随着教师的发展而改进。最后，评估指标的透明度不足。许多高校没有公共评估指标，教师不了解评估指标，他们只是被动地接受评估，不相信评估结果并降低评估的权威性。不科学的评估指标将无法获得科学的评估结果。因此，利用先进的科学技术手段进行评估，评估考核流程化、数据处理自动化、评估网络化、方法多样化等将是提高应用型大学绩效评估水平和效率的必然选择。

（2）考核指标设置不合理，考核指标不公开。考核的侧重点和考核主体不够合理。比如，一些高校将各种竞赛中的教师奖项作为评估标准，而一些高校则以教师的年龄作为评估标准。这对年轻教师不公平，不利于教师的稳步发展。此外，大多数评估者是大学领导或教师同事。由于感情或面子问题，一些教师和同事可能无法客观地评估，同时他们也可能只重视他们熟悉的方面，无法充分评估教师的水平；在评估中对教师印象的评估可能基于心理学中的首因效应，无法看到教师的不断发展和变化，这种心理影响评价结果的客观性。因此，在评估过程中，可以采用匿名评估方法来尽可能地实现评估的公平性。过分地追求全面的指标体系。有些地方高校为了不遗漏工作，把所有的考核工作尽可能多地通过指标来反映，但是这么做，往往事与愿违。指标多了，就必然要降低每个指标的权重，对于那些关键绩效指标来说是相当不利的。而且，面对如此多的指标，教师很难照顾到每一项指标，因此教师很可能会避重就轻，放弃关键绩效指标；目前地方高校教师绩效指标的设计大致相同，没有体现个体的差异性；有的高校虽然对教师进行分类，但在设计考核指标时既不全面也没有侧重点，不能够全面真实反映教师的岗位职责。这样的绩效指标往往缺乏客观公正性，不利于教学质量的提升，也不能真正地达到绩效管理的目的。

（3）评价标准不科学，目标不明确。教师评估缺乏科学定位，往往只关注结果，忽视了过程的重要性。当前应用型高校教师评价有两个共同的方向：①有意识或无意识地将教师评价作为对教师的测量和识别。②将教师评价作为教师的管理工具。这两种对教师的评估通常会导致评估只关注结果而忽略过程。绩效评估的结果一般转化为教师职称或职位的晋升、工资的增加和减少或其他奖惩措施。绩效评估过程中反映的问题尚未得到有效解决，如教师完成了教学工作量但未达到理想的教学效果等问题，就应分析其原因并制定解决方案，避免下次绩效考核时仍成为影响因素。由于目前没有统一的高校教师考核标准，加上人力资源部门对教师提供材料的真实性没有认真核实，考核结果不太准确。即使有考核标准，也没有严格执行，谁要评职称就把优秀名额给谁，不管其工作表现如何，只要不犯错误，都可以评定为合格，造成大部分教师对绩效考核不重视。

(二) 教学和科研的失衡问题

目前，各地方高校在对教师考核的实际操作中常常存在着一些偏差，具体讲有两个突出的表现：一是重科研轻教学，二是重结果轻过程。即由于各种外在因素的影响，在对高校教师考核过程中过于重视科研工作，轻视教学工作；过于重视工作的最终成绩，而轻视工作的具体过程。高校这种重研究而轻教学的倾向必然会阻碍高校教学质量的提高，并影响到人才的培养和人才战略的实施。

应用型高校教师的基本任务是教学工作，为国家培养高级的专门人才，另外，高校是科学技术的孵化所，在教学之外，高校教师必然要承担起科学研究的重任。大多数应用型高校存在重科研轻教学的现象。高等教师的教学和科研能力是体现学校整体实力、提升核心竞争力的重要方面。教学能力和科研能力对于一个高等教师来说同样重要，缺一不可。教学能力是一个教师应具备的基本能力，而科研能力有助于提高学生的实践能力。受传统教育观念的影响，多数的高等教师绩效考核管理体系往往过分注重教师的科研能力，忽视对教学能力的评定，以科研成果的多少评价一名教师的教学能力。这种做法使教师的绩效考核机制有失公平，无法科学、客观地评价一名教师各方面的能力，成为教师绩效考核中一个显著的弊端。应用型教师不同于普通的大学教师，应用型教师的主要任务是培养技能型人才。但是，学校教师绩效评价指标对教师科研指标的要求过高，导致教师工作能量分配不合理，影响了正常工作。

(三) 评价主体的弹性较大

管理者对绩效评价抱有太多希望，希望绩效评价可以解决所有问题。大学管理者总是希望找到一个可以解决所有问题的实施计划，并相信绩效评价可以在短时间内取得明显成效，从而使管理者和教师满意；总是希望设计一种性能节省且有效的绩效评估表，通过评估表来实现绩效评价，而不是真正花时间研究绩效评价理论。这个观念不转变，高校教师绩效评价的实施只能保持书面和口头形式，而不可能有实质性的变化。许多高校采用360度绩效考评法，选取多元化的评价主体进行评价，评价主体包括领导、专家、同行、学生及被评价者本人。

（1）教师的自我评价。自我评价是一种内部评价，是教师通过自我认识来提高自身教师素养、教学水平的一种评价方式。自我评价是发展的根本动力，但是教师的自我评价标准不统一，往往考虑自身的利益，因此教师的自我评价不能作为评价主导。

（2）领导评价。教师的直接领导对教师本人有比较全面的把握，在评价时能够结合各个方面的情况综合考虑。特别是系主任、教研室主任是教师绩效评价的主要组织者。领导的评价与教师的职务晋升、奖金分配等密切联系。因此，领导评价是促进教师发展的一种外部评价。但是，实际操作过程中，领导自身无法全程跟踪教师的实际工作，其评价的客观性和全面性有所局限。因此，领导评价是教师评价的一个重要部分，但只应作为辅助参考的手段，而不应占据主导。

（3）专家评价。专家评价是指学院聘任一些资深教师对教师进行评价，这些资深教师也称为督导老师。他们作为同行的专业人员，在教师的学术水平和能力评价中占据最有利的位置，能提出具体与实用的建议，帮助教师改进教学工作。但是，不同的专家把握的尺度高低不尽相同，这导致被评教师的评价结果较难比较，同时专家少、工作繁忙，不可能做到对所有教师进行评价，专家评价的重点是新教师、新内容教师、新方法教师等。因此，专家评价虽然十分重要，但不应占据评价权重的绝大部分。

（4）同行评价。同行之间具有相同的工作背景，对教学和科研的要求和标准有深刻的了解和认识，特别是同一学科，带同一批学生的教师更有发言权。同行评价有助于教师之间讨论学习，对提升教学水平和科研能力有积极的促进作用。但是，同行不是学生，无法直接参与教学过程，其评价结果只具有参考性，不能作为一种主导的评价方式。

（5）学生评价。教学过程实质是教和学的互动，学生是教学活动的直接感受者，对学生评价的收集分析应当作为评价教师整个教学过程、评价教师教学绩效的首要途径。但不可否认的是，学生评教的准确性有待提高。由此可见，在对教师教学质量进行评价时，学生是一个必要的评价主体，但是不能由学生独立主导教师教学绩效评价的结果，且学生评价的渠道应当保证完全的匿名性。

(四) 教师绩效考核评价结果的反馈不足

目前大部分高校在进行教师绩效考核时，仅仅将绩效考核作为学校管理及当前对于师资队伍建设的绩效评价，结果存在现实使用不足的问题。一些学校仅仅是将师资建设绩效考核评价结果用于对教师的评定和管理，而没有对绩效考核评价结果进行充分的对比，也没有将绩效考核评价结果与管理规范、利益机制挂钩，这就使教师无法看到自身的发展潜能和晋升空间，影响了教师的积极性和潜能的发挥。

绩效是工作成果与工作行为的统一。许多高校重视对绩效中的工作结果进行考核，而忽视了绩效中的行为指标，这表现在许多学校重视科研而轻视教学行为，重视科研的数量而轻视其质量，尤其是轻视与教学行为有关的教师工作动机、热情度、忠诚感等周边绩效考核点。许多高校学期初给教师布置教学、科研等任务和指标，期末予以检查，而对教师完成任务和指标的过程不管不问，既不对完成任务过程中出现的问题及时予以纠正，也不在教师在工作中遇到困难和阻力时提供帮助和支持。这种秋后算账的做法容易造成管理者与教师的对立，也不利于教师的成长与进步。在教师完成工作任务的过程中，有许多教师自身无法控制的外在因素影响着教师工作成果。目前，许多高校对教师的教学考核都特别强调学生的评分，但教师所获分数既与教师个人因素，如知识、教学艺术与技能、态度等有关，也与所教课程、年级、人数等有关，将教师不能控制的因素和其绩效挂钩，降低了教师的自我效能感，也导致教师对考核结果的真实性产生怀疑。

原有的教师绩效评价大多是以年底一次性集中考核的方式进行，这种集中化、一次性的绩效考核方式难以真正显示出教师的教学成果和过程，无法充分肯定教师在工作中的表现和行为，极大地挫伤了教师工作的积极性和热情。有些应用型院校将教师绩效考核集中于学期末，而疏忽平时的绩效考核的实施过程。绩效考核结果固然重要，但教师工作的过程同样重要。学院只注重绩效结果，会影响到日常教学中尽职尽责但评价结果不理想的教师。教师在工作过程中教会学生丰富的理论知识和职业技能，并教导学生生活的真谛。因此，应用型高校应考虑教师绩效考核的结果和过程，并注重内容激励和过程激励，这样才能保证教师绩效管理的效果。

(五) 忽视教师个性化特点

从教师个体角度来看，目前的绩效考评忽视了教师的个性特点。教师是智力密集型的职业，具备工作过程与自我实现过程相统一、精神需求突出、不愿受过多外界管理行为约束等特点，工作表现出长期性、稳定性、创造性、灵活性、对学生潜移默化的示范性及绩效难以准确衡量等特质。目前，教师的绩效考评在套用企业绩效考评模式时受到功利化思维的影响，没有考虑到教师精神方面及个性发展方面的需求，考评标准表现出刚性特征，考评周期呈现短期化倾向，使考评本身科学化程度不高。在教师考评指标体系建构上、考评实施过程中及考评结果管理上，教师的主体地位亦未体现出来，教师在考评过程中处于被动的处境地。研究结果表明，在传统评价体系中表现平平的教师，在分类评价体系中会因为各自不同的能力优势表现突出，从而使在各个领域表现优秀的老师都有机会获得绩效优秀与职称晋升的机会。分类发展可以使不同类型教师更好地进行职业定位并建立职业发展通道，可以有效激发他们的工作积极性，有利于高校知识的创造与传播。评价忽略了教师的年龄，很容易导致对光环效应的误解。评估管理者更多地关注对教学不太满意的教师，而不是对经验丰富的教授和副教授的评价。评估很少给具有良好教学效果的教师提供新的鼓舞人心或具有挑战性的反馈，而且一些反馈信息不明确，因此中青年教师不了解如何改进自身工作。各高校应根据学科对教师进行分类评价，从而针对不同的人群制定适合自身的评估体系，做到评估体系面前一视同仁，做到公开、公平和公正，有效地提高教师工作绩效。由于教师工作具有高投入、复杂性和劳动成果迟效性的特点，所以难以将教师绩效考核指标量化，教师工作中存在诸多的影响因素，如学生的学习态度、学生的知识基础、学生的学习能力、外部环境等，这些影响因素通常是难以量化的。教师的劳动成果也并非立即显现的，它并不能直接创造财富，而是通过自己的劳动转化为学生的道德品质和工作能力，这些通常也难以量化。

忽略学科差异。在应用型本科院校中，大多数教师从事学科教学，教学过程的目的明确，教学内容和实践活动密切相关，可以直接反映市场需求，学生可以通过实践将知识快速转化为生产力，其创造的价值也可以转化为衡量教师绩效的指标。应用型高校注重培养学生的应用能力，同时兼顾学生知识结构的合理性和全面性。传统的基础学科如数学和历史也是学生学习的重要内容，但基础学科难以创造经济效益，这些学科的价值在短期内难以衡量，从长远来看这些学科的影响不低于应用学科的影响，但是大多数应用型高校在教师绩效考核体系的设计上没有学科之分。教师评估不应该是"一刀切",不同的学科和大学对教师有不同的要求,应根据学院和学科的特点进行不同的评估,努力更好地评价学院的教师,从而促进学院和学科的发展。

(六) 绩效评价方法不合理

我国大多数高校对教师的绩效评价方法过于简单,除了年终总结,还有绩效管理者每年一两次听课记录,以此对教师进行绩效评价。过于简单的绩效评价方法不足以全面地反映教师的绩效水平,也缺乏科学性和合理性。每种教师绩效评价方法都有其适用条件和范围,在进行高校教师绩效评价时应根据绩效评价目的、教师所处群体特点等不同情况有区别地选择不同的绩效评价方法来进行针对性评价。

教师绩效考核的方法是学校管理者采用的对教师教学工作、科研工作等情况进行评价的方法与措施。考核方法在整个教师绩效考核的过程中占有非常重要的位置,是教师绩效考核制度的核心,关系着教师及学校的正常发展。目前,实用性欠缺是教师绩效考核方法的致命弱点,影响了教师绩效考核结果的合理性与公正性。一是考核指标过于繁杂,没有针对性。二是考核过程不全面、不合理,缺乏有效沟通。三是重视结果的考核,忽视过程的考察。大多数学校的考核往往采取成果导向原则,以教师发表的论文、教学工作取得的成绩为指标,而对教师在教学过程中付出的努力、工作的方式的关注几乎没有。

(七) 重短期考核,轻中长期考核

一年期限是当前我国绝大多数高校实行教师绩效考核的周期,这个期限虽然有利于考核的实施,但忽略了教学成果、科研成果的培育,有较长的周期性。以科研成果为例,有些科研课题比较复杂,一年的时间不可能完成,有些重大发现、关键问题的解决,没有多年的潜心研究是无法完成的,如果将期限设定为一年,教师就难以安心研究,这只会促使他们急于求成,追求成果的短平快,不但无法从根本上提高学术水平,严重的还会导致各种弄虚作假和学术腐败。教师绩效是由短期、中期、长期成果共同体现的,只重视短期考核,忽视中长期考核,就难以看到某个教师持久的努力和进展,也容易导致学校整体长期发展战略难以实现。

总体分析来看,我国教师绩效考核评价体系还不够成熟和完善,存在绩效评价体系过于空洞的现象。大多数绩效考核评价体系指标关注教学、科研、社会服务等方面的指标，而对工学结合指标、教师的个人价值指标等方面关注不足，忽视了以人为本的教育管理理念，没有充分重视教师在绩效评价中的主体性地位，难以满足多样式教师职业能力发展的需要。

应用型本科高校的发展定位是以人才市场需求为导向，服务地方经济社会发展，以培养应用型人才为主，其教育具有鲜明的技术应用型特征。这就要求应用型本科高校的师资队伍应是一支培养教学、生产、管理等技能型、应用型人才的优秀高校教师队伍。近年来，部分应用型高校在教师绩效管理方面进行了可贵的探索，取得了一定的成就。比如北京联合大学在教学上组织教师参加培训，对课程设置、教学方式、教学内容、实践教学环节等方面实施了一系列的改革，且把修订后的教学计划纳入到教师绩效考核指标体系；教师的科研绩效目标除了要求教师发表学术文章外，还要求其通过校企合作、产学研结合等形成科研重点。应用型高校教师的绩效考核横向评价方面缺乏足够的可比性，存在操作性不强的问题，难以真正推动教师绩效考核评价改革的进步。

三、应用型高校教师绩效评价实证分析

教师绩效是教师在思想政治水平、职业道德、教学、科研、社会服务等方面的工作表现和工作成果。它反映教师在一定时间内以某种方式实现某种结果的过程。教师绩效是教师在某一期间的工作态度、行为和结果的总和。对教师而言，绩效既表现为工作结果，也表现为工作过程。教师绩效管理是对教师绩效实现过程中各要素的管理，是基于学校战略基础上的管理。通过学校战略的建立、各级目标的分解、教师业绩的评价及评价结果的应用等，可激励教师持续改进业绩，进而实现组织目标。为使应用型本科高校教师绩效评价更科学、更多元、更合理、更具激励性，进行了"应用型高校教师绩效评价研究"的问卷调查，以便了解目前高校教师绩效评价现状，听取意见和建议，完善高校教师绩效评价体系，更好地促进高校教师工作质量的提高。

(一) 调查问卷设计

根据应用型高校教师对当前学校绩效管理工作的满意度，调查了教师对学校教师绩效计划、绩效实施、绩效评估、绩效反馈和绩效应用的满意

度。调查对象为应用型高校的教师,包括从事教学和行政工作的各级助教、讲师、副教授、教授和既从事教学又从事行政工作的全职教师,不包括行政专职教师。

本研究调查问卷中设计了以下问题:所在高校目前教师绩效评价的现状、教师对教学评价体系的看法、教师对科研评价体系的看法、教师对社会服务评价体系的看法。

本次问卷调查的主要目的是了解目前高校教师绩效评价现状,听取意见和建议,完善高校教师绩效评价体系,使应用型本科高校教师绩效评价更科学、更多元、更合理、更具激励性,从而更好地促进高校教师工作质量的提高。

(二)问卷数据分析

本次调查随机抽取了部分应用型高校的教师,对他们所在的应用型高校目前教师的绩效评价现状、教师对教学评价体系的看法、教师对科研评价体系的看法和教师对社会服务评价体系的看法进行了调查,调查问卷共发放400份,回收有效问卷372份,问卷回收有效率为93%。如果教师在填写调查问卷时没有填写个人姓名、职称、学历等方面的信息,或者个别题目未作答,都作为缺失值,不参与有关统计。其中男性教师125名,女性教师247名;年龄在30岁以下的教师76名,31~40岁的教师164名,41~50岁的教师95名,51岁及以上的37名;从事高教工作时间在5年以下的85名,6~10年的132名,11~15年的77名,16~20年的53名,21年及以上的25名;本科学历的85人,硕士研究生学历的167人,博士研究生学历的120人;高级职称的55人,副高级职称的120人,中级职称的130人,初级职称的78人;从事理工科教学工作的105人,从事文科教学工作的267人。通过问卷调查分析,了解到以下情况:

1. 应用型高校教师绩效评价的现状

大部分教师目前从事的教学工作较多,其次是科研,部分教师还兼职日常行政工作、社会服务工作和其他工作。被考核教师认为,所在高校的教师绩效考核评价主体来自上级部门、校内同行、教师本人、学生,其中主要是上级部门和校内同行。有28.4%的教师对学校的绩效考核制度非常了解,57.8%的教师基本了解,11.4%的教师部分了解,2.4%的教师不了解。可见,大部分教师只是基本了解本校的绩效考核制度,非常了解的仅是少部分教师。学校注重的教师绩效考核方法基本是工作过程和工作结果相结合的办法，但偏重于工作结果的考核。绩效考核内容主要偏向于教师的教学工作和科研工作，师德修养、社会服务和其他方面则不太注重。所在学校的教师绩效考核周期一般为一年或者三年，新进教师或刚提拔教师则会在聘用期内进行考核，两年或三年以上考核的情况较少。学校对教师的考核评价结果主要用于教师的职称评定、薪酬或津贴的发放、教师岗位的调整、教师培训进修、评优、聘任合同续签等方面。教师所在学校的绩效考核对教师的工作和个人发展的促进作用主要表现为可以提升学校的教学质量、改进教师的教学方法、提升教师的科研能力、开阔教师的视野、促进教师知识的更新等方面。为了促进或帮助教师更好地完成自己的绩效目标，高校会提供一些条件给教师，比如安排教师在校或外出培训进修、开展行业间的交流活动、合理安排教学工作量、提供一些科研资源或平台等。所在高校教师的绩效考核结果有时会与教师进行沟通，有些则是不透明的，也未与教师进行过沟通。大部分教师认为，学校目前的绩效考核还存在一些问题，比如考核的目标太高、内容太多、考核评价重结果轻过程、绩效评价重数量轻质量、重定期考核而轻平时考核、考核忽视学科差异、过度量化、不科学等。所以总体来说，由于绩效考核的问题还有很多，对于学校目前的绩效评价体系，仅有4.8%的教师非常满意，48.1%的教师满意，21.2%的教师比较满意，13.2%的教师不满意，2.7%的教师非常不满意。

对此，教师们认为不同部门和不同职称的教师采用同一考核方法显然是不太合理的。完全同意采用同一考核方法的仅占17.3%，不同意的占82.7%。他们认为，所在高校目前的教师工作绩效评价主要存在以下问题：学校的评价指标不全面，没有体现出差异性；绩效评价导向不合理；评价存在主观性，流于形式；评价导向和学校定位不统一；缺乏绩效反馈，不能促进教师自我发展；等等。教师希望的绩效评价模式是奖惩性绩效评价模式或教师发展性绩效评价模式：48.77%的教师希望发展性的绩效评价模式，51.23%的教师则希望奖惩性绩效评价模式和发展性绩效评价模式相结合。教师们认为，学校之所以仍然施行现行的绩效评价制度，主要的原因是：教师本身评价有难度，此种制度便于人事管理；高校管理人员缺乏先进的管理技术；受到高校整个大环境重科研的影响；缺乏完善的制度予以指导；学校自身认知定位不清；等等。高校教师工作绩效评价的难点主要体现在以下方面：绩效评价难以量化；有些任务难以提炼成合理的考核指标；指标的考核内容缺乏可操作性；等等。教师的职务聘任制度存在如下问题：教师聘任制流于形式；评价体系不健全；教师职责模糊不清；管理工作不到位；重科研轻教学；职称晋升渠道狭窄；等等。教师们都非常同意学校采用分类考核的办法，认为所在高校实施教师岗位分类管理可以发挥以下作用：可以规范管理促进学校良性发展；提高办学质量和效益；培养创新性人才；强化教师职务岗位责任意识；减轻教师工作压力；提高教学和科研水平；促进教师间良性竞争；拓宽教师晋升渠道；鼓励教师个性化成长；等等。基于各自工作的实际情况，该所应用型高校教师认为按教学型、科研型、教研型、社会服务型等来分类对教师进行考核更科学化。

2. 教师对教学评价体系的看法

教师们认为，学校目前的教学评价指标主要包括以下内容：教学工作量；教学质量；师德修养；教学改革研究项目；指导学生专业竞赛获奖；实践教学；精品在线开放课程；教学获奖；示范性专业、特色专业团队成员；教研论文；教材编写；等等。所在学校对教学过程质量的评价指标包括备课是否充分、教学信息是否充分、课堂互动、语言是否流畅、板书是否规范、教学仪表、课程资料是否完备、学生成绩等。对于评价结果的反馈，33.4%的教师认为完全公开的方式最好，56.7%的教师认为部分公开为好，9.9%的教师认为不公开为好。由于每位教师的工作岗位、专业有差异，25.2%的教师用于教学的时间约占总工作时间的50%，23.6%的教师认为用于教学的时间占总工作时间的比重要小于50%，51.2%的教师认为用于教学的时间占总工作时间的比重要大于50%，认为目前的教学任务比较繁重。

3. 教师对科研评价体系的看法

教师所在应用型高校的科研评价指标包括发表论文、专著编写、科研项目数、科研经费数、专利发明、科研获奖、科研成果转化、学术道德与社会工作等，以发表论文、专著编写、科研项目数为主。有时学校的科研任务会以硬性量化的形式下达。教师目前的科研任务情况是：28.9%的教师认为科研任务非常重，21.7%的教师认为科研任务比较重，36.8%的教师认为科研任务繁重程度一般，12.6%的教师认为科研任务不饱满；36.2%的教师认为目前的科研任务不会影响到自己的教学工作，55.7%的教师则认为基本不影响，18.1%的教师认为科研工作影响、比较影响或者非常影响自己的教学工作。教师每年主要通过以下做法完成科研任务：申报或参加课题、虚拟的横向课题、真实的横向课题和其他。学校的科研考核周期一般是一年一考核，或者在教师的聘用期内考核。老师们希望以通过学校绩效反馈有计划地组织培训、同事间的互相督促、个人有意识的自我发现等方式来提升自我。

4. 教师对社会服务评价体系的看法

被调查的教师中有 68 位是双师型教师，对社会服务评价比较关注。双师型教师大多认为社会服务评价应包括以下方面：技术开发、技术转让、技术咨询、技术服务、社会培训、研究报告获批示等。教师们开展社会服务的组织方式主要有院校组织、企业邀请、政府推动等。应用型高校教师从事社会服务存在的障碍主要有教师个人原因、资金不足、学校缺乏相应政策、政府缺乏引导等。阻碍教师开展社会服务的个人原因主要有以下方面：社会服务时间和学校课时安排冲突、社会服务报酬不高、身体条件不适合、社会服务内容和专业相关度低、家庭事务繁多、没兴趣等。老师们认为学校应给予合理报酬，提供相关政策支持、资金支持，合理安排课时以避免和社会服务时间冲突，完善社会服务基础设施等来支持教师的社会服务开展工作。如果教师绩效评价中有社会服务内容，33.2%的教师认为 10%~20%的比重比较合理，16.2%的教师认为 20%~30%的比重比较合理，36.9%的教师认为 10%以下的比重比较合理，仅有 13.7%的教师认为 40%以上的比重合理。

根据问卷调查和访谈的结果分析，可以发现导致教师对绩效评价满意度不高的原因主要有以下几个方面：第一，高校各职能部门缺乏对教师绩效评价结果的及时沟通与反馈，未能针对教师工作中存在的问题和不足给予帮助和指导；第二，高校的绩效评价指标体系缺乏科学性，评价重科研、轻教学，教学重理论、轻实践，忽视社会服务功能，从而导致教师对绩效评价结果的不满；第三，高校只是将绩效评价结果作为学校对教师评奖评优、绩效工资发放、人事任免、职称晋升的奖惩性依据，缺乏对教师进行有针对性的职业发展培训；第四，高校绩效评价结果应用的目标导向不够明确，只注重对教师个人绩效的考核和结果的应用，缺乏对教学、科研团队的绩效考核和应用。综观上述原因，从深层次进行分析，可归结为高校对教师的管理忽视了教师群体的高学历、高智商、创造性劳动、较高的成就感和强烈的求知欲等特点。高校教师的特点决定了高校教师比一般群体具有更强的成就动机，更注重尊重和友谊，更渴望团队的关爱和支持，总之，高校教师具有更高的职业期望。因此，以教师职业生涯的发展为视角，有效强化应用教师绩效评价的结果，以更好地修改和完善高校的人力资源管理制度，充分发挥高校人力资源管理制度的竞争、激励、约束和淘汰等制度导向作用，激发教师潜能，提高教师满意度，矫正教师不良行为，合理分配和利用好时间与精力，有利于教师个人绩效和学校整体效能的提高，从而确保高校总体目标的实现。

高校实施教师绩效管理的目的是要实现学校和教师个人的双赢。地方高校主要以培养应用型人才为重点，注重教学和应用研究，服务于地方经济和社会发展，这个目标定位非常重要。但是，有一些地方的大学和学院，因为自己的经验不够丰富，经常派人去其他更成熟的机构学习，这是可以理解的，但由于历史和许多其他原因，各个地方的大学在教学和研究、管理和其他方面参差不齐。在运作过程中，其他机构的激励管理措施和方法可能无法在自己的学校运作。例如，新成立的本科院校，如果在绩效管理中设置了太多的科研要求，不仅教师最终完成不了，而且还会削弱教师的积极性，学校自身的课堂教学、实验教学等优势都被埋没，不利于学校的发展。对应用型高校教师绩效评价中一些突出问题的建议如下：

（1）对教师进行分类并制定不同的评估方法。目前，在实际运作中，当地高校对教师进行评估时，基本采用教育部统一制定的评估机制和标准。但是，在这些标准中，科研成果占很大比例，对于地方高校而言，为了完成科研指标，教师的教学精力和时间会减少，往往无法做到两者兼顾，导致教师无法很好地完成研究和教学任务，使学校教学受到不同程度的影响。因此，建议将教师分为两类——教学型和研究型，对于不同类型的教师分别制定不同的评估方法，使每种类型的教师都能充分实现自己的价值。

（2）改进评价方法，促进教研相长。在评估教师的绩效时，学校应采用灵活多样的评估方法，实现科研与教学的融合。例如，教师可以让学生参与自己的研究，一方面，有助于增加学生的知识，开拓学生的视野；另一方面，拓展了教师科研的实际可操作性，使教学和研究相辅相成、相得益彰。

（3）要充分认识学生评教的重要性。学校可以通过各种渠道提高学生对教学评价的意义和价值。我们可以从西方发达国家的一些成熟做法中学习。例如，像美国的大学和学院一样，学生对有些教师的评价意见不佳，学校将不会续约甚至解雇。我们在思考中必须注意这项工作，学校不仅应将学生对教学的评价视为衡量教师表现的工具，还应将其与推广教学联系起来，更重要的是让教师体验评教对教学的改进作用。

（4）机制必须健全，建立有利于提高学生评教质量的环境。首先，有必要设立一个专门机构来负责实施。机构设置应反映民主管理的原则，人员的构成应多样化，包括可以代表不同声音的行政人员、教师和学生代表。其次，要加快学生评教的制度化，包括评估的定位、组织和管理，实施程序和反馈等，为实际实施提供有力保障。最后，加强监督。毕竟学生较年轻，资历较浅，较难去客观公正地评估教师。针对这种情况，学校在实际操作过程中应加强对学生的监督管理，实现对教师教学水平的公正客观评价。

（5）将评估结果与促进教师发展相结合。评价的目的是促进教师教学工作的改进。因此，教学的评价和评教都不能反对。评估结束后，管理者应尽快以适当的方式通知教师，并提供一些指导性建议，以确保他们能够及时改进。

（6）建立教师服务咨询机构。该机构应由来自不同专业的专家组成，但其性质与监督团队不同。他们被动地接受教师的建议并且更具亲和力。对于教师在教学中遇到的问题，他们可以到教室听讲座，观察他们的教育态度，并在获得教师的同意后给出意见和建议。例如，西方发达国家的机构经常建立像教学技能培训中心这样的机构，这些机构对整个学校的教师开放。在那里，教师可以观察优秀教师的教学视频，以及教学方法和教学技能培训。我们不妨借鉴发达国家的实践，切实提高高校教师的教学水平。

（7）定期举办教学讲座。为了提高高校教师的教学能力，学校可以定期举办专题讲座。根据不同的主题，可以提供不同的课程讲座。讲座选择的主题可以面向广大教师，特别是缺乏教学经验的年轻教师，收集他们在教学中遇到的困难及处理不当的问题，有针对性地解决教学中的实际问题，真正帮助年轻教师做好教学工作。

应用型本科教育重视人才应用能力的培养，重视实践教学，因此在教学水平上对于应用型本科高校的教师提出了更高的要求。但当前一些应用型高校主要还是沿用研究型大学或高职高专学校的管理模式，管理模式和学校的战略目标严重偏离。因此，针对如何构建教师绩效评价体系、哪些

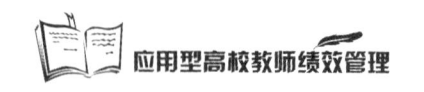

因素会影响绩效评价结果、如何关注应用型本科教师绩效评价指标、如何鼓励应用型本科教师实现教学目标、如何满足这样的教师的职业发展需求等问题，学校构建一个适合应用型高校的教学管理绩效考核评价模式具有非常重要的意义，从而给予教师绩效公正的评价，使教师正视工作中的成绩和不足。

对高校来说，教师绩效评价的目标在于确保教师目标与管理部门、院系、学术团体的目标保持一致，实现各方绩效的最大化；为评价者和被评价者提供思想交流的平台，建立良好的人际关系；增进对院系、管理部门、学术团体质量标准、发展目标、部门工作计划的理解；有助于教师的职责定位及相关要求达成共识。对教师而言，绩效管理的目标在于围绕个人发展需求和目标达成开展真诚的、有建设性的沟通；就评价周期内的目标达成一致，为具体行为提供指导；就个人的职能发挥与工作获得有建设性的反馈意见；澄清个人在管理部门、院系、学术团体中的职能定位；使个人目标与管理部门、院系或学术团体的目标保持一致；在评价者和被评价者之间建立和维持积极正向的人际关系；不受干扰地和评价者围绕关键问题进行讨论。教师绩效评价并非绩效奖励或年终考核，其本质是通过教师的目标达成的评价及基于评价为教师专业发展提供服务，最终目标是服务于学校的战略规划。

（8）创新二级管理体制下的教师绩效评价指标体系。首先，创新高校发展战略，创新高校教育理念，制定高层次的顶层设计和发展规划，实现科学合理的发展定位。其次，围绕高校的战略定位，将核心战略转变为学校发展的总体目标，然后转变为部门目标，再细分为二级部门。最后，教师将形成个人目标，构建一个具有明确的绩效标准等级的科学体系。在这个过程中，每个学院和教师都可以根据自己的发展需要和专业发展需求提出自己的发展思路和目标，并与学校的整体发展目标相协调，从而充分调动学院和教师实现目标的积极性。

第三节　应用型高校教师绩效管理现状

高校教师绩效管理是一个基于高校教师专业劳动特点和发展规律的持

续管理过程，根据高校的实际情况，识别、测量和提高高校教师的绩效，使其表现符合组织战略目标。然而，在将绩效管理的思想和方法引入学校教师管理过程中时遇到了许多困难，结果并不理想，甚至带来了一些负面影响，其中，不仅管理者的理解能力及管理存在问题，而且还有管理方法的问题。从每所学校的实践来看，教学绩效管理效果不理想的一个重要原因是教师绩效管理过程不完善。绩效管理还在一定程度上具有价值导向的作用。影响学校教学质量的关键是教学人员。绩效管理是教师队伍建设的重要组成部分，这与教师的个人兴趣和整个学校的发展有关。它是学校构建核心竞争力、获得竞争优势、实现学校发展的一种重要的战略方式，对构建和谐校园起着重要作用。教师绩效管理的目的是引导教师实现学校组织的目标，旨在提高高校教师的绩效，促进高校教师的发展，提高有效管理的效率。因此，要提高教师绩效管理在教师队伍建设中的作用，必须完善教师绩效管理的过程。

Aguinis 认为，绩效管理是指对个人和团队绩效的识别、测量和发展，以及使这些绩效与组织的战略目标保持一致的持续过程。这是一个有机的过程和系统，它使用科学的方法，按照一定的标准对组织员工的绩效、性格、态度和能力进行全面检查和评估，以确定他们的绩效和潜力，为员工的晋升、薪酬、培训、部署、激励、职业和解雇管理提供了一种科学的管理方法。这是一个连续、完整的 PDCA 流程，包括绩效计划、绩效辅导、绩效考核、绩效反馈四个环节。目前，我国多数高校尚未全面系统地实施绩效管理，对教师的管理侧重于简单的考核评价，未能有效地将绩效考核的结果与教师绩效改进和提升紧密衔接，忽视了教师的能力培养与职业发展，限制了高校核心竞争力的增强和高校的可持续发展。因此，打破高校原有僵化的教师评价体系，建立科学合理的高校教师绩效管理体系已势在必行。

绩效管理在具体实践中的模式流程如图 3-5 所示，这种传统的绩效管理模式不是以管理和战略为中心，而是以评价和控制为中心，主要涉及绩效标准制定、绩效指标、绩效考评、绩效考评结果的应用，虽然一定程度上对高校的绩效管理起到了积极作用，但存在自身难以克服的缺陷，比如以下几个方面的问题：

现行的绩效管理模式在理念层次上未能作为一种提高组织绩效的战略选择和管理模式，而是一种事后的控制和管理。其作为一种管理控制工具

```
承接上一个绩效     →  绩效指标及标准制定  →  绩效考评  →  绩效考评结果的应用  →  承接下一个绩效
管理循环                          目标正在进行的绩效管理循环                              管理循环
```

图 3-5　高校教师现行绩效管理模式流程

本身存在许多缺陷，把绩效管理等同于绩效评价，在实际应用中确实会面临许多困境。传统的高校绩效管理模式与高校的战略和使命存在严重的脱节问题。传统的绩效管理指标只是大量指标的简单累加，并没有通过高校的战略加以开发设计，与高校的战略目标相关性很低，仅以工作结果包括短期的高校产出结果（如办了多少培训班）作为工作绩效的衡量标准，并不能体现高校培育能力的要求。这种缺乏高校战略基础的绩效管理模式定然会造成高校教职工的日常行为和高校战略使命存在巨大鸿沟，导致高校短期、长期目标不平衡和高校绩效短期行为的大量存在。传统的高校绩效管理模式缺少内部的管理指标。传统的绩效管理模式指标之间缺乏明确的因果关系，对高校绩效的提高意义不大，导致对高校内部管理过程的忽视，不能形成有效的逻辑体系来促进高校绩效的循环提升，存在着指标的片面性、形式主义、评价过程中评价方式和被评价者之间的对立和冲突、结果的武断性等问题。传统的绩效管理模式的缺陷和实施中存在的执行不足导致高校以内部评估为主，而缺乏内部与外部的平衡。因此，高校传统的绩效管理模式需增加对顾客维度的评价和测量来落实服务型高校绩效管理，或者可以通过选择高校绩效管理模式加以改进。

为此，鉴于目前我国高校对科学绩效管理体系大都处于 KPI 考核的阶段，大多采用指标的"一刀切"式的刚性要求，缺乏指标的分类化、个性化、挑战性，有必要加强和规范高校教师绩效管理，构建适应应用型高校实际情况的绩效管理体系，促使应用型高校健康快速发展就显得格外重要。

一、应用型高校教师的绩效计划

进行教师绩效管理，首先要制定绩效计划，明确绩效目标，而绩效目标的制定要以学校发展战略为基本依据。具体而言，就是要将学校的发展战略目标分解为学校中各部门（或团队）的绩效目标与指标，并最终转化为教师个人的绩效目标与指标，把学校发展战略落实到每位教师的身上。通过教师绩效管理，促进每位教师及各个部门（或团队）绩效目标与指标的实现，最终保证学校发展战略目标的实现。因此，绩效计划作为绩效管理流程的第一个环节，是绩效管理实施的关键和基础所在。绩效计划是确定学校对员工的绩效期望并得到员工认可的过程，尤其在战略管理视角下的绩效计划的制订，更要体现高校对外部环境变化和自身现状分析的重视。

绩效计划是关于目标和标准的契约，参与和承诺是制订绩效计划的前提。"凡事预则立，不预则废"，一切都必须有一个可行的计划才能取得好成绩，绩效管理也不例外。绩效计划意味着各级管理人员应与自己的员工进行绩效计划面谈，并在评估期间共同制定工作目标、评估标准和行动计划。绩效计划是整体绩效管理流程的起点和最重要的部分。在制定员工绩效计划时，主管和员工一起分析和讨论，找出员工在规划期间应该做什么工作、做到什么地步、为什么要做、什么时候应该完成、员工应具备哪些权力等具体内容；在绩效计划结束后，主管和员工应该能够用相同的答案回答他们为什么要这样做的问题。在本次会议中，关键是要解决"评估什么"的问题，即员工的绩效评估指标是什么、绩效目标是什么、每个指标的目标值是多少，以及评估期是多长时间。在这个阶段，要抓住的关键是目标是否可行和具有挑战性、目标是否能够激发和调动员工的积极性和潜力、是否在制定绩效目标的过程中进行有效的访谈沟通及达成有效的沟通和承诺。

学校制定教师绩效计划时缺少教师参与。应用型教师绩效计划制定过程教师极少参与，大部分是由学校管理层决定的。各院系领导根据学校制定的年度目标确定本院系目标和教师绩效计划，并通过教师会议与教师沟通。由于领导不完全了解具体的教师工作，绩效计划必然有许多不合理之处，它只能代表领导的意志。但是，无论绩效计划是否合理、民主，大多数教师都无权干涉，只能忍气吞声。在这种情况下，一些教师不断抱怨，极大地影响了工作的积极性，也厌倦了应对绩效管理活动。

绩效评价标准是衡量高校教师绩效评价指标得分高低的基准。一般来说，在设置教师绩效评价指标的记分标准时，应尽可能地用数量进行界定，而对于那些不能用数量进行界定的记分标准，则用典型行为事件来描述，以便于绩效评价主体评价工作的开展及运用绩效沟通与评价结果。目前，我国不少高校教师绩效评价标准不够明确，量化工作不足，很少形成统一的细化标准，因而造成绩效评价指标可操作性不强，绩效评价主体在进行评价时往往只能根据其个人的主观印象与工作经验来打分，随意性过强，不利于高校教师绩效评价工作的科学性和公平性，也不利于高校教师绩效管理者进行绩效沟通工作与绩效评价结果的运用等。

我国大多数应用型高校的绩效管理目标指向不准确，多是简单地将绩效管理与薪酬分配及职位晋升相挂钩，忽视了绩效管理对于促进高校教师进一步发展的帮助和引导作用。目前，在高校教师绩效管理的过程中，高校主要是通过绩效考评结果来选聘教师和奖惩教师。它主要着眼于教师过去已具备的素质、已承担的职责和已取得的工作成就，评价的目的是视教师业绩是否符合学校现实的要求，做出是否续聘和奖惩的决定。这种常见的对教师能力事后评价的方法缺乏促进教师长远发展的前瞻性。

二、应用型高校教师的绩效辅导

绩效辅导在绩效管理系统中的作用在于能够前瞻性地发现问题并在问题出现之前解决，还在于能把管理者与员工紧密联系在一起，管理者与员工经常就存在和可能存在的问题进行讨论，共同解决问题，排除障碍，达到共同进步和共同提高，实现高绩效的目的。制定绩效计划后，管理者必须持续与员工沟通，管理人员必须使用有效的管理方法来有效管控员工行为，并及时提供必要的工作指导，以确保员工实现绩效目标。这个环节最重要的部分是解决"如何有效激励"的问题。在这个阶段，重要的是要了解组织或部门主管是否为员工提供必要的工作指导、条件或支持；员工是否具有相应的执行权和承担工作任务的责任。

高校应为具有潜力的教师持续提供绩效辅导和绩效支持项目。一方面，帮助教师弥补绩效弱项；另一方面，让绩效强项向更高的层次发展。让教师在为学校战略实现而努力的过程中，也能够收获个人学术、教学能力的提高。首先，为教师提供有针对性的高质量绩效辅导项目，帮助教师提高教学和科研水平。比如，为新入职的青年教师设立导师顾问，帮助他们树立合理的职业发展目标，并进行年度绩效追踪评估；提供教学、科研等相关的培训项目和课程；支持教师参加高水平学术会议；设立科研基金，支持教师学术研究；等等。其次，提供平衡工作与家庭生活的绩效支持项目，帮助教师处理好工作与家庭生活的关系，以更高效、专注的状态投身教学和科研。

在教师绩效实施过程中，应用院校的管理者和教师之间的绩效沟通非常少。管理者和教师是不同的，忽视了绩效实施过程中的问题。高校管理者和教师之间的沟通是他们在共同工作的过程中分享各类与绩效有关的信息的过程，是决定绩效管理发挥作用的重要因素。它贯穿于绩效管理过程的始终，包括从最初的绩效考核标准、考核内容、绩效目标的制定到绩效考核的过程、考核信息的反馈、考核结果的运用等每一环节。经常并有效沟通，可以消除由于信息不畅造成的误解和抵触，消除管理阻力，产生信息共享、科学考核、优势互补的作用。目前在高校教师绩效管理过程中忽略了沟通环节，而对于最终的考核结果又缺乏合理利用，从而带来了许多问题，主要表现在：

第一，教师的参与度差。这是个很普遍的问题。高校教师绩效管理缺少教师的共同参与，绝大多数绩效目标的制定都是一个"自上而下"单方面的管理决策过程，大部分教师均被有意、无意地排斥于绩效目标制定过程之外。因而，由这种决策方式得出的结果很难得到教师的广泛认同。没有教师的认同，强调目标的切实可行也就成了管理者的一厢情愿。在绩效考核中，由于管理者将制定好的绩效标准强加给教师，所以教师就会将其当作一种强制性的制度，造成教师对绩效管理的不认同，很容易产生抵触情绪，效果自然不理想。缺少沟通和教师的真正参与，绩效考核不能真正起到改善绩效、促进发展的作用。地方高校教师绩效管理应注重学校与教师的全方位沟通，并对绩效考核进行相应的调整，使教师完全参与教师绩效管理的全过程，并且成为绩效管理的主体。

第二，缺乏全方位的沟通过程。教师作为被考核者，却往往不了解考核标准、考核内容和考核目标的制订过程，只是被动地接受来自上级管理者的考核，只能简单地知道本人的考核结果是优秀、合格或不合格等，除此之外，却不能从考核中了解自己在工作中存在哪些问题，而这些问题又是由什么原因造成的、应该如何改进等。正是由于缺乏与被考核教师之间民主、平等的交流和沟通，导致了管理者难免产生居高临下的心理状态，或以挑剔的眼光对待被考核教师。最终，考核工作很难真正达到提高教师工作业绩与职业能力的目的。高校把教师看作被管理者，只关心绩效结

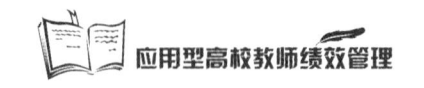

果，缺乏对教师工作过程的控制和辅导，过分强调奖惩对教师的绩效改进作用，导致教师对绩效考核制度产生抵触情绪。有些应用型院校在进行教师绩效管理时与教师沟通很少，绩效计划由各院系领导制定，绩效实施也由管理人员执行，在具体问题上没有与教师及时有效地沟通，绩效结果的反馈也是管理人员对管理结果的单向通知，不与教师进行必要的沟通。教师绩效管理的目的是提高教师的绩效，以实现学院的战略目标。因此，教师绩效管理的各个方面都应尽可能与教师沟通，实现以人为本。只有听取教师的实际需求，才能制定科学合理的绩效计划，有利于获得教师的认可与合作。只有与教师保持实时沟通，才能确保业绩的顺利实施；只有与教师保持双向沟通，才能及时将绩效结果反馈给教师，指导教师有针对性地改进其工作绩效，达到绩效管理的目的。

重视绩效沟通，将沟通意识、沟通过程、沟通渠道、沟通结果视为绩效管理的重要环节和步骤。持续不断的绩效沟通有利于绩效信息共享、优势互补，还可以消除在绩效管理过程中信息不畅造成的误解和抵触，这是高校教师绩效管理工作得以顺利进行的有效保障。目前，不少高校在制定教师绩效目标时缺乏沟通，教师虽然作为被评价者，但其往往不了解绩效评价的内容和指标的制定过程。在绩效实施环节缺乏沟通，教师不能通过绩效评价发现自身在本期绩效工作中存在的问题及其原因，更无法了解在今后的工作中应如何加以改进，只能被动地接受高校的绩效评价。在绩效结果运用时也缺乏及时的沟通，表现为绩效评价的结果不予以反馈，或只是简单地把一个绩效分数反馈给被评价者，而没有对该结果进行解释或是针对存在问题提出改进建议。这导致教师不会真正地重视绩效评价工作的价值，而把绩效管理作为一种教学科研形式。归根结底，之所以要进行绩效管理，最终目的是激发组织团队和个体的最大能力，创造尽可能大的价值贡献。传统的绩效管理思想侧重结果考核评价，一定程度上忽视了绩效管理过程中的信息共享与交流沟通的重要性。绩效管理过程中及时沟通，有利于将问题控制在萌芽期，将伤害最小化，将潜能激发在开始端。因此，对绩效管理过程中出现的问题、意见、不足进行及时的交流和沟通，将有利于显著改进绩效管理水平。

三、应用型高校教师绩效反馈

战略管理下的绩效反馈要求高校根据学校战略目标及时做好战略实施效果的评估与绩效反馈,并根据对绩效评估效果的分析,及时调整高校的战略目标和绩效目标,从而为下一个绩效管理周期做好学校战略目标和绩效计划制订的准备。各级管理人员应对自己的员工进行绩效反馈访谈,通过访谈将绩效评估结果反馈给员工,分析员工绩效不佳的方面和原因,并将绩效评估结果应用于人力资源管理中。在该环节中,对于成绩,我们必须肯定,并讨论如何或可采取哪些措施来进一步巩固。对于缺点,我们要讨论应该采取哪些措施或计划来改进,即关注如何提高绩效和"如何应用评估结果"的问题。在这个阶段,绩效评估是否充分反映了工作的成就和不足,评估结果是否公平公正是关键。

在绩效反馈上不及时、不全面。由于缺乏与被考核教师平等的交流沟通,评价者和被评价者之间存在事实上的地位不平等,导致教师对评价产生抵触情绪。有些高校干脆省略了绩效反馈这一环节,有的没有及时将考核结果反馈给教师,反馈的内容也不全面,如哪些地方需要改进,如何改进,教师本人并不清楚,考核结果也没有得到很好的应用。随着绩效考核的结束,对于被考评教师而言,最为关心的是考评结果。因此,高校应该及时将考评结果反馈给被考评教师。在反馈的过程中,高校管理者不能仅仅告知被考评教师所获得的最终评价等级和得分,而应该更为详细地向其分析得出这样结果的过程和原因,通过有效的沟通与教师在考评结果上达成共识、消除分歧,对教师表现优异的地方进行及时肯定和鼓励,积极帮助教师找出工作中出现问题的原因,并为教师的绩效改进提出适当的指导意见。

应用型高校取得学期教师绩效考核结果后,对通过考试的教师和普通教师往往不给予太多反馈,只有院系领导和评估结果差的教师才被要求解释和承诺。这种高层领导的态度不利于教师的开放,最终结果往往是不端行为,很难实现绩效管理的真正目的。科学合理的教师绩效评估结果的反馈可以帮助教师认识到自己的优点和缺点,促进他们反思,发挥他们的优势,避免未来工作中的弱点。及时的反馈可以激发教师的表现,激发他们的积极性和潜力;对评估结果不理想的教师发挥警示作用,让他们感受到压力，找出自己的问题，并有针对性地改进具体工作。某些应用型高校教师绩效结果的应用较少，对于学期绩效考核结果优秀的教师仅在年底给予奖金鼓励，对于绩效考核不合格的教师也仅仅是给予口头批评，要求其以书面报告形式进行总结。教师绩效评估结果与教师职称和晋升无关，大大削弱了绩效管理的激励效果，导致许多教师敷衍，合作和关注度极低。因此，高校教师的绩效考核过程和结果应当透明，及时反馈教师的考核信息，鼓励教师积极参与自我评价，使教师充分了解自己的工作绩效和不足，加强自我反思，这样才能对症下药去改善工作中的不足，才可以让评价制度深入人心。有些应用型院校并没有教师绩效考核结果的申诉渠道，教师绩效考核的实施过程中环节较多，有许多不公平的因素，考核结果极有可能是错误的，也并不反映人文主义理念。由于教师绩效考核的结果与年终奖金和荣誉有关，缺乏对不公平评估结果的投诉会导致教师利益的丧失，降低其对工作的热情。

四、应用型高校教师的绩效结果应用

评估结果不能真实反映教师的实际工作情况，使教师对评估的结果满意度不高。绩效评估的目的之一是通过组织中的一系列绩效评估活动来提高员工的绩效，并提高组织的整体绩效，从而使组织得以进一步发展。但是学校对教师的评估结果往往不能客观公正地反映评估人员的实际表现，这直接导致绩效评估活动没有发挥应有的作用，当然很多教师对评估结果不是很满意。另外，传统的教师绩效考核管理体制下，许多院校在考核完后，并没有将考核结果送达受考核的老师，而是放置一边。考核后很少有高校能实现考核结果的有效应用，主要体现在以下几个方面：①不少院校只是把考核结果作为衡量教师能力的工具，滥用考核结果，使教师心存畏惧而无法提高其绩效；②很多院校在应用考核结果时未把考核结果和教师的未来发展挂钩，也未利用考核结果适当调整教师岗位，只是用来决定教师的工资评定，考核结果的应用浮于表面且形式单一；③许多院校使用评估结果作为一种工作形式，在评估教师时没有参考评估结果。总之，传统的评估模型根本没有起到评估的作用，评估结果没有起到有效评估教师和改革高校人事制度的作用。

五、应用型高校教师的绩效管理主要问题

近年来,虽然应用型高校教师的绩效考核取得了一定的突破和发展,但大多数应用型大学尚未建立起一套科学的教师绩效管理体系,实际操作过程并不令人满意,未能充分发挥其应有的激励作用。但是,学校往往只关注绩效考核,没有完整的绩效管理流程,基本上都处于绩效考核阶段,大多数用绩效考核取代绩效管理。绩效考核后没有计划、没有指导、没有反馈,更没有改善绩效的计划。在教师绩效管理中,不注重绩效的提高,重奖励惩罚、轻改进,与绩效管理的基本目标不一致。这是当前教师绩效管理中的一种普遍现象,是导致教师工作绩效评价年复一年但绩效管理效果差的主要原因。因此,绩效管理过程不完整严重影响了学校教师绩效管理的效果。

(一)缺乏整体的绩效管理过程,把绩效考核等同于绩效管理

绩效管理是一个循环往复的过程,作为一种管理模式贯穿于组织运作的始终。它强调从组织的战略出发,将组织文化、管理理念融入其中,在推动组织目标实现的同时开发员工潜能、培养员工技能,以提高绩效。而高校教师绩效管理的目标则是基于高校的发展战略,通过教师与管理者持续、动态地不断沟通,明确教师的工作任务及绩效目标,并确定对教师工作结果的衡量办法,在过程中影响教师的行为,从而实现高校的发展目标,并使教师得到发展。目前,许多高校把绩效考核等同于绩效管理,表明高校管理者并没有真正理解绩效管理系统的真实含义,没有将之视为由事前计划、事中管理和事后考核构成的三位一体的系统。绩效考核仅是对教师工作结果的考核,是绩效管理的一部分而不是全部,既不包括前端的理念贯彻,又不考虑后端,即着眼于未来的发展战略。其实,绩效考核成功与否不仅取决于考核本身,而且在很大程度上取决于与考核相关联的整个绩效管理过程。如果绩效管理仅仅强调考核与奖惩,将不利于教师之间、教师与领导之间的团结与合作,也不能促进学校整体绩效的提高。

目前一些高校在绩效管理的实施过程中,没有能全面实施绩效管理的相关内容,且各环节之间相互孤立、衔接不畅,缺乏有效配合。例如,在绩效管理实施过程中,对于前期制订好的绩效计划和目标,多是将其存档,未能及时做好跟踪、反馈与修订。在不少高校的绩效管理过程中,只

注重考核结果而忽视跟进辅导，对于绩效考核结果，多是仅仅作为奖惩的依据，没有能够主动、及时、有效地反馈给被考核教师，也未能对教师的绩效改进提供必要的帮助和引导。因此，有必要提高教师的绩效，发挥绩效管理在教师队伍建设中的作用。如果没有教师的绩效目标、没有指导，就无法实现目标，没有评估的目标系统就不可行。系统不控制过程，必须通过性能评估确定性能结果，并且必须使用性能评估确定的结果进行性能改进，以达到性能管理的目的。整个过程的每个方面都是必不可少的，否则会影响绩效管理的效果。因此，在绩效管理过程中，不仅要强调绩效结果，还要通过实施计划、评估和反馈来实现结果。

(二) 目标定位缺乏认知

教师绩效考核的目标定位是学校管理者基于学校教育发展与教学管理的实际状况提出的关于学校整体与学校教育所涉及的教师、学生等个体的发展计划与期望。目标定位本身所具有的"立当下，设计未来"的属性，决定了目标定位是学校绩效考核的"总路线"。只有清晰认识目标定位，"总路线"才能设计得好，方向把握正确了，学校的教育之路才会越走越好。然而，对教师绩效考核的目标定位认识不清晰仍然是现在大多数学校管理者的盲点所在。一是目标定位缺乏导向性。教师绩效考核工作与学校的发展规划完全脱钩，与实际问题失之交臂，教师绩效考核制度的优势无法凸显出来，久而久之，绩效考核有流于形式、失于实用的危险。

(三) 绩效反馈缺失

在教师绩效考核结果出来后，管理者应及时与教师沟通，通过绩效反馈面谈，让教师了解自己的绩效，了解需要改进的方面，教师也可以提出自己在完成绩效目标的过程中遇到的困难，寻求帮助和指导。只有充分利用绩效考核结果，绩效管理才能发挥其激励作用。管理者应根据绩效考核结果为绩效好的教师提供适当有效的奖励，并对绩效不佳，特别是连续几年不佳的教师进行教学培训，通过鼓励先进和激励后进，促进教师提高教学质量、教学能力和科研水平。此外，促进高层管理人员和教师之间的沟通也很重要。它可以提高教师的教学能力和专业水平，挖掘教师的潜力，提高未来的绩效。有效沟通消除了由于信息不畅通引起的误解和冲突，在信息共享、科学评估和优势互补中发挥作用，增强了学校的凝聚力，树立了强大的团队精神。

(四) 教师绩效评价周期的设定不合理

评价周期的确定是建立高校教师绩效管理体系的重要环节。高校教师绩效评价周期太短、评价频率太高，容易造成被评价教师的优缺点没能充分显示出来，评价结果的完整性不足，同时也给被评价教师带来太大的评价压力，容易使教师产生评价厌倦情绪等。而高校教师绩效评价周期过长，也不利于及时发现和改进教师工作过程中存在的问题，不利于高校教师绩效工作的高效进行。因此，在设置高校教师绩效管理周期时，可以短期与长期相结合，合理确定评价周期，有区分地设置高校教师绩效评价周期，对于那些容易评价、时间较短的教学绩效可以学期或季度为一个周期，而对于那些时间较长、难以衡量、需要经过长期掌握相关的数据和资料的科研绩效则设置较长的评价周期，如三年或者五年等。

(五) 教师绩效评价主体的误区

在进行绩效评价之前，高校应对所有绩效评价主体进行培训。培训内容包括绩效评价程序、标准、方法和如何克服晕轮效应、居中倾向、偏松或偏紧倾向等典型的心理弊障问题。通过培训，一方面，让绩效评价主体深入了解评价内容、方法、目的及意义，端正参与态度，激发参与积极性，培养了责任感和使命感；另一方面，让高校教师绩效评价主体掌握克服绩效评价中容易出现的各类心理弊障问题的方法，降低评价中出现心理弊障问题的可能性，提升绩效评价结果的准确性。特别是对参与教师绩效评价的学生，更要加强其在评教之前的绩效培训工作，激发学生的参与热情，端正他们的评价态度。

第四章 应用型高校教师绩效管理体系构建

第一节 应用型高校教师绩效管理的原则

　　教师绩效管理体系是考核教师教学质量的关键，也是院校产出高质量人才和人事管理的关键。传统的绩效管理模式已经不能适应提高院校发展水平的要求，有必要进行新的绩效管理体制的构建。完善的绩效管理体系不仅能够提高教师素质，确保教育教学质量，实现产出有用人才的目标，同时也有利于改善院校用人体制机制。提高高校教师的绩效是确保高校组织绩效的重心，高校教师绩效管理是提高高校教师绩效的一种途径。由于信息网络技术的迅速发展，竞争环境变得日益激烈且波谲云诡，这使高等教育机构的组织绩效的发展面临着新的挑战。建立健全教师绩效管理评价体系，公正、公开、客观地评价高校教师绩效是高校发展的需要，也是高校应用型本科院校建设高素质教师的需要。为此，应用型高校绩效管理评价体系的构建应遵循科学实用的原理，《中国成人教育百科·经济·管理》将管理原则定义为"人们在管理活动中所必须遵守的基本要求或行为准则"。作为高校的管理人员，必须要在进行高校教师的绩效管理的过程中遵守高校教师绩效管理原则的精神，因此，有必要制定科学、客观、可操作的指标体系，完善绩效考核内容和考核标准，明确考核原则和考核重点，构建战略性、科学性、公平性、可操作性的绩效管理体系。

一、导向性原则

大学教师的绩效评价目的是运用合理有效的绩效评价方式对教师形成激励，促使教师不断地提高自身的教育教学能力及科学研究等方面的能力，最后形成教师的教学质量获得提高、专业自主能力得到发展的局面。基于此，所构建的绩效评价体系需要满足良好的导向性的要求，即形成促进教师绩效提高的评价导向、就业导向、分配导向，不断推动评价体系的修订和完善，从而形成对具体实践的正能量的指引。

要建立一个具有具体可操作性的大学绩效管理体系，管理者必须坚持以促进教师绩效为目标，以提高教师队伍素质为关键，以促进教师绩效为重点，致力于形成符合教育教学和教师成长规律、有明确的价值导向和合理的评教标准、系统逻辑自洽的教师绩效考核评价制度。高校绩效评估必须符合国家发展战略和院校建设规划，才能确保实现国家和学校的短期战略目标。应用型高校教师绩效管理指为实现学校的发展规划，制定合理的标准，通过科学的方式，在保证高校管理者与教师之间的积极沟通的前提下，使教师和学校基于共同的利益，怀抱相同的目标，对教师的教学质量、科研产出及社会服务方面的工作进行公平的考核，以明确其工作绩效，从而为确定教师薪酬、晋升、培训、淘汰等工作提供合理依据，充分发挥教师长处和优势，提高教师的工作积极性和主动性，促进工作绩效的增长，最终实现学校教学质量和竞争力的提高，实现学校的战略发展目标。

管理者要坚持以绩效为导向的管理原则来构筑一个实际可行的绩效管理体系，高校管理者作为一名领导者应当坚持以绩效为导向。Waren Bennis 认为，一个真实高效的领导者需要具有一连串习惯、特征、能力等必备因素，但许多不能产生绩效的因素，其价值就仅仅相当于没有经过排练的剧本——仅是一个没有任何实用性可言的理论。另外，院校的首要管理者及二级学院管理人应坚持以绩效为导向的管理原则，在学校形成以绩效为导向的氛围，为绩效文化的形成稳固根基，使整个组织充分认识到绩效的必要性，坚持以绩效为导向。随着在组织体内部这种观念的不断扩散，高校教师将逐渐认识到，绩效是一个非常重要的指标。

但是，指标的权重设置却存在着重要的导向作用，若是指标权重的设置不够科学,会对教师的工作产生误导性作用,为此,指标权重设计应当实现科研质量、服务水平和教学能力三者之间的均衡,促进教师专业自主发展,完成学校长期发展规划目标。当前,我国不少地区高校绩效评价体系面临着重视科技产出而忽视教学质量、重视教学理论的提高而缺乏实践投入、对社会服务职能关注度不够的尴尬局面。虽然有许多教师对这种绩效评价体系表现过不满,但是相关人员却以标准高度统一更能保证公平为由拒绝对当前制度进行反思。一方面,这种体系设计无法实现当前政府和社会期望的地方高校持续培养应用型、实践型高水平人才的社会目标;另一方面,这种制度导向压抑了教师的个体差别和特长,教师的职业规划应该满足教师内在"扬长避短"的合理诉求。教师的学历、任教学科、任教时间、职称的不同导致他们的职业发展过程表露出极大的区别,表现为教学、科研和社会服务领域的能力存在差异。因此,各大院校在设置绩效评价体系时应该详细考虑教师内在的正当需求,尊重教师的个性差异和专长,遵守地方高校培养应用型、实践型人才的办学理念,按照教师在不同职业发展过程中所表现出来的能力的不同,合理设置教师岗位,构建教学、科研和社会服务多元并举的动态绩效评价体系。只有这样,绩效评价才能兼顾不同职业发展阶段的所有教师的正当需求,教师才能对绩效评价结果更为满意。

二、科学性原则

教师绩效考核评价指标体系的建设要遵循科学性原则,教师绩效考核评价体系不应当包含不具有实质性含义的指标,而应当保证指标的内容是言简意赅、简明扼要的,评价方式是容易理解和便于操作的,要注意随着时间和地点的不同而进行相应的改变,拣选关键、有用、精练的指标,真实、无误、全面而准确地实现对师资建设的成效反映。

评价的指标是否科学,会对整个评价的结果产生决定性的作用,因而,制定科学有效的绩效评价最为重要的便是要保证评价指标的科学性。评价指标体系在进行构建时应当紧紧遵循有关的科学原理,保证评价指标的产生与设计、指标权重认定及各步骤所牵涉的数据搜集与计算方法是科学的。此外,还应当注意评价过程的切实可行性与简便性,从而使最终的评价过程既科学严谨、符合评价要求,又简单方便、便于操作,从而确保评价结果最终的科学性。绩效管理是管理科学和管理艺术的完美结合，战略绩效管理是高校将战略转化为行动的过程，其深层的目标是基于高校的发展战略的，是战略管理的一个重要构成因素，经由教师与管理人员之间动态、高效的积极沟通，明确了教师的绩效所应达至的目标和教师的工作任务，制定了对教师工作成果进行考量的方案。同时，在不断的沟通之中，教师的认知观念也受到影响，可以更好地实现学校的发展战略规划目标，保证教师可以得到发展。只关注技术操作水平不能保证绩效管理的成功实施，这就要求大学管理者遵循科学的管理原则。完善的绩效管理体制是实现教师质量监控的良好机制，可以促进教师绩效结果的改善，提高教育教学质量，从而达成学校组织目标——人才培养（把学生作为工作的重心，让学生享受更高质量的课堂教学服务，提高学生综合素质，引导学生全面健康发展），且有利于激活高校用人机制，推动人事制度改革。

由于教师所在地区不同，所处层次存在差异，从事的学科也不一样，所以不同高校、不同专业、不同岗位教师所担负的教学职责也存在差别。评价指标应当具有科学性，不仅要详细考量学校战略发展对教师提出的要求和教师的个人生活与实际，还要充分地考虑到教师的绩效结果和教师工作职业发展状况。指标的分配应以教师的工作状况为基础，包括工作时间和工作性质。不同专业类别的教师绩效评价体系的搭构，理所当然地应当置于学校内部绩效管理体系之中，对考核指标做出适当的调整，并且强调指标权重差异的重要性，以凸显不同专业的优势，重视考核指标的比例，做到考核指标因岗而异。

绩效管理应当是把事实作为根本准绳的，对于被管理者的任何评价和考核都应该要有相应的实事作为依据，管理者不能仅仅凭借本人主观上的臆想或者是情感上的好恶而对被管理者做出评价。考核指标的客观性是科学性原则的应有之义，客观的考核指标才可以产生客观的考核结果，可以向全校寻求如何设立考核指标的建议，也可以借鉴国外院校考核指标的设立方法。考核指标设立后要公开化，实施过程中自觉接受监督。考核指标也应与时俱进，不应该是静态的，应随着教育形式的发展、学校教师的发展等而改变，通过这种方式，考核指标可以发挥更好的作用。

要坚持定性因素与定量因素相融合的做法。考核标准要足够清楚和详细，应当制定简单易行的考核标准，并参考院校教师的意见，谨慎地考量确定好的考核指标，让考核标准对于被管理者而言是易于理解的，此外还要重视考核标准的公开透明性，防止考核信息的混淆和重复，保证考核的真实、有效。为了进行不同的评价以使评价结果更为客观而设定了定量指标和定性指标，这两种指标分别对应着定量评价和定性评价。定量评价是指将收集储存的信息赋值，再通过数学方法进行处理的一种方式，包括统计、测量、对比、筛选等手段，通常以图表或数据的形式体现。其优点是便捷、精准和不易受管理者主观意志的操纵，考察过程详细、简便。在产学研合作中可以量化的指标范围较大，比如教育合作中的工作量、人员配置比例、教学成绩、学生实习频率、就业率、参与科研活动项目数等，都可以进行量化评价。通过引入量化指标评价体系对个人和教学单位进行考核已成为高校教育质量管理的趋势，所以构建绩效考核评价体系的重点放在构建一系列针对学科专业、教学单位、教学和科研团队、教师本人等的量化考核评价体系，通过采集和分析数据来客观反映高校的教学质量状态。但定量评价指标的设定只能注重"可测性"的项目内容、过程行为和效果效益，并非适用于所有项目。定性评价依赖于评价者对被测评者平时的表现、状态等的考量和研究与观察，会对被测评对象做出价值判断，断定被测评者的性质，一般表现为评语鉴定、评价总结等形式。定性评价指标更利于项目内容、活动过程、效益效果的认定，更利于思想、认识、观念的进步和发展，比如产学研合作中的合作理念、合作计划、目标设定、教育模式、教育环境、开放度、培养方法、协同创新范围等。定性指标评价的不足是容易渗入主观色彩，制定难度较大。

在应用型大学的发展战略中，高水平人才的判断标准是是否具有优秀的科研能力，以及是否做出了足够的贡献，以质量与贡献为导向的分类评价指标体系是应用型大学的主要人才评价体系，"一把尺子量一个学科"。即使在不同类型的工作成果的评价制度中，质量和贡献始终是决定评价结果的最终衡量准则，这种评价体系为每一种人员设计可期待的职业发展规划，指引和鼓励不同人员在立足岗位的基础之上追求卓越。根据不同学科所具有的不同优势，采用以个人评价为主，以团队评价为辅的评价手段；对专门从事教学工作的教师，要以教学成效的结果、教学水平高低和科学研究素质为评价导向，主管教学部门、同事及教学所面对的学生是评价主体；而对于专门从事科研工作的教师，对其评价则应该更加注重创新的质量和对社会贡献度的大小，以技术创新能力、技术服务能力和技术成果转化能力等作为评价重点，更加重视独立创造能力、同行认可度和社会影响力，评价主体应当是学界专家、产业技术人员和同业从业人员，同时职业操守、科研态度也是极为重要的评价因素，以关键指标和关键事件等定性与定量相结合为主要评价方式。因此，在评价高校教师绩效时，应建立科学的定量和定性指标评价体系，更全面地评价教育质量，这样不仅可以促进教学质量的提高，而且有助于高校师德建设，构建和谐的校园文化。

三、关键性原则

高校绩效评价是对整个学校人才培养、科学研究、社会服务情况的全面考核，但从某一方面对教师绩效进行评价会歪曲考核的结果。当前，教育部教学评估体系、高等教育质量检测体系、高校教师考核评价等多套高等教育质量管理制度从多个方面、多个维度对高等学校教学运行状态进行动态监控。以高校为单位，整合各部门的评价体系，设计出一个突出应用型高校特色的综合性评价指南。各院系充分发挥管理者绩效管理的作用，结合院系的学科专业特点，构建出符合学科和专业发展的具体评估体系。该评价体系有机地结合了各职能部门的评价标准。同时，各学院教师的绩效没有统一的指标，充分体现了评价体系的多样化和系统化，充分发挥了院系评价的主要作用。在绩效考核的具体实施中，为了保证评价和考核的全面性和客观性，有必要在进行考核之前进行专门的组织培训，并从教育教学、师德师风、科学研究、社会服务、专业发展等方面进行综合评价，并尽可能使用量化指标和客观性描述，以减少主观影响，有必要适当增加或减少考核的内容，不断优化考核指标，以确保考核指标的全面性，使考核指标能够评估教师的各个方面。①师德师风方面。主要考核教师的岗位和职业忠诚度、是否为人师表、是否积极参与院校发展建设、是否具备良好的职业道德和政治素养等。②教学能力方面。主要评估教师的教学态度、教学方法、教学效果、学生课外辅导、作业辅导等。③科研能力方面。应用型高校的教师评估中，更加重视对教师的专业科研能力的要求，如论文的发表和教材的编写，这些都有助于学校的研究工作。④自我提升能力方面。主要评估教师的专业水平的进步、专业自我发展的成绩、自我进步的要求、积极进取的精神。

高校绩效评价体系是由反映大学各个方面的一系列指标组成的系统。系统中的指标在逻辑上相互关联、相互补充，可以客观地评价学校获得的经济利益和社会效益。它反映了以人为本的教育思想。教师绩效的成功实施需要具备公平性要素。只有在具备公平性的前提下，才可以保证对教师进行的评价是正确的，才能保证评价和考核的结果是有所助益的。应用型高校要坚持公平理念，定期向全体教师宣扬教师绩效管理体系的公平性，公平、公正、公开的绩效管理体系是满足教师内在正当需要的要求，因此，管理人员在对教师绩效进行考核的时候应严格遵照有关的学校内部的规章制度，自觉接受监督，杜绝徇私枉法、徇私舞弊的行为。为了保证公平，在进行教师考核的过程中，坚持随机抽查取样的方法，从学生评价、主管部门评价、同事评价及教师的自我评价中按照一定的比例进行随机取样，对取样结果进行严格审查，查看是否符合绩效考核管理规定的要求，避免相关的评价主体在进行评价的过程中因自身利益而故意做出对他人不利的评价，使每一位教师都可以得到恰如其分的考核结果。

应用型高校的绩效评价包括人才培养、科学研究、社会服务等，但是每所高校都有自身的实际情况，在构建绩效考核体系时，必须要结合学校自身特点而有所侧重。绩效考核评价体系设计的重点在于：将高等教育质量管理制度体系中相对宏观抽象的质量要求转化为可监测、可采集、可分析的具体量化考核指标，全面反映高等学校的教学质量状态。

制定绩效考核体系的目的是能够应用于实际工作中，因此，在满足评价目的的前提下，指标必须清晰、明确、易懂。教师绩效管理的实施体系非常复杂和烦琐，具体工作千头万绪、难以梳理，且管理人员数量常常面临着不足。而且，由于应用型教师的教学和科研等本职工作不能落下，而绩效考核的过程又常被拉得很长，教师们通常没有精力和时间来应付和配合烦琐的绩效管理工作。因此，教师绩效考核体系的设计应当足够简便化和清晰化，减少教师参与绩效考核的压力，帮助教师减轻负担，实现学校和教师在考核工作上的双赢。

四、参与管理原则

当前时代下，社会及人民对于高校有着更高程度的期待，在对人才的培养和引进、进行科研产出、提供社会服务、保持文化的传承及推进文化变革等方面都存在着极大的期待。而教师作为高校中承担这些职能的主要群体，当然要背负其应有的职责，这就需要在教师管理过程中实施"以人为本"的管理理念。史万兵和娄成武认为，大学是否重视教师的地位、尊重教师工作，决定了大学的教师管理理念和行动是否反映了"以人为本"的思想。香港科技大学的理念是"Recruit the best people and keep them happy"。香港科技大学前副校长孔宪铎教授曾经说过，"R"很重要，更重要的是"Keep them happy"。

在对绩效展开考核的过程中，需要保持管理者和被管理者之间沟通和交流通道的畅通，管理人员和被管理人员之间的联系直接影响到管理所产生的实际效果。同时，评估结果也要能够及时地向被评估者进行通知，在肯定被评估者取得的成绩的同时，也要指出其本身在工作的方式方法上存在的不足，找出改善的途径。双方要在第一时间就存在的问题进行开诚布公的交流。人本主义理论兴起于美国，主要代表人物是马斯洛和罗杰斯。保护人的尊严，实现人的价值，发展人的创造力，从而使人本身得到满足是人本主义关心的重点。人本主义认为，人的内在的心理其实就是人的实在本质，研究人的心理要从研究人的本性出发。马斯洛提出了需求层次理论，对人的基本需求进行了研究和分类，提出人有五个层次的需要，且是逐级产生的。罗杰斯认为，人类有本能的"自我实现"的动机，提出了人格的"自我理论"及"患者中心疗法"。

在教师教学绩效评价过程中，教师不仅仅是被动地作为评价客体而存在，也应当发挥教师进行评价的积极作用，保证教师的评价主体地位，这是因为：第一，这是发展性评价的首要条件，发展性评价的目的是促进教师的发展，提高教师的素质，奖惩或者考核只是发展性评价的手段，而不是目的。鼓励教师积极参与到绩效评价之中，可以消除教师和评价体系之间的隔阂，形成良性互动，帮助管理者更好地实现对教师的评价。第二，对于教学中存在的优点或者缺陷知道得最清楚的莫过于教学者自身，让教师担任评价的主体，可以使教师对各方面的评价进行积极主动的回应。第三，教师参与教学绩效评价可以更好地得知评价的结果和详细内容，在知晓评价结果后，教师可以根据反馈改进自己的不足。麦卡莱斯特学院在进行教师评价方面的先进经验是，让教师为自己展开评价，为自己的教学能力提供一份同事或者学生难以获取的自我教学理念证明记录，或者是通过自我陈述来进行自我评价，说明自己的教学理念、备课情况、教学策略、教学成果等。教师还可以对自己为了提高课堂质量而做出的革新措施进行说明。只有在教师进行签字确认之后，对教师的绩效评价结果才会最终获

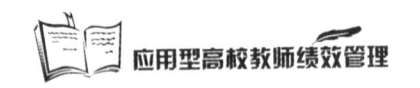

得效力。教师若是对考核的结果不满意，则可对评价结果进行申诉，学校会对教师的申诉意见进行评议或者重新进行评价。应用型高校要在学校运行的实际过程中充分运用人本主义理论，保持和教师之间的积极沟通，面对教师提出的对学校管理的意见，应当表现出充分的敬意，在进行绩效考核的时候，要深入实践中全面地了解绩效实施的程序，督促教师保证按时完成绩效计划，面对教师在教学中存在的难题要及时地予以帮助和指导，防止教师因面临着难以逾越的难关，而无法在最终考核中达标，并影响教师个人的前途和学校整体的教师绩效水平。

应用型高校教师绩效管理是一门涉及高校、主管人员和教师团队多主体的综合性管理事务，为了保证学校教师的绩效水平得到提升，有必要保证学校和教师之间良好的沟通和交流，保证教师和学校利益的一致性，使教师个人事业的发展同学校的规划发展目标结合起来。作为管理者的高校领导层和教师分别从事高校的行政与教学工作，联系不够密切。因此，高校管理者在实施管理的过程中持续不断地和教师进行有效的沟通交流，良好的绩效管理体系中管理者与教师之间的联系促进了组织内部成员间人际关系的提升，并且可以促进彼此之间的相互信任，并且提升了工作积极性。管理者只有在与教师的紧密交流中才可以全面地对绩效管理进行评价，才能了解到当前绩效管理体系存在的问题。保持和教师之间的有效沟通，可以为绩效计划的制定提供更加具有可操作性的建议，制定出更加科学的计划方案，同时也可以更好地让教师了解绩效管理体系，加强对绩效管理制度的拥护，减少管理人员推行绩效管理面临的压力，可扩大教师的参与程度。就绩效管理的关键环节与教师进行沟通，能够充分凸显出高校对教师的尊敬，实现高校职场的和谐。因此，要持续沟通，在这个过程中，教师的个人意见得到充分体现和尊重。当然，大学管理者和教师之间的沟通需要注意方法。在整个绩效管理过程中，大学的高层管理人员和二级学院的管理者必须清楚地了解他们的管理职责和大学的战略目标，清楚地了解教师的地位和责任。大学管理者和大学教师有责任地沟通，他们必须向大学教师清晰传达绩效观。从公共理性的角度而言，教师需要以绩效管理体系作为指引，了解学校的战略使命和目标，并且在被管理的过程中熟练掌握整个管理过程，以有效沟通提高教师的业绩。

绩效沟通在绩效管理系统中的作用占据核心地位，坚持沟通原则在应用型高校构建科学合理教师绩效管理体系过程中十分必要。管理者不仅应在绩效执行的过程中和教师进行沟通，还应当在整个绩效评定过程中保持和教师之间实时的联系交流。在绩效计划制定过程中，学校的管理者要和教师共同完成计划目标的制定，就实施绩效管理的目的达成共识；而在绩效管理实施过程中，当执行绩效存在错误或者问题时，则需要积极地同教师沟通来解决问题；在绩效考核过程中，要进行积极的交流，询问被管理者本人的意见，综合其他评价主体的意见形成初步的考核结果，若是其他员工对考核结果存在不满，也可以按照规定的程序解决问题；在绩效反馈过程中，则更加需要教师的参与，考核结果会产生什么样的作用，应与员工进行明确的沟通来确定。在考核结果的实际运用上，也应充分尊重教师的个人尊严，弱化考核结果的分类和排序功能，更注重教师的发展，激发他们作为学校的主人翁的意识和自信心，有效形成对教师的激励。

高校管理者要鼓励教师参与学术管理。教师参与学校战略目标和学院具体目标的制定，在了解了学校的战略目标和学院的具体目标后，可以进一步达成战略共识，有助于提高教师对目标的接受度。管理人员还应鼓励教师对工作进行积极分析，以便教师知悉其职位所需的能力、技巧和其他信息，担负起自己的绩效责任，促进绩效目标的实现和绩效评估的制定。在绩效管理体系的设计中，高校管理者应激励教师主动参与学校管理，坚持"校长管理，教授治学"的管理理念。管理者需要明确大学教师参与和决定所需的方面。人力资源管理和行政管理体系要树立服务教师教研工作的意识，行政部门需从管理者向服务者转变。通过专业化、服务性的行政管理，为教学和科研工作提供支持。

高校绩效管理还应遵循公开性原则，管理者及时地对绩效管理的目标、规划、考核标准、实施程序等事项进行公开，并且与被管理者进行沟通，使绩效管理在阳光下进行，具有透明度；严守差别性规则，对处于不同部门、不同职位的教师进行绩效评估时，要选择不同的评估内容，切合工作实际，评价标准差异化的同时保证评估的结果要适当拉开距离，不搞共同化；遵循常规性原则，绩效管理是主管部门管理者的日常工作，管理的目的是对教师进行正确的评估，要保证绩效管理工作的常规化和常态化；遵循持续发展性原则，绩效管理通过对个体的约束和鼓励竞争来促进个人和团体的进步，因此，不断发展的绩效管理是首要。

作为一个严密而科学的管理控制信息系统，高校教师绩效管理体系应从人力资源开发和管理计划起始，以自由、民主、开放、安全的具有强支持力和高保障力的外部环境为依托,通过教师招聘、培训、沟通与激励,以先进的绩效文化和共同的愿景协调和引导高校的发展,使其永葆青春活力和获得强竞争优势。应用型高校通过有效的绩效管理,一方面,能够有效促进高校管理者和教师的双向沟通与交流。在整个绩效管理实施过程中,从绩效目标和指标的制定、绩效计划的制定、绩效反馈和指导到绩效评估和对评估结果的运用等,以及以此为基础再形成新一轮的绩效管理过程都离不开绩效管理对象的参与,这种"参与式"管理方式不仅能够明显提升绩效管理的实施效果,同时对高校教师而言,也体现了高校对他们的权利和劳动成果的尊重,能够极大提升高校教师的科研教学工作积极性,保证高校各方面工作的顺利开展和学校科研教学水平的提高。另一方面,还可以优化高校的人力资源管理。绩效管理能够将教师的个人发展融入高校的战略发展,将个人目标和高校发展整体目标结合,做到互相促进,实现共同发展。同时,绩效管理的考核结果也为教师的职称晋升、薪酬管理、培训进修及高校岗位聘任提供依据,做到对教师工作绩效的科学全面评价和绩效分配的同时,也为高校对优秀人才的引进和内部有能之士的选拔晋升提供参考和依据,不断满足高校发展中对人才的需求,形成良性和谐发展循环,实现高校和教师互促共进的双赢。

第二节 应用型高校教师 OKR 绩效管理

20 世纪 90 年代绩效管理就在学校出现了,并且被应用于开发教师的人力资源。它可以充分发挥教师潜力,促进教师综合素质的提高,改善高校组织绩效和教师绩效,促进高校持续创新和形成核心竞争力,实现教师全面发展。高校教师绩效管理系统是一个完整的动力系统、一个严格而科学的管理控制信息系统。应用具有独特结构和功能的大学教师绩效管理体系,即自由、民主、和谐、高度激励的内部环境,有序强大的凝聚力,开放、宽松、安全、有力的支持,从人力资源开发和管理计划出发,通过大学组织招聘、沟通、培训和激励教师,协调和指导具有先进绩效文化和共同绩效目标的大学组织的发展。然后实施绩效评估、创新和变革,使大学的组织保持年轻和充满活力,不断提高教学质量,获得强大的竞争优势。

第四章 应用型高校教师绩效管理体系构建

　　掌握高校教师人力资源管理是理解高校教师绩效管理的前提。高校教师人力资源管理能够充分保证教师人力资源的获取，为学校提供更多更好的教学工作者。教师主动了解绩效管理运行模式，可以提高他们的工作绩效，实现教师的个人满足，达成大学的组织目标，即教师个人的发展。高校教师绩效管理将通过教师教学绩效、研究绩效、服务绩效、能力绩效等管理，针对性地对教师的行为、态度、素质和结果等方面的差异制定相应的绩效计划，规划适合教师个人的绩效方案，并通过绩效沟通、绩效考核、绩效反馈、绩效改进过程达至绩效计划目标，在高校教师人力资源管理中发挥着不断提高组织整体绩效和教师个人绩效、改善教师教学教育水准和科学研究能力、实现学校和教师共同发展的作用。

　　人类经济活动从工业大生产经济时代进入了互联网的信息技术经济时代，企业资本流动日益迅速，运营日趋扁平化、灵活化、平台化。相应地，工作流程、工作设计、绩效评估等必须与互联网的企业文化和战略联系起来。这使人力资源经理（Human Resource Manager，HRM）面临艰巨的任务，也使企业对绩效管理日益迷惘：传统的绩效管理方法本质是在做"制度约束"和"目标引导"，强调对员工的指标控制，随着组织规模的逐渐扩大，人力资源部门终日不是进行人力资源的开发和增值，而是忙于各项指标的统计，中层领导无暇顾及企业的长远发展，而是关注强加在身上的几十项考核指标，员工也认为他们的工作没有得到科学的评价，导致"平等主义"等流行。事实上，传统的绩效管理已经遭受了"复杂的管理综合征"，这种综合征被认为是为考核而考核、为监督而监督，人力资源管理已逐渐脱离了价值创造的初衷。

　　创新"老大哥"谷歌不仅在科技方面领先，在管理方面也一直不断锐意创新。过去人们认为谷歌的管理一定是散漫的，但是大家只看到它的员工上班可以遛狗，却不知标榜创新与自由的谷歌其实在绩效管理方面是严肃和认真的。谷歌首创的OKR的设计思路很能体现这个时代所需要的管理思想。比如，60%的O（目标）是由员工提出来的，这就真正把"往哪里打炮"的权利交给了"听得见炮声的人"。又如，OKR的考核结果不和奖金挂钩，从根本上消除了管理层和员工在此问题上进行博弈的经济动机。它真正变成了一个仪表盘，帮助员工了解自己正往何处去，已到达何处，从而把绩效管理的目的从管控员工转变为为员工服务。这说起来容易做起来难，一个公司的管理层若不放下控制员工的欲念，是很难做到这一点的。谷歌也不鼓励员工拿高分，在 0~1 分的范围内，最佳得分为 0.6~0.7 分，过高的分数说明目标挑战性不够，低分也不是说没干好，只是要讨论一下，这个目标还值不值得追逐下去。

OKR 之父 John Doerr 是这样描述为何选择 OKR 的："如果说以前的工作方法是我们前进路上的一座灯塔的话，那么 OKR 简直就是北斗七星，我们毫不犹豫地选择了后者。同时更激动人心的是，我还可以看到老板的 OKR、我经理的 OKR、我同事的 OKR，这是激动人心的。" OKR 是新兴的绩效管理中的一种重要的考核制度，它克服了以往绩效管理方法的缺陷，解决了部分 KPI 推行过程中较难解决的问题和盲点，可以对高校的业绩进行系统、全面的评价。把在国外高校成功实施的模式和工具引入我国的应用型高校绩效管理中，对于落实科学发展观和构建服务型高校基于 OKR 的绩效管理评价模式具有非常重要的价值和意义，可以强化应用型高校的战略与实施。怎样构建一个基于 OKR 的应用型高校绩效管理的新模式是一个值得深入研究的问题。没有任何模式和工具是完美的，先进的工具也存在着适用性问题，也没有任何方案能够 100% 解决高校的问题。应用型高校推行绩效管理的目的是保持学校竞争力，虽然人力资源管理者并非业务的践行者，但是人力资源管理者可以推进 OKR 在高校的实施，并帮助组织内部 OKR 顺利落地。最终，真正通过绩效管理来实现高校对经营管理过程的控制，从而推动教职员工共同努力，实现学校的战略目标。当烦琐的绩效管理体系无法适应新的竞争环境的需要时，管理者希望能够对其进行"化繁为简"管理，提出应用型高校教师 OKR 绩效管理思想的理论指导和思维指引，强调以"目标+关键成果"实施简化绩效管理，立足新的时代背景降低制度性评价所占的比重。KPI 是成功的指标，是工作的结果或衡量标准，OKR 代表目标和关键结果。KPI 是主要结果的一部分，而 OKR 是实现 KPI 的关键途径，因此让 KPI 负责考核，让 OKR 负责过程，实现 OKR 和 KPI 的完美结合。

在中国，OKR 系统仍处于发展的早期阶段。目前，海尔集团、人寿保险等一些大型企业仍在使用 KPI 来管理企业的绩效和评估，也有一些企业如小米公司等逐渐认识到 KPI 系统存在的弊端，开始试验谷歌管理，好的管理方式要与时俱进。KPI 制度将关键绩效指标与收入紧密联系起来，很容易导致即时奖励的短视结果。该公司的股东将每季度关注这些数字并评估，这样的结果正是创新公司不希望看到的。KPI 的设定更是一个学习问题。例如，如果您想提高搜索质量，那么搜索时间是会更多还是更少？更多可以解释为：因为搜索的质量很好，所以用户使用得更多；更少也可以解释为：因为质量好，所以搜索一次发现，数量不仅仅是一个数字，而是各种复杂的行为。因此，我们很难理解其真正含义及数字背后的过程。特别是对于互联网行业，每个数字都可以通过技术轻松操控。如果只是使用 KPI 数字来判断结果，则很容易导致技术失真。因此，许多公司选择"基于 KPI"或走 OKR 之路。OKR 系统将绩效与目标分开，不受收入因素的影响，因此员工可以毫无顾忌地实现目标，且组织目标是员工目标的结果，通过敦促每个人实现自己的目标来实现组织目标。公司中的每个员工都可以查看多个目标中的某一个是哪个目标的组合、谁完成它，使每个目标不仅仅是结果，而且还跟踪整个过程。且 OKR 系统强调所设定的目标应具有挑战性，超出当前能力的范围，可超过上一年的 10%~20%，以避免短视问题。每次公司都会评估员工的个人目标，确保在实施过程中没有错误和过于简单。

OKR 的思想已渗透到中国的风险投资、IT 和文化创意等新兴行业，并引起了其他传统行业的广泛关注。①OKR 比 KPI 更加关注目标的达成。OKR 本质上是员工围绕组织愿景进行"内部创业"，它强调员工设定了一个值得挑战的目标，并与他的直接领导者讨论，以确定目标是否符合整个组织的利益，由领导提供相关辅助资源并对关键事件的资源进行监控。这就和 KPI 有区别，KPI 是一种自上而下的分解，当公司的战略通过集团、业务部门、职能部门和任务团队到达个体员工时，往往只剩下数字指标，基层员工不了解或不明确指标的意义，经常会错会企业的意图从而导致失误。②OKR 比 KPI 更灵活，更能突出企业目标的柔性化。这是因为 OKR 使员工能够自由地围绕组织的愿景发挥作用，并发现大量新的利润机会。因此，在教师绩效管理中 OKR 思想对教师绩效目标的制定及评价过程具有一定的借鉴意义。

一、教师绩效管理过程

应用型高校在确定教师绩效评价体系之前，应根据学校自身的发展特质和办学目标定位，拟定学校一段时期内的发展目标和重点发展方向，然后设计构建与此相适应的教师绩效评价体系。高校教师绩效管理过程包括高校战略目标的分解与传递、教师绩效计划的制定、绩效辅导与帮助实施、绩效评价、绩效评价结果的反馈与运用。教师绩效管理强调从高校的长远发展目标出发,科学分解制订教师绩效计划,注重绩效产生过程中的信息沟通和结果反馈,注重绩效评价结果的全面运用。不少高校将绩效评价等同于绩效管理,事先没有进行长远发展目标的分解和绩效计划的制订,事中没有绩效实施的辅导与帮助,绩效评价工作结束,任务就算完成,评价结果不与教师的薪酬、奖励等挂钩。高校教师绩效评价应该与绩效计划的制订、过程管理、绩效反馈及奖励惩罚等环节紧密相连,形成一个动态的评价循环系统,才能有效促进高校整体战略目标的实施和教师个人的全面发展,否则无法作为制订教师成长计划的基础和培训依据,也无法以此来引导、帮助和激励教师。

一个良好的绩效系统可以达到以下的效果:把整个学校的理念目标转化为详尽的、可测量的小标准;将组织宏观的理念目标细化到个人的具体工作职责;用量化的指标追踪跨部门的、跨时段的绩效变化;帮助及时发现问题,分析实际绩效表现达不到预期目标的原因;对组织和个人的关键能力和不足之处做到了如指掌;为组织决策和执行结果的有效性提供有效支持信息;鼓励团队合作精神;做到绩效提升(见图4-1)。应用型高校主要是建设应用学科,而且应该将学科建设和专业建设联系起来,可以称之为学科专业建设。学科是大学的基本元素,学科专业的水平决定了大学发展的水平。应用型高校要加强学科专业建设。而要加强学科专业建设,首先要优化学科专业结构,这需要考虑四个方面的因素。

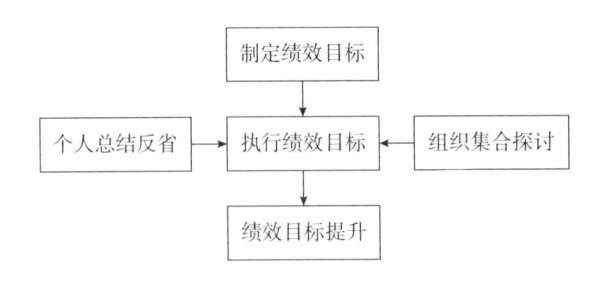

图 4-1 绩效目标流程图

(1)新兴战略产业发展的要求。国家重点发展五大战略领域,即信息技术产业、生物产业、高端装备与新材料产业、数字创新产业、绿色低碳产业。这是学科专业结构调整、优化时首先要考虑的因素。

（2）以大数据、互联网、人工智能为代表的新信息技术发展的要求。人工智能导致人机协同；机器以全新的人机交互方式感知人类；图像识别技术开始进入产业化阶段；各类语言控制类应用在生活中随处可见；大量简单、烦琐、重复的工作由职能助手完成；覆盖从决策到运营、从生产到服务的经济活动全链条。有人据此对职业、行业的变化进行预测，提出各种职业的替代率，这些是应用型高校优化学科专业中要考虑的重要因素。

（3）现代服务业发展的要求。现代服务业更主要的是生产服务。以工业为例，我国目前的工业产业还是以劳动密集型、资源密集型为主，缺乏自身的核心竞争力，尤其是在当下进入工业智能化阶段，我国未来想从世界制造业大国转变为制造业强国，必然要在工业4.0时代迎头赶上，坚持创新驱动发展。可以预见，在未来，中国制造业发达地区会出现越来越多的高新技术产业和大规模应用智能化机器人作为生产工具的工厂，因此现代工业所需的人才将更加注重对智能化设备的运行和维护，因而需要大量多种类型的工业生产配套服务。应用型高校可以根据需求调整学科专业结构，培养相应的服务人才。

（4）地方经济社会发展的需要。应用型大学应服务地方经济。随着经济发展方式的转变和产业结构的转型升级，新型劳动力就业的结构性矛盾日益突出，为适应形势发展，地方本科院校应用型大学的转型已成为当务之急，且被提上重要议事日程。应坚定不移地走融入当地经济社会和文化生态之路，关注当地主导产业，打造符合当地需求的特色专业群体，注重培养地方应用型人才，突出办学的地方特色。服务地方经济和社会发展不仅是办学质量的体现，也是自身可持续发展的需要。在服务地方经济时，高等院校应该勇于承担历史责任，提升科技创新能力，服务于物质文明建设。一是人才培养。人才培养是基础，缺乏高素质人才是制约地方经济发展的重要因素，应发挥高等院校的优势，培养大批高素质创新人才，打破地方经济发展的"瓶颈"。二是技术服务。技术服务为核心，地方经济增长主要取决于科学技术的进步和更新。只有创新和提高科学技术的质量，才可以提高当地经济发展的质量和速度。三是信息服务。信息服务是渠道，高等院校必须为地方经济发展提供高效、快速、准确的信息服务。四是物质资源服务。物质资源服务是一种必不可少的援助形式。高等院校的研究基地、科技中心、图书馆和体育场馆是高等院校服务社会的重要资源。实现资源共享,他们就可以在为当地经济和社会发展服务方面发挥积极作用。

高校的战略高层可以针对高校发展方向及内外部环境制定符合高校特定时期发展战略的战略目标。该战略目标通常以五年为周期,并进行分配形成年度战略目标。二级学院的院领导根据组织的战略目标,分析组织内部结构及其核心任务,将其分解为适合本院发展的局部战略目标。高校要围绕自己的办学方针明确提出学校的定位和中长期发展规划,为广大教师提供切实可行的工作目标和导向。教师越清楚学校的目标所在,就越清楚自己应该做什么,越对未来的期望结果有共识,学校和教师的最终目标就越早能实现。地方高校以培养应用型人才为主要目标,以教学和应用性研究为主,立足地方,为地方经济和社会发展服务。

二、教师 OKR 目标设定

要尊重应用型高校的发展愿景。教师绩效考核管理体系是为高校发展服务的,因此,考核标准的制定必须符合高校发展的整体规划,应用型高校一般侧重培养专业型人才,因此制定考核标准时应该侧重对教师实践能力的考核,构建基于战略的高校教师绩效评价体系。战略绩效管理的核心思想是以组织战略为导向,紧密围绕组织战略蓝图设计核心指标,建立基于 OKR 的战略管理体系,通过沟通、协调平衡各指标的资源匹配与战略执行,集中调动人力、物力和财力,协调一致地达成组织的战略目标。自主设定目标的员工能够得到更多的满足感,这些企业大多会从员工的角度看问题,给员工有意义的反馈和信息,在要做什么、怎么做的问题上为员工留有很大的选择空间,鼓励员工设定新目标。最终工作满足感的提升反过来提升了工作绩效。康奈尔大学的研究人员对 320 家企业进行调查发现,员工对设定目标具有自主权的企业增长率是完全由上级指派公司的 4 倍,流失率仅是后者的 1/3。

OKR 是帮助团队全体成员保持一致的努力方向、更有效地完成任务并进行考核的方法。随着移动互联时代的到来,自组织系统理论也正式进入了大众的视线。区别于传统理解的自主管理和自我管理,在组织管理领域,自组织指的是企业组织架构和运行模式随着外部环境的变化,不断进行自我优化和完善的过程。因此,自组织应该是一个过程,是一个组织不断提高其对于环境适应能力的过程;同时,自组织也是一种现象,揭示移动互联时代企业的组织运行机制。最后,自组织也有其特定的管理方法,去迎合不断变化的市场环境,实现企业的战略目标。移动互联背景下的应用型高校具备自组织的特征,鼓励教师自主设定目标,为教师提供创新的土壤。

(一) 自组织形态为 OKR 实施提供了基础

自组织都有其固定的特征:

(1) 信息共享。自组织中每一个子组织都有掌握全套"组织运行规则"的权利,在"游戏规则"约束下,每个子组织有权决定下一步的对策和行动。

(2) 分布式管理。去中心后实行的是多中心,即分布式管理模式。自组织注重多中心非集中控制式控制,一切依据市场和客户需求的变化而变化。实现自组织的去中心化,要理解去中心化不等于去中心,去除的是中心在过去所拥有的绝对权力和权威,将管理权、决策权下放至基层,让基层能够根据环境变化及时调整战略方法,避免因逐层上报中心及中心传达命令所导致的机遇错失和危机严重化情况的产生。

(3) 极强的自我修复能力。自组织能够根据市场微小的环境变化,变换任何一个变量或要素,带来组织层面颠覆性的创新,同时也能够将危机所带来的危害降到最低,并且能够自动修复危机所带来的影响,无须上报中心由中心给予指导意见。当然,自组织系统的宏观调整和演化并非一蹴而就,而是在反复迭代中不断趋于优化。

(4) 基层控制为主。自组织的组织成员不需要严格遵从领导的详细指令,由于自组织是基层进行自我管理和自我控制,并且由"运筹帷幄之中"的领导管理变成"听得见炮火的人"进行一线管理,使自组织变得更加灵活,面对各类突发事件能够准确、及时解决,正所谓"船小好掉头"。

(5) 管理中心演变为服务中心、辅助中心。传统组织中的管理当局是一种权威,自组织形态下,管理当局的管理宽度有所限制,其管理职责主要为确定战略方向、制定基本规则。而对于管理者而言,其角色要转变为愿景者和服务者,同时,基于信息联系的网状结构中,对于管理者正直和真诚的品格也做出了极高的要求。

(6) 更注重市场的决定性作用。在组织目标和规则确定并提供必要支持后,管理当局应尽量减少外部干预,在实现自组织过程中,组织内部本身就是高度授权体系的构建过程，自组织中责权利体系由组织内部制定，多采用项目制度的推进方式和速度，也有其使用的专业管理技术及方法。

(7) 网状结构形态。自组织不再是过去那种矩阵式或者直线式的结构，而是一种基于价值的网状结构形态。在非线性、网状的结构中，自组织演变的轨迹是非线性的、突然的、不确定的，没有明显的因果变化。

(二) 应用高校教师 OKR 目标设定的关键步骤

移动互联时代，OKR 考核法可能更加适应自组织形态。OKR 系统简单，非常适用于扁平化、小团队的组织形态，它能帮助组织整理和执行计划，并从上到下按照命令链排布。高校设定战略目标，并向全员透明公开，教师了解高校战略并结合自身能力创建具有挑战性的目标，制定直接支持目标达成的关键成果。应用高校教师 OKR 目标设定的关键步骤为：

第一步，建立目标。依据应用型高校的预期，建立有挑战性的组织目标。制定出高校战略目标之后，就需要将其转化为可以实实在在推行的绩效目标，即 OKR 目标设定。绩效目标的设定开始于组织的最高层，即学校提出组织使命和战略目标，然后通过部门层次往下传递至具体的各位教职工。高校要将学校自身发展战略与目标具体转化为高校层面的绩效目标，对内公布目标。教师个人自己想做什么和管理者想让他做什么一般来说是不会完全相同的。教师可以通过先查阅上层的目标，在自己想做的事情范围内找到对学校目标有利的部分，将其拿出来和自己的管理者进行讨论，做权衡取舍。

第二步，确定实现目标的关键结果。组织成员共同分解组织目标为可行性强的关键结果。各二级学院根据高校总目标，分别议定各院系目标和每个具体行动并公布出来，称为部门目标。

第三步，确定各层各级的关键目标。组织目标确定后，确定各部门、各团队、各小组的关键目标，落实到自组织内部。各专业教研室则应根据高校总目标与部门目标，为自己掌管的业务制定目标和具体行动，向全体教师公布。

第四步，参与者认领各自的关键目标。参与者根据各自所承担的职责，认领个人的关键结果目标。各部门领导、教研室主任等须制定各自应达成的目标，并帮助每个教师制定其个人目标和具体行动。教师同自己的主管领导商议，双方协调后决定目标和具体行动，确定关键目标、关键行为、关键结果。

第五步，参与者按照关键目标执行工作。再好的计划也需要严格落地执行。

第六步，团队就 OKR 的执行进行沟通协商。协作意愿、沟通机制、共同目标是组织化的三大要素，因此，自组织中信息实时沟通也是必不可少的手段。

第七步，协商后执行工作计划及流程规划图。个体依据实际情况自行协商，确定工作目标执行计划。

(三) 制定教师 OKR 目标的要素

OKR 目标管理包括目标设定、KR 制定和评估。在整个管理流程中，管理层与教师进行积极的双向互动和沟通。教师 OKR 目标管理的精髓有以下几个要点：

(1) 教师和管理者共同制定目标，教师对结果负责；明确高校教师在开展工作的过程中的责任和权限。OKR 目标涉及绩效计划的内容，主要包括绩效目标契约及沟通中的解释说明。前者主要包括高校教师在本次绩效周期内所要达到的工作目标（量化和非量化的）、达到目标的结果产出形式及其结果如何去衡量等内容。在对各个岗位进行相应的职位分析、工作分析、教师资格条件分析后，管理者应该和教师通过双向沟通，根据本岗位的工作目标和工作职责制定绩效计划，明确在绩效计划周期内教师应完成的主要任务及要求等，确定各个教师的工作目标和发展目标。

(2) 教师设定目标后自主决定实现的路径和方法，管理者提供必要的资源；管理者在过程中提供辅导、帮助和监控。例如，开展教师在职培训、进修、研讨会等活动。

(四) 设定教师 OKR 目标

坚持科学发展，构建以人为本的教师绩效管理体系，要满足应用型高校教师的多样化需求，在设计教师绩效管理系统时，要充分考虑群体或个人的差异，加强自豪感和归属感的完全融合。要成功建设教师绩效管理与评估体系，只有硬性的制度和规则是不够的，而是应当以人为本，人的发展是当前管理的目标。人本管理思想是一种以人为本的人力资源管理理念。它把人视为组织中最重要的资源，并根据人们的兴趣、心理状态、能力和专业的综合情况,科学地安排合适的工作。应用型高校的管理者需要为教师能力的发挥提供更好的制度保障、正确的政策、有效的机制及放松的学校氛围。因此,应用型高校教师 OKR 目标应以教师为基础,坚持教师的自我发展同学校的建设结合起来,鼓励教师的职业自主性,为教师谋求更多绩效福利。

OKR 是实现年度目标的重要管理工具,并可以分解至季度。在设定 OKR 目标时,还需要做到以下几点(见图 4-2):

(1)目标设定需要自上而下进行,从高校到二级学院再到部门和个人,上下贯通。

(2)该目标设定流程确保聚焦和优先级别的设定、工作量评估。

(3)该流程有利于跨专业/学院进行协调和沟通,打破专业和学院壁垒。

(4)该流程是管理者与团队成员沟通和辅导时的共同语言。

(5)好的目标设定要聚焦于真正重要的领域,需要足够挑战;通常比较长远(1 年或大于 1 年);遵循 SMART(简单、可衡量、可实现、有时间节点)原则。

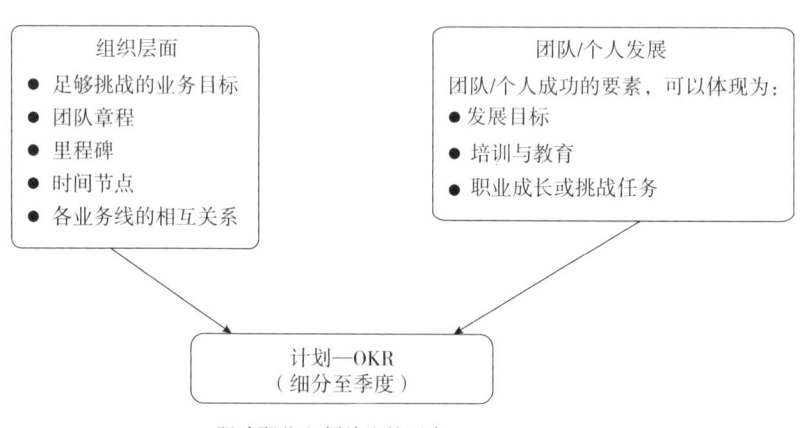

组织层面
- 足够挑战的业务目标
- 团队章程
- 里程碑
- 时间节点
- 各业务线的相互关系

团队/个人发展
团队/个人成功的要素,可以体现为:
- 发展目标
- 培训与教育
- 职业成长或挑战任务

计划—OKR
(细分至季度)

跟踪那些必须关注的要素,
内容和开放的讨论和沟通重要性远远大于工具和模板

图 4-2 制定 OKR 目标的要素

(五)关键结果管理

关键结果是通向成功的关键,即达成目标需要的可预见的、可衡量的里程碑。对于关键结果的管理包括关键结果的制定、管理与评估。关键结果通常跨度为一至几个季度，每一关键结果应该包括数个具有时间节点的交付物，并最终完成目标。如关键结果不能有助于目标达成，则需要重新设定目标和关键结果，如图4-3所示。

愿景、使命、战略目标				
愿景				
使命				
战略目标（年度）	1. 2. 3.			
KR：关键结果/期望				
战略目标1：（目标是否具有足够的挑战性？）				
KR：关键结果/期望	衡量KR达成的指标（对组织的影响——Impact——这点尤为关键）	战术手段（Tactics）	时间安排	状态评估 0.0 0.5 1.0

图4-3 OKR与关键结果管理模板

教师在评估和管理关键结果时，需要注意以下重要事项：

（1）这些关键结果是否足以完成战略目标？是否需要增加或删减？如果战略目标和关键结果总是100%完成，需要考虑制定更加有挑战性的目标。

（2）如果所有关键结果均达成，是否能完成战略目标？如果不能，请重新思考可能的遗漏或薄弱点。

（3）持续反问：为什么是这些KR？为什么用这些指标来衡量KR达成？这些KR和衡量指标对组织层面是否有影响力？如果有，影响力是什么？能否可以有更大的影响力？

（4）评估数值1.0表示关键结果会按时完成，0.5表示50%的关键结果会按时完成，0.0表示少于50%的关键结果会按时完成。

（5）如果所有关键结果已完成，但战略目标未达成，表明关键结果需要改进或提升。

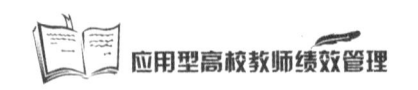

（6）有时会出现战略目标达成但关键结果没有全部完成的情况，此情况下无须调整关键结果。

（六）教师 OKR 与 KPI 的结合

KPI 与 OKR 均源自目标管理理论体系，两者存在共性。首先，KPI 与 OKR 都具有相同的前提假设条件，即员工会竭尽所能，充分发挥其主观能动性来完成设定的目标。而这一假设在传统的绩效体系中是难以成立的。在传统的绩效指标体系中，员工与企业目标大多是脱节的。绩效目标的设定也不是一蹴而就的，需要在绩效管理的过程中不断地修改和完善，因此，需要将目标管理法贯穿于绩效目标设定与修订的全过程（见图 4-4）。

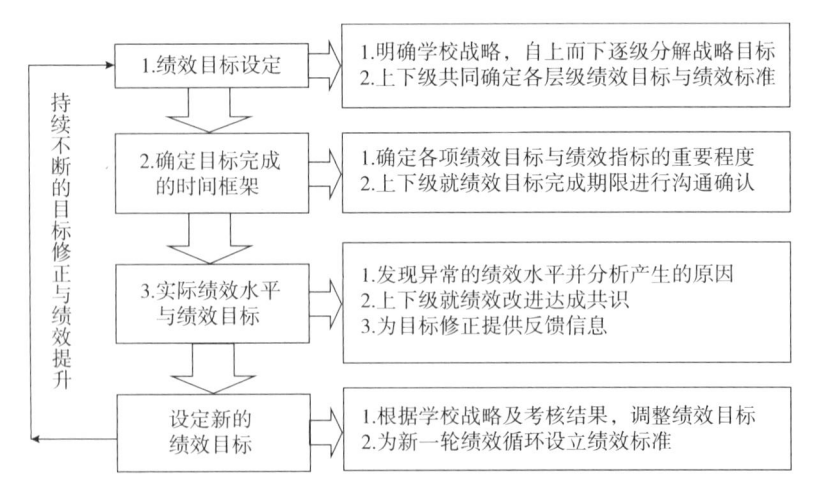

```
持续不断的目标修正与绩效提升
  │
  ├─► 1.绩效目标设定 ──► 1.明确学校战略，自上而下逐级分解战略目标
  │                     2.上下级共同确定各层级绩效目标与绩效标准
  │
  ├─► 2.确定目标完成的时间框架 ──► 1.确定各项绩效目标与绩效指标的重要程度
  │                              2.上下级就绩效目标完成期限进行沟通确认
  │
  ├─► 3.实际绩效水平与绩效目标 ──► 1.发现异常的绩效水平并分析产生的原因
  │                              2.上下级就绩效改进达成共识
  │                              3.为目标修正提供反馈信息
  │
  └─► 设定新的绩效目标 ──► 1.根据学校战略及考核结果，调整绩效目标
                          2.为新一轮绩效循环设立绩效标准
```

图 4-4 战略管理视角下的目标管理法实施步骤

应用型高校教师绩效管理中，OKR 和 KPI 都无法真正地替代对方，因此谁取代谁并不重要，找到适合的绩效评估方法才是重要的事情。在整个绩效管理的过程中，其实更核心的是 OKR 与 KPI 是可以兼容的，通过两者的兼容，可以确保它们的有效运用。因此得出结论，KPI 继续保留现有的考核，OKR 是更有野心的目标，这就是一个很好的区分点。KPI 应该做的就是把日常的工作做仔细，把所有不应该出现的差错用 KPI 指标设置好，使日常的工作保持正常。当我们需要更多出彩的工作时，用 OKR 来体现。

教师 KPI 依然在发挥价值，OKR 的出现弥补了 KPI 的缺陷。高校教师绩效考核的目标：一是为高校组织的发展服务，支撑高校使命和战略的实现；二是服务于教师个人需要及其职业进步。高校教师考核作为一种管理制度和方法，应以高校使命、战略和总体目标为中心，实现手段、方法和目的的有机统一。

三、教师 OKR 沟通与辅导

绩效管理的核心是绩效沟通，是指就绩效考评反映出的问题及考核机制本身存在的问题展开实质性的沟通，并着力于寻求应对之策，服务于后一阶段组织与个人绩效改善和提高的一种管理方法。绩效沟通在整个人力资源管理中占据着相当重要的地位。绩效沟通主要体现在目标制定沟通、绩效实施沟通、绩效反馈沟通、绩效改进沟通四个阶段，这四个方面共同作用，逐步形成企业的沟通系统。绩效管理不是一蹴而就的，而是一个长期的、有计划的过程。在这个过程中绩效沟通就是保证个人和组织之间关系良好的一个通道。绩效沟通的稳定性和健全性直接影响着绩效管理整体的进展和程度，是整个绩效管理体系中最耗时、最重要，同时也是最有效果的环节，如图 4-5 所示。加强绩效沟通，重视教师参与，构建高校教师绩效管理沟通体系。一方面，让教师明确绩效评价的目的与意义，清楚高校对自己的期望和本期自己的绩效工作内容；另一方面，绩效管理者根据绩效计划沟通过程中收集到的信息，及时修正绩效计划目标，使制定的绩效目标更加符合教师的实际能力，提高高校教师绩效计划的可接受度，降低高校教师绩效辅导实施与评价过程中的阻力。

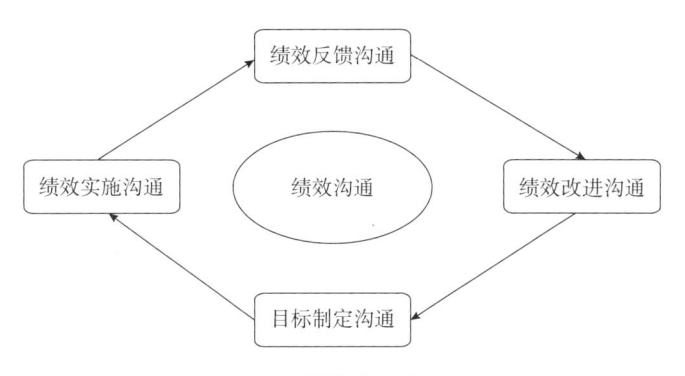

图 4-5 绩效沟通流程图

注重绩效实施的沟通与指导。从绩效计划开始，在整个绩效管理期间，管理者都需要不断与教师进行及时的沟通，以解决实施过程中出现的问题，纠正失误和偏差，并随着具体工作的展开随时对绩效计划进行调整。在此工作过程中，应强调在平等的交往氛围中相互获取信息，增进了解，联络感情，使相互沟通经常化、制度化。在沟通时可采取以下方式：定期召开例会，让每位教师介绍完成任务和工作的情况；收集和记录教师行为或结果的关键事件或数据；督促每位教师定期进行简短的书面报告；当出现问题时，根据教师的要求进行专门的沟通；等等。需要注意的是，沟通并不仅仅体现在开始或结束阶段，而是要贯穿于绩效管理的整个过程，从绩效目标的制订一直到绩效考核结果反馈，都需要持续不断地进行沟通。这对管理者来说可能是一个挑战，但职责要求使然。在此过程中，院系、教研室和学校职能部门对教师的工作应负起指导和监督责任，协助解决教师在实施计划过程中遇到的问题，纠正出现的失误及偏差，并随时根据实际情况对绩效计划进行调整。特别应注意对关键环节加强控制和指导，这也是保证目标实现的关键。

OKR引导教师聚焦主要目标，与团队目标对齐，并公开透明，教师很容易就可以将其与自己的目标做对比：自己的目标是否支撑团队目标的达成？是否符合学校的战略？团队其他成员的目标进展情况如何？一旦发现落后太多，要么给出一个合理的解释，要么就要重新设定。看到自己的目标与团队目标甚至是高校目标相契合也能起到激励作用，提升教师内在动力，实现教师的自我管理。

OKR针对目标、任务的状态进行跟踪，时时沟通反馈、辅导、纠偏。管理者可以与教师在线上实时沟通，给予反馈和点赞鼓励，以此来及时认可教师的工作成果，促进教师取得更大成功。除了上下级之间的沟通，还可以@相关同事，寻求一些支持建议，同事也可以给予反馈意见。看到同事的目标及进展情况，也可以主动给同事一些建议。支持工作成果的及时上传，管理者可以对工作成果及时认可或提出改进建议。OKR绩效实施的核心是要进行持续沟通式的绩效辅导，特别应注重对关键环节的控制和指导，这是保证目标实现的关键。关键环节的控制和指导可以通过每周的例会进行，也可以根据对特殊事件的重点跟踪进行掌控。进行教师绩效管理的目的就在于通过与教师不断开展绩效沟通与辅导，将学校战略目标分解细化为教师个人目标，并切实将战略理念贯彻进教师的脑海中去。高校管理者在对教师进行绩效辅导过程中，要及时了解教师工作的进展情况，深入了解社会经济发展的变化，帮助教师找出工作中存在的不足并促进其改进，同时，对教师在知识、技能等胜任力方面的提升需求应积极回应。在学校管理中，有效的辅导通常具有的特征是：辅导是一个学习过程，而不是一个教育过程；教师个人负责制定工作计划并努力达到预期目标，在学习过程中能得到管理者的支持、咨询和指导；反馈应该具体、及时并集中在好的工作表现上。

四、教师OKR绩效评估

绩效考核可以发现教师个人的优势和劣势、成绩和不足，为高校教师的培训和潜能开发及教师职业生涯规划设计提供依据。值得强调的是，考核的目的并不仅仅与利益的分配相关，更重要的是通过考核的手段提高教师的工作业绩和职业能力。只有将绩效考核的两个方面的目标有机统一起来，才能通过考核在直接促进教师进步的同时实现组织发展目标，最终实现大学组织和教师个人共同发展。要想整合上述两个目标，可实施奖励驱动和开发驱动。奖励驱动的整合过程强调绩效奖励系统在改变组织行为中的作用；开发驱动强调必须保证人力资源活动（包括对教师的培训与开发）适应大学组织的要求，同时还应保证人力资源管理活动和组织之间存在着足够的协调性，可以根据OKR的绩效评估情况来实现。

（一）OKR打分不直接决定绩效评估的结果

需要重申的一个重要事实：OKR打分结果不能直接决定绩效评估的结果。众所周知，在OKR的体系中，目标需要定期进行回顾，尤其在Google的OKR体系中，回顾时还会对O进行0~1.0的打分：0.8分以上说明目标不具备挑战性，也就是设置得太简单了；0.6~0.7分代表目标设置得刚刚好；0.4及以下代表需要重新审视项目是否需要继续，并不代表项目失败。

（二）OKR模式下的绩效评估

应用型教师的考核周期为聘期内年度考核，一般聘期为4年。国内许多应用型高校的教师聘期考核内容包括德、能、勤、绩、廉等方面，重点考核工作能力和工作业绩。其中，业绩是指通过履行岗位职责、完成年度和聘期目标任务所取得的业绩和成果，包括完成工作任务的数量、质量、效率，取得的科技成果、成果转化和技术推广，为社会提供公益服务和产生的社会效益、经济效益，学科建设、人才培养，以及推动专业领域发展等方面所做出的贡献等。

1. 定期绩效评估

一般选择半年或年度一次的绩效评估（教师自评、同事反馈、管理者评估、绩效面谈、绩效校准），绩效评估的频次不建议采用季度或月度的模式。由于OKR的最佳频次为每季度一次，而季度末也会进行OKR的Review（审查），如果绩效评估的频次比OKR的Review频次还高，会起不到总结、评估的效果，一定程度上会有重叠，也会增加教师的负担，使教师无法聚焦于自己的本职工作。

2. 教师总结及自评

在半年度末发起绩效评估，是要求教师对过去半年所做工作进行总结，在一张空白纸上列出这半年取得的成就，可以从以下几个方面总结：在绩效周期内参与了哪些项目工作？在项目中担任什么样的角色？分别取得了什么样的成就？做出了什么样的贡献？得到了哪些方面的提升？有哪些需要改进的地方？这种一页纸式的自评方式能让教师主动地分析和总结自己的工作情况、成长情况，做深度的自我剖析，总结经验，关注结果的同时关注自我的成长，能大大调动教师的积极性。

3. 邀请同事进行反馈

邀请同事进行反馈是判定绩效的一个重要环节，要求所有被邀请的人对被评估人进行评价：该教师过去一个绩效周期中参与项目时表现如何？在这些项目中的影响有哪些？有哪些工作可以做得好？在这个环节中，可以邀请项目上的合作伙伴、上下级领导、外部门协作的同事等。

4. 管理者评估

在这一阶段，管理者要根据教师出色的OKR表现（包括教师自己的总结、同事的反馈、管理者自己的了解，绩效管理系统中可以查看）、教师的成长进步或外界客观环境的影响，对员工绩效结果进行初评，给出初评等级。OKR影响考评，但不能决定考评。

5. 绩效校准，确保公平性

绩效评估的灵魂在于校准，如果没有绩效校准，考评流程的公平性、可信度和高效性都会大幅下降。校准正是谷歌的考评体系满意度高于其他公司2倍的原因。高校教师绩效评估的校准委员会的职能可以由学院学术委员会承担。

校准流程：管理者给员工做初评，校准委员会校准；校准委员会由5~8位一组的学术委员会成员组成，通过投影对教师进行绩效校准；校准过程迫使管理者向彼此证明各自决定的合理性，以消除偏见；一次绩效校准会一般需要3个小时以上；每次绩效校准会之前都会提醒管理者一些常见错误，比如近期偏见、月晕偏差、性别偏差等。

五、教师OKR绩效反馈

评价结果反馈的针对性与反哺学术可以帮助教师认清自己的优势与不足，及时改进自身的教学行为。与此同时，增加评价结果的再反馈环节，让被评价的教师也可以评价绩效评价的工具，从而适当地修改评价标准，调整现有评价体系中存在的问题，使教师绩效评价本身更具有人文关怀色彩。高校教师绩效评价结果的获得并不是绩效管理工作的结束，要充分发挥高校教师绩效评价结果的反馈、调节功能，更重要的是科学使用高校教师绩效评价结果。高校教师绩效评价结果的使用应做好以下几个方面的工作：一是绩效评价结果与高校教师绩效改进工作相结合，通过把教师绩效评价结果及时地反馈给教师，使其知晓自己过去已经取得的成绩及存在的问题，绩效管理者帮助其分析存在问题的原因并制订绩效改进计划。二是绩效评价结果与高校教师职位的调整相结合，绩效评价不合格的高校教师，在绩效没有得到显著改善之前不能获得提升。三是绩效评价结果与高校教师奖金分配相结合，通过完善绩效奖励制度，对于绩效评价结果好的教师给予一定的奖励，而对于绩效评价结果不佳的教师则给予相应的处罚。四是将绩效评价结果运用于确定培训的需求，帮助绩效管理者制订有针对性的培训计划。五是反馈考核结果的作用在于告知并及时发现问题、分析问题、解决问题，并为学校制订新的绩效标准提供依据。因此，要综合学校的环境及各种因素，积极运用考核结果，不断提高绩效，将考核结果与当期的奖金分配挂钩，持续表现优秀或表现较差的还应与职位调整、薪酬升降挂钩。这是传统的KPI考核所发挥的价值。很多高校已实行的KPI应该保留，而不是有了OKR就可以把KPI去掉，因为我们现行的KPI还有一个很重要的功能是绩效奖金的分配，我们千万不要认为推行了OKR

就可以取消 KPI，如果取消了 KPI 就会影响到员工绩效奖金的分配。不能将员工绩效奖金的分配与 OKR 的分数挂钩，因为 OKR 的核心理念是不与绩效奖金挂钩的，这是 OKR 的精髓所在。如果 OKR 的分数与绩效挂钩，就意味着这件事偏离了初衷。OKR 不应该与绩效挂钩，因为一旦挂钩，就会影响 OKR 的初心——设定有野心、有挑战性的目标。

OKR 对绩效考核的综合评价结果进行应用，淡化排名和强制分布，旨在激励教师，也为高校的战略发展、培训、人才盘点、绩优人才画像等人才管理工作提供数据和依据。OKR 的激励单独分开，KPI 继续维持其奖金分配方式，OKR 只为激励那些自动自发的人、有自驱力的人，这样的人只会是少数人，因此 OKR 的激励是面对这些人，通过全场投票选出最具有挑战性的 OKR，对 TOP10%～20% 的人给予物质的奖励。这样的做法既与 KPI 有了明显的区隔，又对 OKR 突出的人员有了奖励，起到了真正的激励作用。OKR 要求所有人都要了解团队的目标，甚至其他团队的目标进展，这样有助于跨团队的工作，提高协作效率。例如，重大研究课题和子课题之间的节奏就可以通过进展跟踪保持步调的一致性。同时，彼此之间需要给予反馈，实现员工与管理者之间的实时互动、团队与团队之间的价值共享。OKR 在执行过程中难免会变，管理目标发生变化后实时告知支撑该目标达成的相关人员。OKR 除了评价目标完成情况之外，提倡加入能力、价值观要素，目标评价不与奖惩直接相关。同时建议管理者以进行多的正向反馈面谈和激励为主。

OKR 绩效面谈是一次非常必要的、有效的、面对面的绩效指导过程。管理者不仅要告诉教师他们的表现，还应该告诉他们未来如何能做好。把奖励分配谈话与教师发展谈话分开能有效地传递这两种信息。内在动机是成长的关键，传统绩效体系毁掉了这种动机。掌握一项技能的刺激感和成就感是强有力的动力，引入升职或加薪等外在动机之后，学习的意愿和能力就会关闭。因此，基于员工所取得的成果、贡献及产生的影响对员工进行综合评估，并通过同行评估、校准保证评估的公平性；综合评估结果是向员工兑现奖金、调薪、晋升、发展等的重要依据，把奖励分配与员工发展谈话分开。针对目前教师绩效管理体系中考核结果方面的问题，提出如下策略。

（一）重视考核结果的分析

对考核结果的分析能够保障考核的有效性，首先，在分析中应该基于完整性，可以考虑年度评估分析，也可以根据学期进行分析；其次，要全面分析评估结果，不仅要分析评估水平不合理比例的原因，还要解决这些问题，使问题策略更加合理。

（二）加强对考核结果的反馈交流

评估结果的反馈对于更好地进行评估具有重要意义，也是应用型高校绩效管理体系建设的重要环节。首先，评估反馈强调考核者和被考核者之间的交流，主要是通过绩效面谈，管理者或考核员根据被考核者的实际情况制定适当的交流方案，并设置会话内容，被考核教师获得的工作分数也应指出被考核者的不足之处。其次，评估反馈是让教师了解一段时间内的工作情况，了解自己的工作是否符合工作要求，或者是否达到了个人的预期目标等，因此，考核反馈一定要及时，更利于教师进一步工作。最后，考核结果一定要公开，只有这样，才能充分发挥绩效考核的激励作用，保证院校的发展。一方面，教师可以及时了解自己与优秀教师之间的差距，以便更好地提高自己；另一方面，可以避免暗箱操作等不良现象，使教师更加确信评估结果。

（三）合理使用绩效考核结果

合理使用评估结果可以充分调动教师的积极性，并可以反过来提高教师的绩效。除了确定教师的工资水平和职称评估外，评估结果还对教师的未来发展产生影响，重点关注评估系统的长期性。考核结果的有效应用可以从以下三个方面加强：

（1）根据考核结果对教师进行培训。绩效考核完成后，培训教师是评估工作的延伸。通过考核结果，我们可以发现教师的不足，了解教师的需求，并为教师开展更有针对性的培训，以进一步探索教师的潜力。

（2）根据考核结果确定教师薪酬。教师的能力和劳动力的贡献应与收入成正比，从而调动教师的积极性。绩效考核结果是对教师能力和贡献的评估，因此用于确定教师的工资。

（3）根据考核结果制定人事决策。首先，考核结果是人事调动的依据。考核结果可以帮助高校更全面地了解教师工作的现状和各方面的能力，并探讨教师的能力亮点，不符合当前职位资格的教师应合理调整其职位。其次，考核结果是人事决策的前提。"知人善任"是高校在任用人才时应遵循的原则，考核结果可以帮助学校更好地"知人"，并在此基础上为教师选择合适的职位。

教师绩效评价结果的应用凸显了高校人力资源管理的理念和政治导向，其结果的公正性、科学性、合理性不仅直接影响高校人力资源管理的科学性和有效性，更关系着教师本人的岗位聘用、人才培养、薪酬发放、职务晋升及奖励惩罚等各个方面。第一，绩效评价结果的应用能在选、用、育、留等方面为高校人事建设提供依据。第二，绩效评价结果的应用能提高教师的工作效率和学校的办学效益，这直接反映在高校的管理效能上，同时在学校综合实力中也占有极大的比重。第三，高校教师是一个具有高学历和高智商、教书育人、进行科学研究、以脑力劳动为主的群体，而教师绩效评价结果的应用能有效地促进教师的职业发展。通过教师与学校的交流和沟通，有效地发现自己的不足。通过讨论、整合、发现平时工作中的成功和失败，进而解决问题、发展和推广成功的方法和经验，通过组织、学校的大规模促进，使全校教师能在共同的大环境中得到提升。

六、应用型高校教师 OKR 绩效管理体系

（一）基于 OKR 思想的绩效评价体系设计方法

OKR 的想法仍处于起步阶段，这种思维系统地应用于企业绩效管理。除谷歌等少数公司外，学术界和业界大多对 OKR 仍处于理解阶段，尚未达到系统理解的水平。通过对相关理论和企业实践的总结，将 OKR 落实到应用型大学可以实施的四个阶段，并在理论上将这种思维方法化。OKR 绩效管理体系实施流程如图 4-6 所示。

1.目标发起阶段
● 教师围绕学校愿景设定目标
● 直接领导和教师共同评价可行性
● 目标需简洁、直接、透明、有挑战性

2.目标的"关键结果"（KR）设定
● 基于"二八"法则找寻目标关键活动
● 由领导基于关键活动设定KR
● KR需可量化、产出导向、可调整

3.执行与回顾阶段
● 教师执行自己设定的目标
● 教师基于KR进行自省与完善
● 学校考察教师是否偏离并提供资源

4.绩效考核与更新
● HR基于目标完成情况进行考核
● 同时衡量目标难度与教师的执行力
● 保存记录、分享经验、设定新目标

图 4-6　OKR 绩效管理体系的实施流程

第一阶段：教师启动目标并领导评估可行性。OKR 要求基层教师围绕学校的愿景设定目标。实施的关键是"围绕愿景的协商机制"：学校的高层团队决定了学校的愿景，而中层领导团队围绕这一愿景设定了二级学院或部门的愿景。审阅学校的愿景和部门或二级的愿景，并在设定目标的能力范围内确定有利于学校愿景的领域，然后与直接领导讨论，确定目标是否符合组织的愿景，并确定组织是否能够提供足够的资源支持。目标设定的整个过程不存在上级指挥下级的情况，并且以达成共识作为终点。该目标的设定遵循以下原则：

（1）目标要具有挑战性，要明确。"挑战性"是指目标要有野心，要挑战教师的极限。"明确"则是指目标必须是可衡量的，具体和可衡量的目标才有助于确定和规范行动的方向，绩效管理的原则之一就是"所有目标都能通过员工的行动实现"。但在正常情况下，教师只能达到 0.6~0.7 分。这不是因为教师不努力，是目标本身非常具有挑战性，因此激励教师为了实现目标不断奋斗，这种方法与目标管理和黄金法则的兼容性是一致的。

（2）目标简单直接。简单就是掌握关键点，易于操作。教师设定的目标不应过多，太多将导致不明确的方向和重点。通常，教师每季度制定 4~6 个目标，每个目标不超过四个关键结果。"直接"意味着每个目标必须由教师完成，而不是在组织内"迂回"，或者在其他利润中心部门的帮助下完成。

（3）目标透明。在学校，每个团队和每个老师的目标和最终评分都是公开透明的。一是帮助团队合作，二是为组织创造一种创新氛围，三是促进公平。最重要的是，"透明度"有助于学校组织保持横向和纵向协调，避免教师目标的重叠。由于目标是由教师单独设定的，尽管组织内部存在各种各样的愿景，但"透明度"使部门团队和个人目标形成协同作用。

第二阶段：明确目标的"关键结果"。KR 指标的理论基础源于帕累托的经济学"二八原则"，即在价值创造过程中，80%的教师任务由 20%的关键行为完成。绩效考核的主要重点是关键过程是什么，掌握关键指标将占据评估的主体。在设定目标时，教师将参与一些具体活动。每项活动的完成可以通过许多指标来衡量（这是 KPI 的典型做法），但有些活动只是中间过程，对最终目标的实现只是起间接作用，有些活动则直接影响到目标的实现，并对学校的发展、外部评估、计划的实施和团队责任的履行产生重大影响。这些活动是关键绩效事件，对这些活动完成情况的评估是关键绩效评估。关键结果的确定也是基于教师与其直接领导之间的联合协议，但此时领导层比教师更有自由裁量权。其制定原则是：

（1）关键结果必须是可量化的。在 OKR 的实施中，确定教师目标中的关键目标和关键事件的量化测量的关键因素将有助于最终完成任务，特别是当教师的任务涉及创新内容时，可以允许教师自我监控。

（2）关键成果是以产出为导向而不是以指标为导向。换句话说，关键结果是直接检查教师最终是否完成了自己的目标，并检查对学校的贡献，而不是衡量传统的工作时间、出勤率、上级要求和职责等内容。因此，这种调查方法采用灵活的工作制度理念，实现对教师绩效的评估，并取得明确的关键成果。

（3）数量和时间限制。就数量而言，只能为教师的每个目标设定四个关键结果。每年的 KR 和季度 KR 都是必需的。但必须强调的是，KR 不是目标。绩效管理专家强调，措施和方法可以不断改进，但目标无法调整。KRS 可以及时调整，但这种调整也必须达成共识，即经理和教师直接沟通后的共识。

第三阶段：执行和定期审查。这里的"审查"不是最终的绩效评估，而只是对教师个人和团队层面的自我检查和交叉检查，以找出目标执行中可能的方向性偏差和无法完成的时间。只有检查和评估相互补充，检查缺乏力度；只考不检，考核失去了行使的依据。同时，检查是评估的基础，为评估提供数据和信息，为评估的公平性提供事实依据。根据 Google 的惯例，每个季度都必须进行审核。回顾包括：

（1）教师个人的回顾。教师定期评价自己的 KR 的质量。得分范围为 0~1，最理想的得分在 0.6~0.7 分。如果达到 1 分，目标设置得太低；如果得分低于 0.4 分，则目标可能有问题。

（2）团队或部门级别的回顾。团队层面的回顾主要是检查教师的个人目标是否有必要继续实施，以及是否需要额外的资源支持。从本质上讲，这是对目标难度和教师实施的重新审视。其重点是三个方面：①执行能力。注意教师是否具备继续实现目标所需的综合素质，如协调、理解、控制和应急能力。②执行条件。这意味着随着环境的变化和活动的推进，教师需要其他环境条件或资源来支持目标，例如学校支持部门的协助和资源支持的实施。③执行效力。它指的是正在进行的活动是否对最初设想的目标产生了直接影响或间接影响。

第四阶段：绩效评估和更新。这一阶段的工作分为两个步骤：评估教师绩效和OKR实施的整体评估。一方面，当教师的初始目标完成后，学校人事部门的经理或工作人员会审查并评估教师的表现。这个过程可以分为三个步骤：①教师演示整个目标的实现过程和最终结果；②领导者根据教师设定的目标难度系数并结合总体执行能力进行绩效评估；③进行更大规模的更一般性讨论，以确定后续目标和行动的方向。保留官方文档并在整个组织中分享宝贵的经验。研究发现，当OKR可以在组织中正式传播文件时，更容易激发上下层之间的信任和沟通，并积累第三方的经验。另一方面，当OKR执行完整的执行周期时，需要重新规划或适度调整OKR的实现效果。因为OKR是一种注重结果的谈判机制，而不是通过传统的过程控制来指导教师，它可以大大简化绩效管理流程，帮助学校获得动态灵活性。OKR还强调教师的目标需要具有挑战性，以达到目标的激励效果。但应该指出的是，追求"挑战目标"和"谈判机制"对OKR构成了潜在的风险：谈判机制倾向于导致"群体思考"，教师自己设定的目标可能超过或低于他们自己的能力，导致目标、评估失败，甚至远远不是学校的真实愿景。因此，实施OKR的最后一步是使用。韦尔奇的"绩效正常理论"提供了对员工绩效的整体统计评估。韦尔奇认为，公司员工的整体绩效评估应该是正常的分布（前20%，中70%，后10%）。在学校的整体绩效评估中，绩效差的是10%，表现好的应该是20%，而70%的教师都处于中间，这表明学校的经营状况良好。因此，最终学校应根据所有KR的重要性对排名进行统计评估。如果表现良好的教师人数相对较多，则意味着教师设定的目标低于他们自己的能力水平，对学校战略的贡献太少。如果表现不佳的教师比例过大，大多数教师的目标已超过其能力的极限，组织氛围可能过于激进，如"眼高手低"。然后，根据这种统计评估，教师的职位内容被重新分类为三个标准——挑战性事件、日常事务和不可接受的事件，以便教师可以定义自己的工作难度并设定更合理的个人目标，然后推进到下一轮的OKR循环。

（二）应用型高校实践OKR的导入方法

一直采用KPI方法的学校的工作设计基于科学的管理理念，绩效检查侧重于控制和监督，上下级之间的关系是典型的"指令执行"系统，各级管理者习惯性地把管理的重点放在对下属的监控上,各种特征都与 OKR 的想法相矛盾。因此,如果学校没有提前调整,为引入 OKR 铺平道路,不仅不会提高绩效和简化管理,而且很容易引起各级管理层的阻力而导致失败。因此,为了成功引入 OKR 并得到所有教师的认可,学校应做出两项调整:

1. 组织支持策略

这意味着为了使学校成功实施 OKR 绩效管理方法,必须事先在学校的宏观层面进行调整。通过调整学校制度、组织文化和人员结构,有意识地弱化 KPI 产生的心理模型惯性,即 KPI 下个人系统驱使的官僚命令、控制导向和科学管理主义。只有打破这种管理惯性,才能真正实现简单有效的人力资源管理,使应用型高校实现转型。具体来说:

(1) 调整学校文化:培养竞争和开放的文化价值观。长期使用 KPI 方法的大学将不可避免地陷入管理团队相对凝固的困境,消除和促进机制将是僵硬的,教师将忽视培养而关注资历的福利,新老师会觉得他们的职业发展空间有限,最终导致整个组织的士气低落。因此,为了有效实施 OKR,学校应强化现有淘汰机制,在用人理念上充分强调开放性和竞争性,让所有的教师都有适当的危机感。OKR 很容易被学校的所有教职员工采用,因为它具有简单、有挑战性和有效的特点。这种竞争和开放的观念能够激发变革活力。

(2) 调整学校制度:理顺利益结构,明晰领导权限。"员工的目标是自我决定的,而且过程是自给自足的"是 OKR 的典型特征。因此,这种方法的前提是学校的各个部门之间不应该有任何冲突。在引入这种方法之前,学校必须首先理顺学校利益与权力关系的结构。为了建立清晰的利益结构和管理体系,每个教师和每个部门都必须清楚地了解他们需要为学校和部门提供哪些设施或福利,并澄清他们可以获得的好处。这就要构筑清晰的高校内部流程关系框架。学校内部利益关系的框架不需要像考绩制度那样精确和详细,但必须确保学校所有教师的指导和理解基本符合学校的核心愿景。

(3) 调整岗位设计:预执行授权系统。如果采用 OKR,则需要提供支持机制来解决激励问题。学校的整体商业模式需要由每个独立的业务部门根据"阿米巴"的想法进行全面授权。这需要高水平的教师综合能力,相应的人力资源成本投入也将增加,这是通过分享团队的营业利润来激励个别教师，而不是"评估"教师。"阿米巴"商业模式源于 Inamori 早年创业的困境。那时，他负责营销和研发。当公司发展到 100 多人时，他感到痛苦，并且非常渴望让许多人变得重要。他将公司细分为一个个所谓的"阿米巴"小组，并赋予其重任，从而培养了许多具有管理意识的领导者。

（4）学校任务的分类：提前对所有职位的任务内容进行分类。使用 KPI 方法的公司只会根据技术职位所涉及的技术知识的类型和难度，奖励具有固定金额工资的员工。这种评级方法只能减轻企业核心员工流失的可能性，不会产生激励效应，也不能激发员工的创造力，为企业战略做出额外的贡献。然而，OKR 哲学强调员工对自己目标的贡献，以实现他们促进和消除的目标。这与 KPI 的工作内容和工作分类方法形成鲜明对比。因此，为了顺利引入 OKR，学校必须提前在组织中使用这种工作分类理念，以减轻教师与 OKR 的不协调。它可以分为两个步骤：第一，学校保留了传统的后级绩效评估方法，但仅作为双因素理论中的"健康因素"。第二，根据"可接受目标""挑战目标"和"常规目标"对所有职位进行分类，并将"挑战目标"用作实施高薪奖励的"激励因素"。可接受目标意味着事件的发生将有助于部门战略计划的顺利实施，有助于部门的业绩改善，并为学校的短期运作产生额外的积极贡献。挑战目标是：事件直接发生有助于部门改善和帮助扩展和留住忠诚客户的能力，有助于企业愿景的推进。常规目标就是教师岗位本身的职责要求，即教师日常的本职工作，这是一个重复、简化、固定的日常工作。设定一个固定的目标是让教师完成他的工作的基本部分，这是学校正常运作的基本条件。

2. 导入策略

OKR 的首次引用实施应采用"分层推进战略"，以确保及时反馈和纠正每个阶段的实施效果，从而有效控制实施过程，并缓解教师可能出现的抵制情绪。学校应将 OKR 思想阶梯式地渐进推进，以确保其在组织中的顺利实施，由校领导或高层管理者牵头，OKR 思想的理念和原则将传达给中层管理者，中层管理者根据部门的情况，将这种方法作为基层管理者的具体指导，然后，基层管理者根据更详细的职位情况教导教师如何设定目标，确定关键成果的基本特征，有助于教师成功进行首次 OKR 实施。

（1）学校的高层管理团队应该是 OKR 理念的倡导者、方法传播者和 OKR 实施的总指挥官。这即是要求高级管理团队能向中层管理者解释 OKR 理念的优势和原则，并努力获得学校教职员工的认可。具体的工作要求是：①组织的高级管理层利用其领导魅力和正式权威，在组织层面阐明 OKR 的优势和原则，以取得各部门和各层级的认可。②高层管理者在正式实施过程中，应根据学校的战略特征和所处的时代环境明确采用 OKR 的深入程度和具体方向。③高层管理者还需分析学校内部环境的个性特征，进而对 OKR 的实施节奏进行控制，避免由于实施太快而导致的组织不兼容性及教师可能产生的负面情绪。④更重要的是，高级管理层需要尽快为 OKR 实施准备适当的执行资源。这里的执行资源是在组织层面实施 OKR 所需的工具、可利用的人力资源管理能力和领导者的权威。尽管 OKR 的绩效管理方法在实施过程中耗费的组织资源无法与流程改进、技术研发相比较，但是 OKR 需要相应的内部信息收集系统和统计技术匹配。除了明显的信息收集系统外，一些无形资源将促进 OKR 的实施。传统的 KPI 基于人性的 X 理论，而 OKR 则基于人性的 Y 理论。这种基本逻辑的矛盾很容易导致学校中层管理者和教师及时调整的困难。因此，领导者的引导力、支持度、权威是有力地说服中层管理者放弃以前的"命令式"领导风格，转向与教师进行民主协商的关键因素。OKR 的执行资源可以分为三个方面——权威资源支持、实施环境支持和财务资源支持，没有足够的资源，OKR 的实施将仅以形式出现。

（2）学校中层管理团队应负责按照高级管理人员的要求组织编写教学计划，并致力于 OKR 思想的具体化，成为具体实施过程的指导。主要活动包括：①中层管理人员应结合部门情况设计教学计划，培训基层管理人员和教师，并在首次实施 OKR 的过程中担任现场指挥。②中层管理者在传播和讲授 OKR 思想的过程中，应积极采用互动式授课方法并听取基层管理者意见。③中层领导人需要在首次实施 OKR 期间进行现场指导。他们还需要及时向人事部门报告实施过程中的问题和信息，并通过人事部门、管理部门的信息收集进一步完善实施方法。④除了上述三个方面的具体工作外，中层管理团队最重要的任务是积累组织执行以持续实施 OKR。这里的组织执行是指在后续的 OKR 实施中实施规则、权利和义务的一套正式系统。由于中层管理人员负责部门层面的 OKR 的实施，因此有义务设计部门的内部实施框架，并设计和实施部门与其他部门和人事部门之间的责任划分。通过合理有序的执行系统设计，确保 OKR 的顺利实施，确保部门内的教师和基层管理者按照标准的程序、目标和关键成果为学校的战略计划做出贡献。在构建和培养组织执行过程中，中层管理者应注意这样一个事实，即除了上述系统设计外，还需要从动态方面设计相应的反馈和激励机制。例如，OKR实施过程中的实施方案更新和重新规划、运行效果评估方法、责任和责任程序明确、实施工具的完整性、信息的真实性、信息反馈渠道的顺畅性，以及基层领导的实施方法、适应性和其他方面。

（3）学校的基层管理团队是实施OKR的最后一环。因为他们直接决定了教师设定目标的合理性和KR的可衡量性，以及教师实现目标和为组织的愿景做出贡献的能力。在OKR的第一次实施中，他们需要教授教师目标设定和确定"关键事件"的方法和原则，鼓励教师改变他们的工作思路，并试图激励教师追求具有挑战性的目标，并加强教师对自己的理解，追求更高的工作角色识别。具体来说，在OKR的第一次实施中，基层管理者必须做到以下几点：①基层管理者实际上扮演的是协调者的角色。他们需要根据中高级管理人员制定的标准、部门的具体情况和教师的地位，为每项工作制定"可接受的目标""挑战目标"和"惯例"。教授教师如何制定目标并使其具有挑战性。②基层管理者需要与教师讨论教师目标的战略可行性及其对学校组织愿景的贡献。在OKR的首次实施过程中，基层管理者需要为教师讲授该内容。如表4-1所示。

表4-1　OKR首次实施的分层推进策略

	主要职责	要求	具体活动
学校的高层管理团队	OKR理念倡导者 方法论传播者 OKR实施的总指挥	能向中层管理者深入阐释OKR思想的原理及优势，争取学校全体教工的认同	（1）在组织层面上明确OKR原理及其优势，取得资源 （2）分析学校战略环境而适应性地对OKR进行修正 （3）明确本企业采用OKR的具体方向及深入程度
学校的中层管理团队	OKR思想的具体化 开发实施教案 实施过程的教练	结合本部门情况设计教案，培训基层管理者和教师，是实施中的临场指导者	（1）搜寻OKR的成功案例，根据部门情况编制教案 （2）听取基层管理者意见并采用互动式授课方法 （3）在首次实施过程中进行临场指导并向HR部门汇报

续表

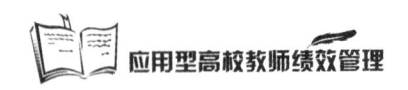

	主要职责	要求	具体活动
学校的基层管理团队	向教师讲授目标设定及"关键事件"的方法与原则	通过讲授促使教师转化思路，帮助教师设定符合学校愿景的目标并设定 KR	（1）根据岗位的具体情况指导教师如何设定目标 （2）与教师共同讨论目标的可行性并确定对应的 KR （3）在初次实施中及时检查教师对 OKR 方法的掌握情况

因为 OKR 本质上是学校的资源，教师必须利用学校作为内部创业的平台，以激发学校的活力和环境适应能力，因此辅助教师提升个人决策力和执行力是基层管理者在整个 OKR 实施过程中的根本目标。这里的个人决策力和执行力是指个别教师在任务规划、目标设定、任务执行和自我评估方面的发展潜力和经验能力。这与以前的人力资源管理完全不同。从教师主动设定自己的目标的角度来看，教师的知识积累和业务素质对个体执行力具有重要影响。但是，如果基层管理者采取互动式领导行为，积极寻求中层管理人员的支持，合理组织执行资源实施教师的任务，也将在促进教师的主动性方面发挥重要作用。因此，从人力资源管理的角度看，基层管理者应该在实施 OKR 的过程中努力提高自身的资源规划、控制能力和领导技能，努力把领导成员交换理论作为主导思想，努力做好教师认同工作和提高目标协商的默契深化程度。

大学教师具有最专业的教育理论知识和学校管理方法，但是参与度不高和积极性差一直是困扰高校教育的问题。针对以上问题，刘昕等（2017）指出，需要大力推进"教授治校"，提高大学教授在学校治理中的话语权和积极性，特别是在学术管理中的权力，让最懂教育的大学教授治理学校，让大学教师真正从雇员变成"主人"。"教授治校"更有助于以教师专业发展为导向，完善大学教师绩效评价。对大学教师进行绩效评价的目的是促进教师提高绩效，促进其专业发展。大学教师作为智力工作者，其工作特性和工作成果都有别于一般的产业工人，因此不能单纯地复制其他行业绩效考核工具对大学教师进行评价。因此，针对大学教师的绩效考核应是柔性的，而不是刚性的，应是以教师专业发展为导向的，而不是以分出高低上下为导向。同时,考核内容也必须兼顾教学和科研,甚至是社会服务。

教师绩效管理是教师进行合理评估、保证教师素质的重要举措。在应用型大学的发展过程中,教师的素质可以说是"走全身,走动全身",影响着高校发展的方向,也影响着学校教育目标的实现。近年来,一些应用型大学对教师绩效管理进行了有效的探索,取得了傲人成绩,如:北京联合大学组织教师参与教学培训,开展多方面教学的改革,完善与创新教师绩效考核指标体系;建设"双师型"师资队伍,安排教师到企事业单位上岗、实践,及时应用理论知识性和可操作性;要求教师的科研绩效除了发表学术论文外,还要通过产学研结合、校企合作等研发科研项目和开发科研成果,为地方经济的发展提供理论支持和协助。一些刚转型为应用型的高校仍沿用过去的管理方式,虽然学校定位和培训目标已经发生了变化,但是教师绩效管理的思维依然停滞不前。其中一些学院和大学根本不愿意改革。他们没有将教师绩效管理与学校的长期发展联系起来。有些人想要改革,但他们正在努力寻找正确的改革方向,所以他们是自给自足的,或者从其他大学的成功中吸取教训。不完整的实施,最终导致教师绩效管理的过时和落后。

目前,许多应用型高校都非常重视教师绩效评估,并且一般都有自己的教师绩效评估体系。但是,教师绩效评价指标体系应该是动态的、发展的。评估指标的设定应根据学校的发展方向、教育观念的更新、不同的培训目标和学校层次的变化进行调整或修订,不是一劳永逸的。只有这样才能使评价体系受到激励和约束,才能使高校具有持续竞争的优势,促进高校的建设和发展。绩效管理是一个系统的过程,任何环节都是非常必要和重要的。

第五章 应用型高校教师绩效管理的实施保障

第一节 聚焦应用型高校战略

组织战略是组织所有活动的起点并对全部组织活动具有决定作用,同样,学校的发展战略对教师绩效管理也具有决定作用。学校是一个非营利性的组织,战略管理是立足于组织长远利益和整体利益的应变性管理过程,在学校实施战略管理是对学校的前瞻性、全局性、外部性、应变性和系统性管理。对学校而言,教师绩效管理的工作重点应集中在承接学校战略的方向上,在学校,发展战略与教师战略决定着组织的发展方向,在实现组织愿景的过程中发挥着核心作用,对组织活动具有导向作用。应用型高校的发展战略对教师绩效管理也具有决定作用。李业昆等(2019)认为,应承接学校战略的方向,在学校发展战略与教师绩效管理之间建立起关键性联系。进行教师绩效管理,首先要制定绩效计划,明确绩效目标,而绩效目标的制定要以学校发展战略为基本依据。具体而言,就是要将学校的发展战略目标分解为学校中各部门(或团队)的绩效目标与指标,并最终转化为教师个人的绩效目标与指标,把学校发展战略落实到每位教师的身上。通过教师绩效管理,促进每位教师及各个部门(或团队)绩效目标与指标的实现,最终保证学校发展战略目标的实现。因此,学校的发展战略是进行教师绩效管理的根本前提,教师绩效管理体系是实现学校发展战略的工具。

为了达到进行教师绩效管理的理想结果,管理者和被管理人员应当树立恰当的绩效管理理念,从根本上认识到绩效管理的目的是什么,有必要构建正确的绩效管理系统，以符合教师与学校的长期规划发展为建立体系的标准。从某种意义上说，绩效管理人事决策提供依据，端正教师的工作态度，帮助学校建立服务。绩效管理还在连接教师和组织方面发挥作用。

一、关注目标与关键结果

张薇（2016）认为，应用型大学的发展方向决定了学校的战略部署应该紧跟地方经济社会发展的需要，以地方经济文化建设为使命，致力于应用型人才的培养和提供，协助企事业单位的生产、研究、开发和管理，协助满足其生产和发展的需要，培养形成科研重点，实现学科支持和专业化支持，形成实践特色机遇，保证应用型人才素质，提升自身生存和发展的空间。应用型大学服务于当地的社会和经济发展，首先，他们需要为社会输送大量高素质的应用和复合型人才。借鉴国外应用型大学工学交替的人才培养模式，注重校本学习，辅以实际操作，建立学校与企业之间的合作办学模式，实现高校教师与行业专家双向挂职，培养人才这个过程更多地在企业和机构进行，学生毕业成绩合格直接为企事业单位所用。而对社会的贡献也体现在大学对科技成果研发和社会经济效益的大力挖掘之中。开展产学研项目的研发和多部门多平台相联系的经济协作。大力发展高经济附加值产业，有效地突破地方经济发展的壁垒，以开创产学研与高校科研服务相结合的模式，畅通成果转化渠道和技术转让，实现高校科研成果应用高效化，促进科研成果快速投入产业生产，逐步形成从校园到生产一体化。

培养应用型人才和服务地方经济社会发展是应用型地方高校的发展方向，这就要求应用型为导向的大学应当把为增加社会产出尽可能多地拥有较高素质的人才作为办学的重要目标，如适合当前社会经济发展的多方位高素质应用型人才。因此，应用型地方高校教师的绩效管理应与学校的战略目标相协调，系统地将教师工作全部细化。OKR 的主要目标是明确高校和团队的"目标"及明确每个目标达成的可衡量的"关键结果"，旨在确保教师共同工作，并集中精力做出可衡量的贡献。OKR 可以在整个组织中共享，这样团队就可以在整个组织中明确目标，帮助协调和集中精力。

制定符合应用型大学发展定位的绩效考核体系，切实加强对教学和科研、大学生科技创新、实验室建设的重视。从经济上提高教师的奖励刺激，增加教师职称申报考核条件中的教学教研、大学生科技创新、实验室建设的参考比重，不断提高教师参与学生实践能力培养的热情与积极性。从高校教师个体层面来看，进行绩效管理有利于实现教师个人的专业发展。教师绩效管理面向未来，以促进教师专业发展和绩效提升为主要目的。在教师绩效管理过程中，学校管理者用管理服务代替对教师的隔空指挥，减少对教师的盲目控制，管理的实施应当契合每一位教师自身的特点及其工作特质，能够最大程度地得到教师的自发接受和认可。在绩效计划制订阶段，学校遵循知识创新的原则，针对不同教师特点，设定不同的绩效考评方案，满足教师的个性化需求；在绩效管理实施阶段，教师进行自主工作和自我控制；在绩效考评阶段，教师作为评估主体之一，对自身绩效目标与指标的完成情况进行自评；在绩效反馈和绩效结果应用阶段，学校为教师工作中存在的问题提出全局性、个性化的解决方案，促进教师内在潜力的持续提升。实施教师绩效管理一方面提高了教师的潜能和专业化水平，使教师不断走向职业成熟过程；另一方面满足了教师发展和被尊重的需要，提高了其对工作的满意程度。

在评估的目标性上，正如于舒和王冠在《转型高校教师绩效评估体系的重构》中指出的：实现个人专业、职业发展与学校转型发展目标一致。将学校转型的目标与愿景以制度化、人性化的方式分解为教师个人的专业发展与职业成长的长期目标和阶段性目标，体现在教师绩效评估体系的内涵之中，使教师在不断成长发展并取得个人业绩的同时获得工作价值感，树立教师与高校共同发展的绩效评估理念。在评估的导向性上，重点突出从学术型向应用型的转变。加大培养创新应用型教师的政策导向，注重教学考核，提倡实践教学，打破单一传统课堂的局限，鼓励创设实训实战式教学模式。在科研评估中注重考察教师横向课题的参与情况，突出科研成果转化率，考核教师参与校企合作等社会服务工作情况。在评估的发展性上，引领教师专业发展。评估教师专业发展、职业生涯各阶段的表现，在评估内容中设置个人专业发展愿景，激发教师自我成长的自觉性，重视教师参加技能培训、校企交流、挂职锻炼等情况。在评估的差异性上，形成分类型、分层次差异性评估。根据教师岗位类型的不同，区分理论教学、科学研究、实践应用、社会服务等不同侧重方向，同时根据教师专业、职业生涯发展的不同阶段，分别制定评估标准。

二、完善绩效管理的流程

（一）确定绩效管理的目标

帮助每位教师提高工作绩效和工作能力，并为大学发展战略建立稳定的人力资源团队；促进管理者与教师之间的密切联系和积极交流，沟通形式要足够开放，确保教师可以敞开心扉，积极参与管理，通过教师和学校之间的沟通与协调，增强学校的综合竞争力。保证高校整体组织目标的实现。绩效管理的目标应该是可衡量的、具体的、可接受的、可实现的、有时限的，与学校的总体战略和指导方针一致，并与学校的发展相协调。

（二）制定和实施绩效计划

绩效计划是指绩效管理发起阶段学校管理者为了保证教师质量而签订的合同，在科学、综合的工作分析的基础上共同制定相关的绩效目标和标准。在制定绩效计划时，教师有必要对学校进行初步的了解，知晓学校的发展战略目标，积极融入学校文化氛围，掌握绩效管理的实施信息和绩效评估的有关办法。然后，应根据增值产出、结果优先、顾客导向和权重设定的原则设计教师的关键绩效指标。进而应基于 SMART 原则，全面建立教师绩效评估指标。要制定教师绩效考核指标，有必要明确学校的政策、现有的组织结构、教学目标、教师和行政职务说明；评估学校的管理制度的合理性；调查教师对绩效管理的意识、态度和满意度；分析当前的工作环境及教育场景。然后制定具体的绩效系统运作安排，创建程序化、表格系统硬件环境，设计系统细节，明确人力资源部门、各级管理人员和教师的职责，并书面确定下来。最后，分析过去并总结经验，通过绩效面谈确定每位教师的绩效计划目标责任书。

（三）进行绩效沟通

绩效沟通是绩效管理的关键。绩效计划的制定和实施、绩效目标的设定与实现都离不开双向、互动的绩效沟通。学校管理者在绩效沟通中要与各层次岗位教师积极交流，它是一种深层次的沟通，包括表现文化、观念、情感、态度、哲学信念等，真正传达需要改进的表现方面，并讨论绩效改善的方法。一方面，学校的相关部门应当主动配合人力资源管理部门的工作，为绩效管理的实施提供帮助，积极向人力资源管理部门进行反馈，以便于正确地对教师展开评估。另一方面，部门管理人员要及时对评估结果进行反馈，以积极的态度填补空白，并通过教师动员他们开展自我评价、访谈、问卷调查、观察等，使大学组织上下达成共识，实现绩效管理的功能和系统作用。

绩效实施的过程主要采用以下两种形式：

（1）个人沟通。根据访谈，如果教师在执行绩效计划期间遇到无法克服的问题，可以找到领导沟通并获得帮助。

（2）院（系）召开会议。每位教师在会上报告绩效计划实施现状，反映问题，探索帮助或协作，同时领导人员积极提出下一步的做法。

（四）实施绩效考核

高校教师绩效评估是对高校劳动过程中教师内部因素的客观描述和评价，以及在一定条件下取得的实际成果，进一步规范与强化教师的职责行为，建立有效的竞争、激励机制，为人力资源管理提供科学依据，促进教师自我反省、完善、管理和实现。考核等级分为优秀、合格、基本合格和不合格。绩效考核的一般程序是：召开绩效考核会议，对参与评估的人员进行培训；评估每个部门的表现；确定部门内员工绩效评估分数的比例分布；对教师进行自我评估，同时评估学生和同事；与老师沟通，确定评估结果并讨论个人发展计划；将得分组合以确定最终评估结果；领导批准评估结果，教师本人、上级主管等签字并提交人力资源部门备案；部门负责人和人力资源部门共同制定教师奖金分配、岗位调整计划、工资和报告，供学校领导批准和实施。表 5-1 为某教师的绩效目标计划书。

表 5-1 某教师的绩效目标计划书

受约人：甲　　岗位：专业技术人员　　职称：讲师　　直接上级：教研室主任

注：绩效时间：2017 年 3 月到 2014 年 1 月　★：很重要；　▲：重要；　●：较重要

工作职责	主要产出	完成期限	标准类型	衡量标准	评价来源	重要程度
教学	本专科授课	绩效成绩	基本	本科 2 门，专科 2 门；总课时≥300	工作量由教务部门提供，质量和效果由学生提供	▲
	毕业设计指导	6 月底	基本	6 人，全部通过	自己填写，上级审核	▲

续表

工作职责	主要产出	完成期限	标准类型	衡量标准	评价来源	重要程度
教学	学生比赛指导	绩效成绩	基本	已开设选修课的形式加以指导，工作量包含在总学时中	自己填写，上级审核	●
	教改论文	7月底	卓越	1篇，有关应用型人才培养计划	自己填写，上级审核	●
	精品课程	12月底	卓越	初稿2.3章节编写	自己填写，上级审核	●
科研	论文	8月底	基本	普通1篇	自己填写，上级审核	●
			卓越	核心1篇	自己填写，上级审核	▲
	专科课程A的教材	9月底	基本	供应链管理教材	自己填写，上级审核	▲
	课题	10月底	卓越	供应链管理教材	自己填写，上级审核	★
其他	职业教育	5月底	卓越	二级物流师	自己填写，上级审核	★
	学生投诉	绩效期间	基本	≤0	教务管理科	▲
	思想政治，人际关系	绩效期间	基本	没有投诉	上级	▲

（五）进行绩效反馈

绩效考核的结果应不断反馈给教师，以便被评估的教师能够了解他们的绩效状况和学校的预期，激励进步，带动后进，增强教师的使命感和责任感，形成新的履约合同。

通过双方有效的相互交流和沟通，帮助被考核教师改进绩效，所以绩效反馈应以未来发展为导向。评估结果的反馈应该是具体和现实的，尽量对事不对人，反馈应指向可控行为，侧重于经验分享和思想交流。有效的绩效考核，考核者是诚恳的，评价公正，气氛富有建设性，所以大学教师在反馈结束后会很振奋，并且在了解了需要改进的表现方面后，他们将下

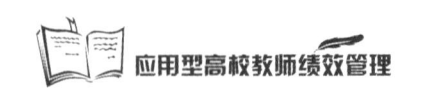

决心纠正错误。绩效反馈是指管理者和教师使用绩效考核形式和原始绩效目标，深入探讨在当前的绩效管理之中存在着哪些容易被忽视的问题，并寻找解决方法，对当前的绩效实施现状进行书面总结，通过绩效辅导与教师共同制定绩效改进的计划。

在访谈过程中，双方首先根据评估计划分析了评估过程中教师工作任务的完成情况，评估了教师的工作业绩，肯定了其优秀方面，并就缺陷提出了建议，从而促进了教师的进步。在高校的绩效访谈中，可以由二级学院院长、系主任或教研室主任亲自讨论，并且可以结合当前学校的教学工作，确认应当进行努力的方向，寻找下一阶段的绩效管理目标，为将来的教学和目标确定大纲和框架。

（六）绩效结果的运用

绩效结果的运用为其他管理环节提供了决策的基础。其主要是依据教师工作绩效的考核结果来进行决策，并通过对此种结果形成再反馈，将管理者同教师紧密结合起来，通过实施相对应的人力资源管理措施，比如解聘、续聘、薪酬调整、奖金分配、职务调整、培训再教育等，以实现教师课堂教学能力的提升和学校组织绩效的不断进步和提高。教师绩效评估的结果与薪酬挂钩。基于绩效的薪酬比率应根据工作性质确定，目的是加强奖励激励。绩效考核结果的用途之一是进行相应的认识调整，为教师分配更加适合其个人的工作，主要是教师在某方面表现突出，拥有高出其同事的能力，这将使他能够在这方面承担更多责任，理应获得更多的资源投入。如果在某些方面表现不佳，他可以调整自己的位置，从事更合适的工作。绩效考核结果用于教师工作规划调整。将教师当前的教学能力的体现和绩效实施结果相挂钩，教师同意长期的系统绩效可以帮助他们理解当前自身工作中存在的不足，并且能够更好地明确自身的定位，随时可以对自身未来进行调整。这些法规的制定不仅可以反馈教师当前的工作表现，还可以提高教师对组织的归属感和满意度。

根据高校教师绩效管理的目标、原则和实施流程，构建的高校教师绩效管理系统流程如图 5-1 所示，说明了高等院校教师绩效管理的系统过程（高校以国家的教育方针政策为指导，以特定的环境系统为依托，在一定管理原则上确立学校发展的目标；而对作为劳动者的教师进行管理便是为了达成这个目标所采取的必要举措），这个过程是一个内部循环往复的系统工程，在系统运行时，它会对是否达成绩效目标进行识别，若是识别为达成了目标，则会进行数据的输出，系统的运作将进入下一个绩效管理的周期，而若是未能达成绩效目标，该系统则会要求教师进行相应的调整以重启系统，或是对绩效计划或绩效预期做出相应的变化。

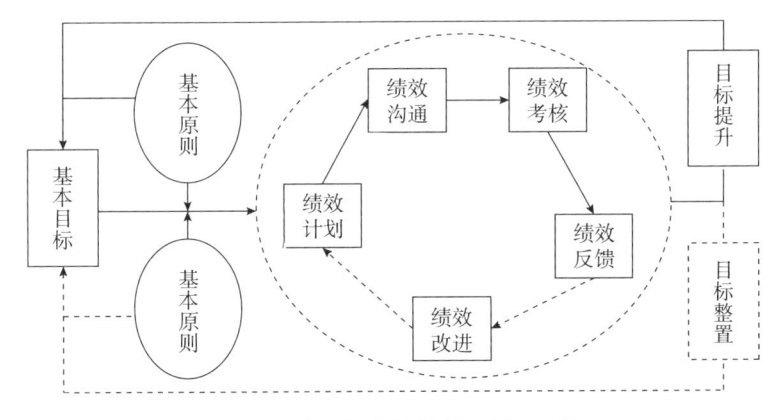

图 5-1 高校教师绩效管理循环系统

第二节 实施人本管理的策略

一、发展性评价理念导向

应用型高校只有对教师的职业发展充满人文关怀，才能使教师对绩效考核产生一种内在需求，缩短被评价者和评价者之间的心理距离，绩效考核也才能达到最好的效果和起到应有的作用。20 世纪 60 年代末以来，"发展性教师评价"受到一些发达国家教师的欢迎，并在世界各国产生了巨大影响。该绩效评估旨在促进教师自身的发展。它是被评价者和评价者在保证双方信任的前提下，双方进行密切的沟通，保证绩效实施过程始终处于和谐的状态。绩效沟通好坏会影响到绩效管理能否有效开展，也会影响到参与绩效管理各方的工作态度和积极性。为了在绩效沟通中取得良好的效果，有必要形成从高层管理人员到二级学院管理人员再到大学普通教师，学校上下高度重视，理解教师在教学中面临的困难，相互帮助的氛围。首先，学校领导的高校舵手可以在各个方面发挥主导作用。在高级管理层面，这也反映了绩效沟通的重要性。学校领导首先要从自身重视绩效管理对整个学校的重要程度，认识到教师是学校组织体的基本细胞，绩效管理则决定这个组织体能否充分发挥其应有的功用。其次，在每个二级管理单位的层面。学校的二级管理部门是直接连接教师和学校的纽带，教师和学校的问题都是直接通过各二级教学单位进行反馈的，因此应当做好上传下达的工作，积极回应教师遇到的问题，并帮助执行学校的管理规章。最后，高校教师层面。高校教师是整个教师绩效体系中最为重要的部分，也是被管理的主题，要帮助教师及时反映自己的问题，表达对当前绩效管理存在的问题的意见，并解释自己的要求，才会使高校在绩效实施过程中少走弯路、少浪费公共资源，才会使大学的绩效目标更加科学和明确。此外，应用型大学教师的绩效管理应当摒除以往对教师重惩奖、轻发展的评估方法，充分引入和完善激励机制，消除评估教师对绩效考核的拒绝或防范。在心理上消除被评估的教师与学校两者之间的隔阂，拉近彼此的距离，从而实现教师绩效管理的应有功能。对于教师的激励，我们必须掌握激励策略的最佳时机并合理使用，努力做到奖罚分明、公平公正。

二、以人为本的全面激励

坚持科学发展，构建以人为本的教师绩效管理体系，要满足应用型高校教师的多样化需求，在设计教师绩效管理系统时，要充分考虑群体或个人的差异，加强自豪感和归属感的完全融合。教师绩效管理与评估体系的成功建设，只依靠硬性的制度和规则是不够的，而是应当以人为本，人的发展是当前管理的目标。人本管理思想是一种以人为本的人力资源管理理念。它把人视为组织中最重要的资源，并根据人们的兴趣、心理状态、能力和专业的综合情况，科学地安排合适的工作。应用型院校的管理者需要为教师能力的发挥提供更好的制度保障、正确的政策、有效的机制及放松的学校氛围。因此，应用型高校教师的绩效管理应以教师为基础，坚持教师的自我发展同学校的建设结合起来，鼓励教师的职业自主性，为教师谋求更多绩效福利。

第五章 应用型高校教师绩效管理的实施保障

（一）合理的薪酬、待遇、公共服务等物质激励

在教师绩效管理中，绩效的结果直接关系到教师的工资薪酬和奖金。高校还可以根据考核结果给予有所区别的待遇，如交通、膳食、通信补贴等。工资的增加不仅可以充分体现绩效管理的经济价值，而且可以充分调动教师的积极性和主动性。

（二）积极的成就激励与能力激励

成就激励是指教师绩效考核与教师职称评定、岗位聘任、岗位晋升等挂钩，评估结束后，根据考核结果，设置优秀、十佳等荣誉称号，通过绩效考核为教师增强荣誉，并且对表现优秀的教师发放更多的福利，以便为教师出国留学和外出接受进一步培训提供机会，立足条件，促进教师工作提升和自我完善。

（三）良好的环境激励

环境激励措施包括客观环境激励和政策环境激励。客观环境激励措施包括适当的工作环境、合适的办学条件，大学可以通过建立实验和研究场所，改善教学设施和技术，提供更好的医疗卫生和安全条件，帮助教师取得更好的工作成果来提高教师的绩效。建设一个美丽的校园不仅可以留住教师，还可以吸引更多的人才。政策环境激励措施包括学校良好的规章制度和管理制度，以确保整个学校绩效管理的公平性。在平等公平的政策环境中，教师将减少由于不公平所带来的负面情绪，提高工作效率。

（四）导向明确的激励

在评估的目标性上，实现个人专业、职业发展与学校转型发展目标一致。将学校转型的目标与愿景以制度化、人性化的方式分解为教师个人的专业发展与职业成长的长期目标和阶段性目标，体现在教师绩效评估体系的内涵之中，使教师在不断成长发展并取得个人业绩的同时获得工作价值感，树立教师与高校共同发展的绩效评估理念。在评估的导向性上，重点突出从学术型向应用型的转变。加大培养创新应用型教师的政策导向，注重教学考核，提倡实践教学，打破单一传统课堂的局限，鼓励创设实训实战式教学模式。在科研评估中注重考察教师横向课题的参与情况，突出科研成果转化率，考核教师参与校企合作等社会服务工作情况。

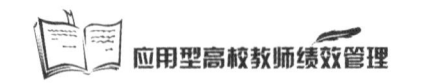

三、教师为主体多元评价

目前我国大多数高校的教师绩效考核指标和评价方式都是由高校管理者和校外专家所制定，教学和科研一线的教师无法参与到绩效指标的制定中，这就使实行的教师绩效考核指标无法完全适应高校教师的日常工作，并且在实行中缺乏相应的沟通反馈，导致不相匹配的考核指标与实际工作差距进一步增大。要想增强我国高校教师绩效评价的信度和效度，首先要做的就是将教师纳入绩效评价指标的建立过程中，并且吸纳更多与教师实际工作相关联的群体，同时在评价过程中也要做到评价主体多元化，群策群力，共同制定科学、合理、有效的教师绩效评价体系。

在这一过程中，一方面，要充分认识到教学活动的主体是教师，必须尊重教师的意见和要求，还要认识到高校教育质量的提升及高校的可持续发展的原动力是高校教师的实力和水平，并且高校教师能力和水平的提升在很大程度上依赖于教师的自我学习力及对职业生涯的规划，这就要求高校进一步提高教师主体的评价参与地位；另一方面，高校教师绩效评价指标体系的建立要体现多主体和多角度评价，即在原有高校管理者和校外专家的基础上，将直接参与教学和科研的一线教师及熟悉教师一线教学环境并能在日常的教学过程中对教学工作及时跟进督导的其他群体，纳入到评价实施主体范围内，根据不同类型的评价对象来调整各方评价主体的权重，从而实现对高校教师绩效科学、合理、多主体、多视角的评价。

通过进行绩效评价，高校和教师不仅要明晰教师阶段性的工作成果，检验教师的工作状况，而且更重要的是从绩效考核的过程中发现绩效问题，分析原因，明确教师的工作能力改进方向，制定有效的能力培训和绩效改进方案，促进高校和教师的共同发展。因此，学校应当通过绩效评价将教学质量提升与教师个人发展相结合。一方面，实施分类管理的教师绩效评价更有效地发现教学工作中存在的问题，实施有针对性的教学改进计划，帮助学校提升整体教学质量，而学校教学质量的提升能为教师个人发展创造良好的发展环境。另一方面，实施分类管理的教师绩效评价制度的结果给予教师的职业发展更多支持与引导，激励不同类型的教师进一步改进工作绩效，从而又推动了学校教学质量的提升。因此，以教师绩效评价为桥梁，能够将我国学校教学质量提升与教师个人职业发展结合起来，从而实现学校、教师和学生之间的三方共赢。

第三节 运营机制的创新变革

一、优化组织体系建设

与一般组织中的绩效管理一样,学校绩效管理是一个完整的系统,纵向上包括学校组织绩效管理和教师绩效管理两个主要层面,横向上包括绩效计划、绩效实施、绩效考评、绩效反馈和绩效结果应用等环节。在学校中,从绩效管理整体来看,如果学校建立了符合自身特点的、合理的组织体系,那么教师绩效管理与学校组织绩效管理就能整合起来,形成合理的学校绩效管理层次体系,教师绩效管理流程则会更好地建立起来。目前,学校组织体系大都是在事业单位的基本属性下,保留了事业化的管理方式,即所谓的组织结构科层化,这种组织体系有利也有弊。学校应广泛地吸收其他行业的成功经验,在原有组织体系的基础上不断完善、优化内部组织结构,加快建设适应教师绩效管理的组织支撑体系。因此,建立合理的组织体系是教师绩效管理体系建设的前提。

教师绩效管理必须改进教师绩效管理的组织和体系建设,包括指导和中心思想、管理原则和实施方法、过程内容和不同岗位的实施规则;教师绩效管理缺乏相应的支持和保障措施,应针对此问题提出方案和对策;改革和完善高校教师招聘制度,明确教师绩效考核与奖励的具体分配方案,推进高校教师薪酬制度改革,为教师绩效考核提供一系列人力资源管理与保障。学院的教师绩效管理领导小组可以由学院领导、部门领导和教授组成,负责根据学院的专业发展需求和实际工作组织领导学院的绩效管理。

要建立一个具有具体可操作性的大学绩效管理体系,管理者必须坚持以促进教师绩效为目标,以提高教师队伍素质为关键,以促进教师绩效为重点,致力于形成符合教育教学和教师成长规律、有明确的价值导向、有合理的评教标准、系统逻辑自洽的教师绩效考核评价制度。高校绩效评估必须符合国家发展战略和院校建设规划,才能确保实现国家和学校的短期战略目标。应用型院校教师绩效管理指为实现学校的发展规划，制定合理的标准，通过科学的方式，在保证高校管理者与教师之间的积极沟通的前提下，使教师和学校基于共同的利益，怀抱相同的目标，并对教师的教学质量、科研产出及社会服务方面的工作进行公平的考核，以明确其工作绩效，从而为确定教师薪酬、晋升、培训、淘汰等工作提供合理依据，从而充分发挥教师的长处和优势，提高教师的工作积极性和主动性，促进工作绩效的增长，最终实现学校教学质量和竞争力的提高，实现学校的战略发展目标。

(一) 完善监督机制

任何组织战略目标的实现都离不开有效的监督机制，高校教师绩效管理体系的有效实施也不例外。完善高校教师绩效管理监督机制，首先，要建立顺畅的教师意见反馈和沟通机制，尤其是在绩效评价结束后的绩效沟通阶段，要畅通教师的诉求反馈渠道，让教师合理、有效地表达对绩效结果的意见和建议。其次，在绩效评价过程中，在结合多主体评价的基础上，建立绩效评价监督小组，用以监督高校绩效管理部门的评价行为，确保结果的公平合理。

在具体实践上，可以建立由校长担任主席的学校教师绩效管理委员会，其主要成员应包括学校领导、教师代表、学生代表、社会教育专家及其他社会各界人士。其工作职责主要包括制定高校绩效管理目标和标准、制定高校绩效管理工作内容纲要、审核绩效考核指标体系、监督绩效管理工作的实施等。同时，为了尊重学术权力，保障高校学术的主导地位，高校的学术委员会要履行教师绩效管理工作的咨询与监督职责。此外，在绩效管理具体执行过程中，高校绩效管理委员会应该将相关工作交由其隶属的人事处具体实施，而高校科技处、教务处等部门要辅助配合。

(二) 沟通机制

高校要通过战略管理绩效沟通促进绩效管理者与被管理者之间进行无障碍、平等的沟通交流。在教师绩效考核结果出来后，管理者应及时与教师沟通，通过绩效反馈面谈，让教师了解自己的绩效，了解需要改进的方面，教师也可以提出自己在完成绩效目标的过程中遇到的困难，寻求帮助和指导。只有充分利用绩效考核结果，绩效管理才能发挥其激励作用，为绩效好的教师提供适当、有效的奖励，并对绩效不佳，特别是连续几年不佳的教师进行教学培训,通过鼓励先进和激励后进,促进教师提高教学质量、教学能力和科研水平。此外,促进高层管理人员和教师之间的沟通也很重要。它可以提高教师的教学能力和专业水平,挖掘教师的潜力,提高未来的绩效。有效沟通消除了由于信息不畅通引起的误解和冲突,在信息共享、科学评估和优势互补中发挥作用,增强了学校的凝聚力,树立了强大的团队精神。这种沟通是双方共同追踪进展情况的过程,它能够保证管理者与教师共同努力,及时清除影响绩效的障碍,修订工作职责,上下级在平等的交往中相互获取信息,增进了解,联络感情,从而保证绩效实施顺利进行。从绩效计划的制订,到绩效实施与辅导,再到绩效考评,最后到绩效反馈和结果应用,沟通要贯穿于绩效管理的全过程。绩效沟通需要建立沟通长效机制。具体而言,完整的绩效沟通机制应该包括绩效计划沟通、绩效实施与辅导、绩效考核沟通、绩效反馈沟通、绩效结果的应用沟通五个方面。

(三) 培训机制

从绩效管理的定义及其与高校管理其他模块的关系可以看出,绩效考核的结果不仅仅是为教师的晋升及薪酬提升提供依据,同时也是对教师进行针对性培训的依据。同时,绩效管理作为一项较为复杂的操作过程,也需要对绩效评价人员进行必要的相关培训。因此,完善绩效管理培训机制同样是十分必要的。作为高校来说,其人事部门的管理人员应全面熟悉和掌握人力资源管理理论、方法和技术,为了顺应高校人事管理制度的创新改革,推行有效的人力资源管理,高校就需要对绩效管理工作进行"专才专用"。另外,也需要对教师进行绩效管理的相关培训,其中既要对教师进行高校绩效管理和绩效考核理念和意义的输出,使教师明晰绩效管理的意义,减少抵触心理,也要有教师如何进行针对性绩效改进的培训,使教师在进行绩效考核后,能够切实提高相关能力和水平,以确保学校管理朝着科学和专业化方向前行。

二、创新校院二级管理

目前,许多应用型大学在管理任务中实施了二级学院管理,即相关职能部门已将大量管理任务委托给二级学院或部门,但人权和财权尚未真正实现二级管理。过去,许多高校在年底将绩效奖励下放到二级学院进行分配,即二级学院或系在年底有一定的自主权。在考核教师个人成果的基础上,根据教师在整个年度为学校、学院所做贡献的大小,充分考虑教师为集体做出的未计发报酬的劳动调节分配和奖励,因此,二级学院充分调动了教师的激情参与学院的建设,有利于学院的管理和发展。但部分高校实施绩效管理后,切断了二级学院或系给教师发放的用来调节分配的奖金源头,这就造成了广大教师劳而无获的不公现象,教师对院系的公共任务不再积极,二级学院的领导也受到公共任务分配的困扰。他们无法真正实现奖勤罚懒,这违反了绩效管理的初衷和目的,也不利于二级部门的发展和管理。因此,应当制定合理的分配模式,充分为二级院系下放自主权。

二级人事管理制度改革的关键是根据大学的外部环境和特点划分学校和二级学院的权限范围。提升校院二级管理体制运行效率的基本原则为:一是权责统一原则。明晰校院二级部门的权力和责任的分割,实现权责利对等。二是学术自主原则。二级学院管理最根本的要求是突出学术权力而不是行政权力,完善学术体制机制建设,强化学术自治能力,扩大学术自主权,形成平等、宽松、自由的学术环境。三是目标管理原则。学校管理重心下移以后,二级学院应该在人才培养目标、学科建设、教学管理、人事管理、学生管理、财务管理等方面构建完善的目标责任制。四是多样化原则。高校二级学院内部管理既存在共性,也存在个性差异。不同的二级学院内部管理只有顺应各个学院的特点并以学科建设为中心来设置符合自身发展的管理体系,才能达到高效运行的目的。五是依法治理原则。在法治国家治理的大前提下,二级学院内部管理也必须依法进行,才能在与学校发展目标保持一致的前提下提高内部管理的效率。

三、绩效评价结果应用

应用型高校的构建不是为了促进学校科研产出能力的提升,而是为了保证高校的更高应用水平,并且将为国家培养应用型人才作为学校的办学宗旨。办好应用型高校关键是强化实践教学,加强实习实验实训条件,因此教师不仅要具有较高的学术水平,还要有丰富的教学经验,通过项目推进科研产出与教学质量相融合,加深学校和各大企业的友好合作,转变当下的人才培养模式。因此,应用型高校教师绩效评估体系的构建应有利于教师的教研和实践的有机结合,注重与研究型大学"双师型"教师队伍建设的差异。也就是说,在确保教学中心地位的情况下,鼓励教师积极参与科学研究和工程实践,提高其解决实际问题的能力。以高校组织层面来说,教师绩效管理要同实现学校长远的战略规划目的相协调。教师绩效管理要依附于学校战略目标,并且教师绩效管理体系能够促进学校更好达成其战略目标。教师绩效管理是以绩效计划作为起点,通过绩效实施和绩效考评,然后进行绩效反馈和绩效成果应用的反复循环系统。在绩效计划制定阶段,依据学校战略目标制定学校组织的绩效目标与指标,并层层分解为教师团队及个体的绩效目标与指标,使每个团队及教师的目标与学校目标取得统一;在绩效管理实施和绩效考评阶段,引导和确定教师及团队实现自身的绩效目标和指标的方法途径;在绩效反馈与结果应用阶段,指引教师明确影响自身绩效提升的相关原因,从而找到提高和改进自身绩效的方法。教师绩效管理的整个过程紧紧围绕学校战略目标展开,对教师绩效的管理实际上就是对学校战略目标的管控。因此,教师绩效管理成为推动学校战略目标实现的工具。

  应用型院校教师绩效管理是一门涉及院校、主管人员和教师团队多主体的综合性管理事务,为了保证学校教师绩效水平得到提升,有必要保证学校和教师之间良好的沟通和交流,保证教师和学校利益的一致性,使教师个人事业的发展同学校的规划发展目标结合起来。作为管理者的高校领导层和教师分别从事高校的行政与教学工作,联系不够密切。因此,高校管理者在实施管理的过程中应持续不断地和教师进行有效的沟通交流,良好的绩效管理体系中管理者与教师之间的联系促进了组织内部成员间人际关系的提升,并且可以促进彼此之间的相互信任,提升工作积极性。管理者只有在与教师的紧密交流中,才可以全面地对绩效管理进行评价,才能了解到当前绩效关系体系存在的问题。保持和教师之间的有效沟通,可以为绩效计划的制定提供更加具有可操作性的建议,制定出更加科学的计划方案,同时也可以更好地让教师了解绩效管理体系,加强对绩效管理制度的拥护,减少管理人员推行绩效管理面临的压力,提升教师的参与程度。就绩效管理的关键环节与教师进行沟通能够充分凸显出高校对教师的尊敬,实现高校职场的和谐。因此,要持续沟通,在这个过程中,教师的个人意见得到充分体现和尊重。当然,大学管理者和教师之间的沟通需要注意方法。在整个绩效管理过程中,大学的高层管理人员和二级学院的管理者必须清楚地了解他们的管理职责和大学的战略目标，清楚地了解教师的地位和责任。大学管理者和大学教师要有责任地沟通，管理者必须向大学教师清晰传达绩效观。从公共理性的角度而言，教师需要以绩效管理体系作为指引，了解学校的战略使命和目标，并且在被管理的过程中熟练掌握整个管理过程，以促进有效沟通和提高自身的业绩。

（一）教师绩效评价的科学定位

科学、合理地使用教师绩效考核评价的结果，使之切实有效地应用于教师的薪资调整、职位晋升、岗位调配等方面。在全面、通畅的沟通和信息反馈条件下，较好地凸显教师绩效考核结果的效能，使作为考核评价对象的教师可以据此调整自己的教学科研，使之成为促进个人工作绩效改进和职业生涯发展的动力。要做到教师绩效考核评价的科学定位，不能将对教师的年终鉴定作为绩效考核评价的唯一手段，而要通过对教师绩效考核的科学定位，关注教师在工作中的协调性和统一性，较好地实现对教师的激励，全面促进教师的均衡发展和提升。

（二）绩效评价结果的应用能提升高校的管理效能

管理效能是指管理部门在实现管理目标过程中所显示的能力和所获得的管理效率、效果、效益的综合反映。办学效益和工作效率是衡量一所高校管理效能的两个重要指标。办学效益是学校整体的、全面意义上的绩效，工作效率是单位时间内学校所取得的绩效成果。学校领导的管理理念与工作方式及学校的人力、财力、物力固然影响学校的办学效益和工作效率，但也绝对不能忽略学校各职能部门、各学院特别是每位教职工的绩效对学校办学效益和工作效率的重大影响。一所高校是由各级管理者和广大教职工组成的统一整体。只有建立起有效的激励、竞争、约束和淘汰机制，通过科学、有效的绩效评价，得到合理的绩效评价结果，将绩效评价结果与被评价者进行有效的沟通和反馈，并将绩效评价结果进行有效的应用，以此做出科学的人事决策，帮助被评价者改善和提高绩效，才能让被评价者从内心真正地接受并认同绩效评价，从而充分激发各级各类人员的工作热情，避免工作懒散和倦怠，促进整个学校工作效率和办学效益的提高。因此，科学、合理地应用绩效评价结果能有效提升高校的管理效能。

（三）绩效评价结果的应用能促进高校教师的职业发展

高校教师群体具有高学历、高智商、以脑力劳动为主等特点，而教书育人、科学研究和社会服务是高校教师涉及的主要职业领域，这就决定了教师的职业发展是一个具有重复性和创造性的复杂过程。具体来说，教师的职业发展是一个专业知识不断丰富和更新、教学经验和技能不断丰富、科研能力和水平不断提高、社会服务意识和能力不断增强的过程。高校对教师的绩效评价应该凸显"帮助教师发展"的人本理念，强调以发展性评价为导向，逐步淡化以奖惩为目的。高校教师的绩效评价应该主要围绕教学、科研和社会服务三个层面来设计评价体系和标准，以便使绩效评价结果能够较好地蕴含教师的职业成长信息。而这些信息反映了教师在教学、科研和社会服务方面所取得的成就与存在的问题，学校通过将绩效评价结果与教师及时地沟通与反馈，能够极大地帮助教师客观地认识和评价自己的工作，找出自己在工作中成功与失败的原因，从而明确今后自己职业发展的方向和目标，及时矫正不良行为，合理分配和利用好自己的时间与精力，激发潜能，注重提高自身的职业发展能力。学校作为教师职业发展的组织载体，应该充分发挥人力资源管理制度的导向作用，将教师绩效评价结果应用于教师岗位聘任、人才培养、薪酬发放、职务晋升及奖励惩罚等教师管理的方方面面，形成一种激励有效、竞争有序、监督有为、约束有力的长效机制，在制度、政策、业务等方面为教师绩效的改进提供支持和帮助，从而使教师的职业生涯朝着更好的方向发展。

四、塑造优秀绩效文化

管理大师彼得·德鲁克曾经说过：组织文化是最高层次的管理。组织文化是组织和个人共享的核心价值体系。高校教师具有鲜明的个性特点及工作特质，从而形成特有的学校文化。学校文化是通过影响教师的思想来影响教师的行为，具有较强的柔性。教师绩效管理体系有着明确的框架体系和实施流程，具有较强的刚性。学校文化与教师绩效管理体系紧密相连，共同服务于学校战略目标的实现。文化与绩效之间呈现出一种相辅相成的关系，形成绩效导向的学校文化能够在充分融合教师特点及工作特质的基础上求同存异，在全体教师中确立共同的信念和行为准则，形成牢固的凝聚力和向心力，这对学校未来发展具有十分重要的意义。因此，营造绩效导向的学校文化，能够鼓励学校中的管理者、教师主动实施绩效管理。教师绩效管理只有在与学校绩效文化认同的耦合中才能实现和超越，形成绩效导向的学校文化是实现教师绩效考评向绩效管理转化的关键条件。

着力文化建设，建构大学精神价值认同。大学精神是学术组织内部师生、校友等各个个体共同体验和信仰的升华，是师生共同秉承的价值观，是可以代代相传的集体意识，是成员互动关系中达成的共识性的"认同"。这类价值认同是学术共同体的灵魂，是一个组织最重要的无形资产，也是一类事关长远、影响深远的社会资本。应当将校训、院训等文化载体作为凝聚共识和求同存异的基础，作为明志致远、开拓创新的利器。与此相反，疏于大学文化建设和精神塑造的后果将是工具理性的滥用与科技理性的胁迫，导致大学精神缺失、内部管理失序。激励校园文化在高校中形成，使教师能够通过组织文化感染建立起教师和学校共同成长的价值观，对绩效计划的实施与绩效目标的完成有着非常重要的作用。

基于战略管理的绩效文化建设是指高校要以围绕学校战略目标为中心，将战略目标各组成要素分解到绩效考核指标内，并渗透到绩效文化的建设中。高校绩效文化建设主要应包括高校绩效理念的贯彻、教师团队文化的建设、高校创新文化的建设三个方面。在贯彻高校绩效理念方面，高校要通过开展多种形式的绩效宣传活动，使基于战略管理的绩效理念能够深入教师心中。管理理念是管理活动有效开展的重要思想基础。绩效管理不只是要填写一系列的表格，它是一种管理思想，要上升到文化的高度来认识，只有这样，绩效管理的实施才真正有广泛的群众基础和文化氛围，才能提升绩效管理的执行力。在高校教师团队文化建设方面，要加强高校教师之间的团队合作。高校要创造一切有利条件积极鼓励教师进行科研创新。创新是一种文化价值及思维方式的革命性飞跃，是组织持续发展的不竭动力。

教师作为典型的知识型员工，需要有一个和谐健康的工作环境和善于创新、富有团队精神的文化氛围。高校应为教师发展创造机会，让他们体现自身价值，实现事业追求，建立一种以合作与创新、尊重与信任为特征的组织文化，使教师产生一种自我约束和自我激励，提高对高校的认同感与忠诚度，积极构建促进个人成长与发展和发挥工作自主性的舞台。学校要积极开展学术活动，丰富学术资源，提高教师学术交流机会；充分尊重教师的学术权利，营造充满诚信、求真务实、开放包容的文化环境。高校与教师建立强有力的愿景与核心价值观，并且愿景是由教师参与建立并得到认同的，把管理与满足教师的期望相结合，激发教师的成就动机，维持和强化心理契约的作用。高校还要高度重视制度管理与人文关怀的结合，建立多向沟通渠道，提高教师参与高校管理的程度，培育和保持一种自主和协作并存的文化，塑造自主创新、团队制胜的文化氛围，持续打造学习型组织，形成人人自觉学习、创新的局面，把激励机制与管理制度有效地结合起来，最终促进高校核心竞争力的形成。

第六章　应用型高校教师绩效管理的发展趋势

第一节　应用型高校教师绩效管理的政策驱动

一、教师岗位分类管理的实施

高校人事管理是高等教育内部管理的一项重要内容，而制度是提高高等教育内部管理能力的基础和内在保障。深化和推进高等教育内部管理体制、高校人事管理制度改革，进而建立现代大学制度，对高校人事管理具有不言而喻的重要性。国家出台的多项文件为高校教师岗位分类管理的实施与考核机制的建立提供了指导。国家于2007年出台《国家教育事业发展"十一五"规划纲要》，于2010年出台《关于高等学校岗位设置管理的指导意见》《国家中长期教育改革和发展规划纲要（2010-2020年）》，提出要制定和完善高等学校编制标准、教师岗位分类管理与考核评价机制；采用创新聘用方式、提高用人规范、完善激励机制等方法加强学校的人事岗位管理，不断激发教师积极性和创造性，完善高校人事制度，进而体现制度效能。依据高校教师工作内容体现出来的多样、繁杂的性质，构建基于高校教师分类发展的绩效评价体系，能够使高校教师绩效评价指标体系具有科学的规范和一个比较客观的考评标准。

（一）实施教师岗位分类设置、分类考核是创新师资队伍管理的新模式

教师是教育和学生学习过程中必不可少的指导者，是教学工作的主体。而教师的发展是其自身发展的必然要求，是推动教学工作健康发展的

微观动力，也是高校发展的核心动力。高校对教师管理的科学性和合理性将直接影响到未来人才培养质量，也将直接影响到国家科学研究水平，进而直接影响到大学的社会价值——社会服务能力。因此，对教师的管理是高校各项管理工作中的重中之重。坚持"以人为本"的理念，能调动其从事教学、科（教）研工作的积极性，充分发挥及激励教师的潜能，使广大教师能够各尽其才、充分发展，最终成为高等教育人才培育的核心推动力。但从目前的管理来看，高校的各项工作中普遍对教师专业发展、个性发展不够重视，导致教师发展通道不明晰乃至堵塞，教师缺乏归属感已成为趋势。因此，要积极探索创新型师资队伍管理新模式。实施教师岗位分类设置、分类考核不仅体现了对不同学科教师的成长规律的尊重，还体现了"以人为本"的管理理念。这能够为广大教师提供多元化的发展渠道，促进其自身的发展，是创新师资队伍管理的新模式。

（二）实施教师岗位分类设置、分类考核是完善考核激励机制的重要途径

明晰的分类能够便于对教师进行管理，分类设置教师岗位，使处于不同领域的教师发挥其自身的长处，发挥自身的潜能。而且，对不同岗位的教师的分类也对考核评价标准的设定有一定的意义，使考核方式的设定具有针对性和便捷性，也能够最大限度地激发和鼓励绝大多数教师采取各种措施提高教学科（教）研工作的质量。在高校岗位分类设置过程中，不同的高校可以根据不同地区政策、当地特色以及学校的具体情况，按照不同类型教师（包括基础课教师、文科教师、理科教师等）实际工作内容灵活制定、调整具体考核指标及权重，以达到对各类教师绩效评价的准确性和高效性，并由此实现高校的教师与科研成果和高校自身的可持续发展。要致力于与其专业相对接的行业产业技术项目的研发和推广，在校企合作、校地合作中积极探索，搭建科研成果孵化及转化平台，集中教师团队智能优势和企业技术团队技能优势，缩短科研成果转化周期，实现成果快速、有效、规模性转化。另外，转型高校教师应以服务社会为己任，具备跨界合作能力。教师应该具有强烈的社会服务意识，为服务地方经济社会发展贡献知识力量与技术指导，既具备主持和参与理论设计、政策研究、实证调研等纵向课题，参与企业生产技术实现、产品升级、技术推广等横向课题的能力，又具有与相关专业、不同行业技术研究人员跨界融合、深度合作的素质与能力。可以说，实施教师岗位分类设置能够发挥管理制度的优越性，而分类考核可以完善考核激励机制，能够切实着眼于提高管理

效能。

(三) 基于分类管理的高校教师评价是形成有效激励机制的一种手段

对于高校人事部门对教师分类的工作，可建立相关的机构，并针对教师的不同学科性质、其自身的具体特点，帮助教师对自身发展的合理定位进行恰当分类和指导。这种高校教师的分类体系，促进绩效评价体系的建立，进而实现"物尽其用，人尽其才"的最优目标，达到激发不同类型教师的积极性的目的。与此同时，分类工作及针对性的激励体系可以结合高校的发展战略和长远发展目标，对教师职业定位和发展目标提供宏观指导，实现高校的发展与教师个人职业发展相协调。

实施基于分类管理的教师绩效评价体系有助于高校充分发掘教师自身潜力，提供多元化教师职业发展通道，优化高校的师资队伍。当前，我国不同性别、年龄和学科领域的教师群体皆有高学历的优点，但对于高校教师的人事管理来说无疑会增加管理难度，不同教师的能力和专长各异，擅长教学的教师在科研方面的精力可能有所欠缺，而有些精通科研的教师则不能兼顾教学工作的质量。为此，建立科学、合理的教师考核体系以迎合高校教师自身特点，是促进教师发展、实现高校管理人性化的必然要求。要发挥高校教师考核评价体系对高校教师发展的积极、正向作用，不仅要注重评价体系具体实施的可行性与公正性，还要兼顾不同类型高校教师的职业身份特点。高校教师的合法权益和学术自由不仅是教师做好自身本职工作的前提条件，也是教师职业发展最重要的保障。因此，在高校教师考核评价体系的具体实施过程中要维护高校教师思想的独立性和创造性，促使高校教师公平竞争权益真正发挥其制度优越性。

针对高校教师这种知识性人才，在绩效评价的过程中应该打破高校的组织属性，构建合理的、科学化的学术劳动力市场制度，保证高校教师合理有序流动。高校应减少以经济杠杆吸引人才措施的运用，着力于建设高校学术声誉，秉持"人才为本"的理念，制定严格的学术规范，营造积极健康的学术环境，加强非经济因素对人才的吸引。实现教育资源和人力资源的优化配置，促进教师职业的多元化发展，拓宽教师多元化的选择空间，从而倡导更加健康的无边界职业发展，一方面会有助于提高高校教师的工作满意度和职业满意度，另一方面将最终促进高校教育体系的可持续发展。高校教师分类管理是高校实施岗位设置和绩效工资改革的关键环节和重要组成部分。黄永乐（2004）认为，高等学校的办学功能、科学合理的评价方式的建立、突出高校特色和培养学生个性、有效实现以人为本和教师的个性发展等决定了高校应该实施教师的分类与多元评价。教师的分类与多元评价在教师不同的专业和专长上应该有不同的侧重，按照学校应用、科研、教学等功能的不同方面把教师划分为不同的类型。针对不同的教师类型或专长采用不同的评价指标，并对其任务和绩效采用不同的评价标准，如在教学、科研和服务社会不同的功能上分别确定评价指标，进而采用不同的评价标准对其业绩和绩效进行评价，实现面向不同的主体、针对不同的工作内容、采用不同的方式，在评价教师业绩时分别按照不同标准进行，实现多元化的评价体系。当前，几乎所有高校对教师的评价都采用了国家教育部统一制定的标准化的评价机制，实际上评价的过程可以标准化，具体的评价指标不应具有普遍适用性，针对不同地区或者不同性质的高校应该采取具有针对性的评价机制。在高校教师绩效评估中对教师的科研成果的特别重视，对不同性质的高校教师发展以及工作显现出特别的不公，再加上地方高校的教师必不可少地要面对繁重的教学工作，受高校自身实力、生源质量的差异性、资金力量的限制，其学校自身的科研起点就比研究型院校稍逊一筹，此外，还要在业余时间进行科研业务，地方高校教师常常感到力不从心，不仅不能保证其科研工作的质量，还会导致教学质量下降。所以，在学校方面，针对教学和科研的关系失衡问题，我们应对不同的教师提出不同的要求，正确处理好教学与科研的平衡关系；我们应该根据教师自身学科性质和专业所长，引导教师确定合适的发展方向。此外，建议有关部门考虑区分不同性质的高校。不同的学校具有不同的性质，如应用型、研究型等；而在学校内部针对不同的教师性质和所取得的不同的科研成果采用不同的考核标准，对教师进行合理分类，划分出社会服务型教师、科研型教师、教学型教师等多个类型，进而采用不同的有针对性的指标予以评价。

二、高校用人机制改革的推动

（一）提高教师绩效水平，确保教育教学质量

当前，国家在人事方面加大改革力度，着力建设更加科学合理的人才聘用制度，逐渐削弱传统的终身制度，不断转变个体职业终身观念，完善人才竞争机制。教师的质量直接影响着应用型院校培养人才的水平。有明

确的绩效目标才能激励个体产生工作动机，也只有公正、客观地对教师工作结果予以准确评价，才能真正地激发教师的工作动力。随着我国高等教育的发展以及不同类型高校的确立，为保证应用型高校教师的质量，必须建立良好的考核与激励机制，建立完善的教师绩效管理体系，只有如此，才能明确教师的工作目标，充分调动教师的工作积极性，全面激发教师各方面的工作潜能，进而提高教师的教学水平、科研能力，最终完成高等教育为国家培育人才的根本使命。

(二) 提升整体管理效能，实现人才培养目标

为改变传统的绩效管理模式不能适应现代教育发展要求的现状，应用型高校必须顺应时代发展需要，着眼于自身应用型院校的性质和特点，响应国家对应用型院校建设的战略规划和要求，建立与国家要求相适应的绩效管理体系。绩效管理体系是实现高等教育、教学、科研应用等环节的质量监控的制度保证，是院校自身组织发展目标的体现，也是完善院校人事管理制度的重要环节。应用型院校的人才培养目标是培育社会服务型、高质量的应用型人才，应该以切实提高学生应用水平为根本，不断为学生提供高质量的教学服务，引导学生朝着应用型人才方向积极、全面、健康发展。通过重新建构绩效管理体系来不断提高高校教育管理的整体管理效能，不断提高高校应用性、服务性水平，提高高校培育高质量应用型人才能力，最终培养出社会发展所需要的人才。

(三) 以激活高校用人机制为重点的人事制度改革

随着市场经济的发展，教育领域也面临转型的发展期。市场经济不仅为我国经济发展带来活力，也为教育事业带来了挑战和机遇。我国高等教育要适应经济发展的需要，高校的用人机制也在不断推行"市场化"。要实现用人机制的市场化，必须要有严格、完善的管理机制，进而保证教育领域市场运行的规范有序。而完善的教师绩效管理体系则为用人机制的市场化提供正确、合理的方向指导。绩效管理体系可以客观、公正地评价教师的工作质量和工作成果，公正的评价体系会增强教师的竞争意识，发掘教师的潜力。教师之间的绩效水平的比较能够增强教师的自我认知，进而不断激励教师迎合市场发展需要，不断完善自己，提高自身水平，挑战更高的职业目标或者寻求更合适的工作岗位。同时，实行用人的淘汰制，对那些与岗位不匹配的教师进行岗位调整，对能力欠缺的教师直接淘汰，实

现教师岗位的灵活匹配的优胜劣汰制度。总之，完善的教师绩效管理体系在建立教师劳动力市场、完善实用性高校用人机制方面发挥着无可比拟的作用。

三、教师绩效管理关键控制点

绩效管理不仅是一种制度和管理实践，实际上也是一种管理理念和管理哲学。绩效管理不仅仅是对员工的业绩进行严格的数理指标的计算和评估，它是一种手段，更是一种帮助员工自我发展、实现职业规划，最终在个体发展的基础上实现组织目标。在现代管理理论中，绩效管理向所有员工传递了以"绩效"为基础的管理与发展理念，它不仅对员工的表现做出准确、公正的评价，而且促使员工在绩效管理的过程中不断改进工作方法，提高工作绩效，很大程度地开发个体潜能，从而实现员工绩效的提升及组织战略目标的达成。

（一）高校战略规划与目标明确

不同的组织从根本上而言都具有不同的使命，绩效管理最终的目的是实现组织的终极战略目标，而对于高校而言就是通过一系列的绩效管理制度来实现高校最终的战略目标。所以，高校应该具有其组织中所有个体都认同的、一致的战略目标，高校中所有教师与行政人员应该共同协商制定符合自身组织的独特的战略与目标，然后层层分解；针对这一战略目标，学校中所有教师的工作和任务都是围绕着学校的战略与目标而展开的，所以每个教师要知道上一层的目标，然后依次和主管共同设定自己的目标。这样，不同层级的绩效目标的确立使各个层级的教师不但非常明确自己的工作目标，而且也明确了绩效的衡量标准和工作的落脚点，同时也在绩效考核过程中保证公平、公正、公开。相反，如果高校没有制定明确的战略规划，也没有确立整个组织所支持的战略目标，教师的绩效考核执行起来就是无源之水、无本之木。

（二）高校管理流程的优化

流程是一组共同为客户创造价值的相互关联的活动进程。通过对组织中的业务流程的再思考和再设计，不断降低组织运行的成本，提高组织的产品或者服务的质量，加快组织流程运行和提供服务的速度，达到流程优化的最终目的——提升组织的运营管理水平。流程优化面向客户，以过程为核心，充分运用信息技术，实现组织结构的扁平化，进而提升组织的核心竞争力。也就是说，流程优化能够帮助高校提高双效——效果与效率。此外，如果高校内部没有明确、高效的业务流程文本、管理汇报和岗位权责规范，绩效管理相应的管理基础也将不复存在。

(三) 教师的权力与责任的明晰

与管理流程优化相联系的环节是建立处于各流程的岗位权责的分工体系规范。明确高校中各个个体的责任分工是高校实施绩效管理的前提，只有权责明确才能使高校中的各个岗位各司其职，避免扯皮推诿现象的出现，所以，在高校实施绩效考核前必须在流程优化的基础上进行工作分析，明确不同岗位的责任和分工，制定相应岗位的职位说明书，从而使绩效管理在对每个人或团队的工作结果与业绩进行评价时做到有的放矢，在对个人和团队的工作进行比较和奖惩时，也能做到有据可依，进而保证公平、公正，最终达到激励个人、促进工作的目的。

(四) 绩效管理需要高级管理层的支持

人力资源部门与组织中的其他平行部门一样，并无特权的存在。在绩效管理的实施过程中也会不可避免地出现矛盾和麻烦，因此，绩效管理的实施推进需要高校管理层不断地提供支持和帮助，只有这样人力资源部才能有信心协同各部门共同顺利地完成这项工作。但是，在许多组织里，绩效管理的任务缺乏管理者的支持，被简单粗暴地划归人力资源部，管理者对此并不重视。人力资源部也不得不因工作任务繁重，或者避免与不同的部门产生摩擦或冲突，最终草草收场，仅仅应付地将考核表格收齐封存完事。因此，当我们面临绩效管理困境时，我们需要反思：作为高层管理者是否真正地、持续地对绩效管理给予大的支持？如果回答是否定的，那么，高层管理者要为绩效管理失败负责任。绩效失败责任的承担者首先是高层管理者，其次是各部门主管，最后才是人力资源部门。

(五) 绩效沟通持之以恒地执行

我们应该认识到绩效管理并不是简单地将员工的工作业绩进行评价得出结论就结束了，绩效管理的目的归根结底是达成组织目标。因此，绩效管理最重要的部分就是绩效管理过程中的沟通，通过对员工业绩的评价反馈，不断在这种反馈、沟通中提高绩效。绩效沟通工作将会在教师绩效管理工作的执行过程中发挥重要的作用。在教师的绩效管理过程中加强绩效沟通，一方面，能将高校中的管理者的战略规划传达给教师，使教师获得管理者的人文关怀，更加认同绩效管理的具体指标设定；另一方面，教师还可以在绩效沟通的过程中及时给予管理者反馈，以寻求支持和帮助。此外，一方面，在绩效沟通的过程中绩效管理者可以根据教师在工作绩效中显现出来的问题及时给予帮助予以改进；另一方面，在一定的时间和绩效管理周期内，能对某一工作内容的某一方面工作任务的达成情况进行反馈和沟通，对具体的绩效指标的达成情况和不足之处达成共识，使教师更加理解绩效考评的结果，减少教师因认识不足而引起的抵触情绪。

在绩效管理的过程中加强绩效沟通工作，能够让教师及时了解自身的绩效结果，进而确保自身工作方向的正确性，发现工作中出现的问题，及时分析问题产生的原因，并据此制定有效和针对性的改进措施。一定程度上而言，沟通是绩效管理有效性的核心，因为只有存在沟通，绩效管理才会是实际可行和有效的。沟通应该存在于绩效管理的每个环节，贯穿于其过程的始终。无论是要实现员工的个人目标还是最终达成组织的最高目标，离开了沟通，绩效管理将只会是流于形式的规范、表格、文字叙述。实际上，组织中许多管理活动失败都是因为沟通出现了问题。总之，绩效管理的过程就是组织中执行者与管理者持续不断沟通，以提升绩效的过程。

（六）考核结果应用于员工激励

绩效评价的结果最终要保证其应用性，对组织中个人的工作业绩给予评价之后，应该充分利用考核的结果，根据不同的绩效水平制定具体、明确的奖惩措施。不论是加薪还是升迁，抑或是降级惩戒等，都应该根据具体的业绩结果进行及时、合理的应用，以确保激励效果的有效性。绩效考核应该与利益相挂钩，一方面，高校教师的绩效考核结果必须及时与组织中个人的利益紧密相连，以此来保证绩效考核的激励作用。另一方面，绩效考核应该与利益的分配方式相结合，如绩效工资等。如果组织中考核的重点倾向于工作业绩，那就应该减少技能工资在薪酬体系中的比重。如果绩效与薪酬的分配结果不一致，就难以保证绩效管理实践的效用。

（七）高效的绩效文化

高校中应该营造一种以绩效为导向的工作氛围，制度的执行不仅仅依靠管理者的指导和执行者的实施，浓厚的文化氛围不仅会减少很多管理实践的阻力，还可能会增加推力。以绩效为导向的文化氛围，能使个体增加其自身了解组织中管理层真正重视的内容的自觉性和积极性，这样绩效考核推行起来就顺畅得多。

第二节 应用型高校教师绩效管理发展趋势

高等教育普及化是大众化阶段的深度发展。我国正在向高等教育普及化阶段迈进，这是符合国际趋势的战略抉择。现在外部环境越来越VUCA（Volatility，易变性；Uncertainty，不确定性；Complexity，复杂性；Ambiguity，模糊性），对于组织自身而言，进行科学合理的绩效管理，对外要使组织增强对外部环境的适应力，对内要增强员工的持续成长和潜力开发能力，最终实现员工与组织的共赢才是绩效管理体系的正确之路。如果非要给这种思想也赋予一个名称的话，那就是"敏捷"。"敏捷"包含两层意思：在组织层面，VUCA时代组织需要敏捷响应外部变化及组织发展的需要，快速调整组织战略目标和个人目标，始终保持员工与企业战略目标的一致；在员工层面，通过目标驱动的快速反馈，敏捷辅导，即时激发员工潜能，促进员工快速成长，而不是只做年度的绩效面谈。绩效管理只有做到了这两个层面的"敏捷"，才能真正实现绩效管理的本质目标：人才成功和组织成功的真正一体共赢。

一、敏捷绩效快速响应环境变化

随着"互联网+"时代的到来，对教育理念、模式和发展都产生了革命性的影响，信息化手段已经渐次渗透到高等教育教学的各个环节。在这种分布式、开放式、交互式的教学环境中，随时随地的海量学习行为所形成的非结构性数据能够即时记录学习轨迹，为教学决策与实施提供有价值的参考依据。据《2017德勤全球人力资本趋势报告》分析，重塑绩效管理体系正加速发展，79%的高管将其列为首要任务；在重新设计绩效管理的企业中，有90%的企业在员工敬业度方面有直接改进，96%的企业反馈其流程更加简化，83%的企业称其员工和经理之间的沟通质量有所提升。不管使用的是最火热的 OKR，还是 CPM 持续绩效管理，这种新型绩效管理的本质都是目标导向、即时反馈、以员工发展为核心，我们把这种模式总结为敏捷绩效。

首先，目标驱动。教师制定目标不是为了罗列都做了哪些工作，也不是为了最后能给出一个目标完成情况的最终得分，而是要通过目标的设定，实现教师个人工作同组织整体战略目标相关联的管理框架，是一种帮助整个学校目标一致、聚焦在最重要的事情上的管理方法。

其次，实时反馈。要由一年一次的绩效面谈变为实时反馈。实时反馈可使员工不断地重设目标、改进工作，并从努力付出的工作中感到自身价值。反馈频率可以按周、双周、月度、季度，甚至随时来做。反馈要更轻量化，"80"后已经成为教师中的主力军，他们的工作模式已经非常互联网化，他们习惯社交平台上的直接、简短的交流，这就可以通过技术化手段、一些反馈工具来帮助建立教师之间的反馈渠道；同时也积累了大量的反馈建议，便于分析教师改进路径等。毕竟，成长和发展已经成为提升新生代教师敬业度的最重要因素。

反馈需要双向，甚至多向，不仅仅是管理者给教师的反馈，也可以是同事之间的反馈。可以利用技术手段，根据教师邮件、协作等社交数据，计算出协作最多的同事，主动邀请其进行反馈，这样更有针对性。反馈要与教师工作或个人发展目标（能力）相关。

反馈并不只是绩效考核结束时的绩效面谈，而应贯穿整个绩效流程。从开始设立目标，管理者就应该和教师做一对一面谈，帮助教师明确工作重点，设置有挑战性的目标。然后可以按季度/月度进行绩效沟通。教师之间的反馈可以是随时的，教师可以主动邀请同事给予自己反馈，也可以主动给他人反馈；管理者也可以邀请他人为教师做反馈。反馈可以公开也可以不公开，重点在于"改进"。这样有助于多方面帮助教师成长。并且高校要注重教师绩效管理"最后一公里"的打通，即将绩效考核结果及时如实反馈给二级学院和教师本人。并通过绩效辅导和绩效改进，进行绩效面谈和绩效培训，使被考核二级学院和教师都了解绩效计划的执行情况与考核结果，了解自身的不足与薄弱环节，找出需要改进的方面，共同协商制定绩效改进计划及下一个绩效周期的工作任务与目标。

反馈也是有针对性的，不要只是一个随机的对话或聊天。一般来讲，

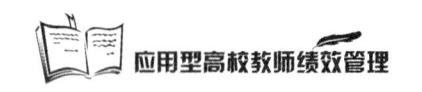

反馈主要针对两方面，一是对事情，二是对人。可以是针对工作目标完成情况的反馈，是针对教师个人技能或能力发展方面的反馈，也可以主动就某个问题发起反馈。我们可以设置一些具体的反馈模板或话术，便于指引反馈者做有效、具象的反馈。

最后，强调基于教师贡献的评估，激发教师潜能。这样才能够让教师更乐于接受有挑战性的目标，有效避免强制分布模式下轮流坐庄的现象，更能促进教师之间的协作精神。

敏捷绩效的本质：强调目标透明、聚焦，注重持续反馈和辅导，激发教师的主动性和创造性，弱化绩效评估。要建立积极、正向、即时、双向的反馈文化，要有针对地提建设性的反馈意见，而且要贯穿于整个绩效管理全流程中，而不仅仅是绩效面谈时的昙花一现。

应用型高校发展的主要功能在于人才培养，教学质量的提高是人才培养的关键途径，科研则是教学改革取得突破的关键，社会服务是学校对接社会的纽带、教师水平提升的途径、学生成长成才的平台，由此形成学校"三位一体"的考核架构。不管是采用哪种绩效管理的工具、方法，其实质还是要建立起一种透明、聚焦、及时辅导反馈、帮助教师成长、激发教师潜能的文化，最终实现教师成功、高校成功的真正一体共赢。

二、OKR 工具激励高潜人才成长

相比 KPI，OKR 模式在逐级分解公司目标的基础上，将组织目标的关键任务和绩效产出进行更为细致的划分，并通过灵活的政策使绩效管理目标成果在考核期内依照实际情况进行调整，并以此更加明确每个组织成员的绩效目标，使之顺应总目标的发展趋势，从本质上解决了 KPI 的局限。

对于高校而言，OKR 和与其匹配的基于价值的绩效评估方法能否真正落地并发挥出效果还需要一定时间来验证。高校目前关心的是如何找到可以持续优化绩效管理价值，既符合未来发展方向，又符合高校实际的比较稳妥的推进路径。绩效管理的本质也就是绩效管理的核心目标，是促进组织目标达成，有效地激励员工，有效支撑高校战略，注重绩效结果的应用。所以，要想让管理者、教师认可绩效管理，就必须从高校目标达成与教师有效激励的角度出发。OKR 能激励高潜人才的自我挑战，是高校建立的一种柔性的绩效管理体系。柔性管理模式不依赖于固定的组织结构、稳定的规章制度进行管理，而是随时间、对象、外部环境等客观条件的变化而变化，是一种反应敏捷、灵活多变的人力资源管理模式。就高校教师群体的工作特性而言，柔性管理方式更能激发其内在的潜力与活力。OKR 目标值的动态调整给予教师职业成长的时间和空间，循序渐进挑战目标值。

"互联网+"时代，企业的创新内容已从传统的技术创新和要素创新，拓展到企业组织创新、管理创新和环境创新，从强调工具技术的创新到注重管理理念、管理模式及管理文化的创新，从推动企业发展硬实力的创新向企业长远发展软实力的创新转变，逐渐形成企业各要素整体创新发展及相互促进发展的新局面。绩效管理作为企业管理及企业业务绩效增长的重要抓手，同样是进行企业创新的新阵地。对于应用型高校来讲，企业创新的实践能否对高校绩效管理创新起到积极的带动作用则是高校管理者进行高校管理创新的重要关注点。高校管理者应该及时跟进社会大环境下的绩效管理创新案例和获取相关信息，结合自身实际，对初次创新成果进行高校化和二次创新，形成高校绩效管理新模式，促进其应用型建设目标的实现。

三、社交化绩效工具沟通便捷化

SNS（Social Networking Services，社会性网络服务）让绩效管理工作直指本质，专指旨在帮助人们建立社会性网络的互联网应用服务。SNS 绩效管理是指运用 SNS 平台进行绩效管理的方式。随着互联网信息技术的升级换代，智能手机的普及和微博、微信等新媒体的广泛应用，目前以"人"为中心的 SNS 社会性网络服务/社交网站已经初步形成并作用于人们的沟通互动模式，对传统的企业管理模式造成了很大程度上的冲击，最直观的表现就是企业 OA 办公系统、视频会议系统及员工间密集的交流网络群，在有效提高企业信息传递速度、减少信息失真等积极影响下，有力地消除等级隔阂，促进信息流动，让沟通与协作变得轻松而愉快。

同时，这种信息交流的畅通也契合了绩效管理的需要，成为绩效管理在增加共同制定绩效计划的便捷程度、促进绩效评价公开公正透明，以及绩效沟通顺畅方面，有效促进绩效管理落地执行的有力工具，同时也会减少各部门管理者和员工因为外部因素拖延绩效管理工作进展，帮助企业组织有条件真正落实和执行绩效管理，充分发挥绩效管理对于组织发展和个人发展的积极促进作用。

　　绩效管理的本质就是通过绩效信息、绩效目标的良好传达，并通过有效的沟通促进员工的自我控制和自我管理，以提高员工的工作积极性，促进员工工作能力和素质的提升，使员工对工作的投入感和荣誉感加强，以最终促进组织目标的达成。但在实际的管理过程中，尤其是绩效评价的过程中，对绩效目标的制定和沟通与绩效评价结果的反馈和改进都会有一定程度上的困难。SNS 绩效管理以其独有的优势，能够有效破解绩效管理中管理和沟通的难点，帮助组织轻松把控绩效管理的关键点。

　　一是促使高校管理者和教师管理好各自目标。绩效管理与高校业务及教师的工作有着直接的关联，SNS 绩效管理所具有的信息传递畅通的特点能够使上级管理者及时掌握教师工作的进展及绩效目标的实现程度，并能够较为及时地进行纠偏和绩效改进，完善对绩效的控制机制。同时，SNS 中协同和分享的因子能让教师和上级管理者在目标上协同，资源互补，有效利用人际关系润滑目标执行中的障碍点。SNS 绩效管理帮助业务体系实现价值的同时也提升了绩效管理的价值。

　　二是通过良好的绩效沟通和反馈，提高教师工作积极性。绩效管理从其定义和本质上讲，并非高校仅仅为了完成既定的发展任务进行强制性管理的方法，即绩效管理不是一种控制性管理，而是一种发展性和人性化的手段。实施绩效管理最大的忌讳就是管理者不注意沟通，一方面，使教师机械接受强制性命令，导致教师不愿积极配合，另一方面，绩效目标及绩效管理的其他流程若缺少教师的参与，会导致教师对个人绩效的理解和认知不足，造成工作困惑和困境，影响绩效目标的实现及绩效管理作用的发挥。通过 SNS 绩效的管理的相关技术，能够有效加强教师与管理者之间的沟通和互动，促进信息的流通，从而帮助管理者及时了解教师工作，给予相关帮助，也使教师更加了解学校对自身的绩效期望，认清绩效目标，并依照管理者提供的反馈信息及时改进纠偏，以促进绩效目标更好实现。

　　三是"众人拾柴火焰高"，凝聚集体智慧。通过 SNS 技术，一个人可以通过不超过 6 个联系人，寻找到任何一个你想寻找到的人，因此强调只要愿意，就能够通过信息沟通方式来寻找到任何有利于绩效完成的因素，同时也认为，绩效目标未达成与个人努力程度有关，但更重要的是与绩效完成计划策略和技术有关。SNS 绩效管理注重个体间及组织部门间的资源共享、信息交流通畅，强调人与人之间的合作交流，通过这种交流共享，能够极大拓展教师工作的资源利用面及信息获取量，因而能够有助于教师实现绩效目标。对于高校而言，SNS可以起到凝聚组织集体智慧结晶的作用，形成组织网络式智慧系统，有助于建设形成学习型和创新型组织环境，促进高校战略发展。

四是有效促进绩效措施的执行和落地。无论是多么完善的绩效管理体系、多么完美的绩效计划，在政策实行上，都需要借助相应的方法、工具来落地和执行。SNS绩效管理系统以其独有的优势，帮助组织将大量的过程反馈、沟通和目标进程进行有效分类，并将信息精准传送，从高校、管理者和教师的角度解决传统绩效考核的深层次问题，解决传统的绩效考核系统已不再适应高校绩效管理发展的需要的问题。同时，也需要高校依据自身实际情况，对SNS等绩效技术进行灵活选择和组合，以及以此进行高校绩效再设计、流程再完善，助力绩效管理真正落地，实现高校的战略目标，并为组织展开一幅生生不息、动态流动的绩效管理全景图。

四、绩效技术驱动系统绩效管理

HPT是近些年迅速发展起来的致力于解决组织机构及个人绩效的系统方法。HPT以分析绩效差距的原因为前提，通过系统的模型和工具，找到和实施针对性的解决方法，从而达成绩效目标。绩效技术模型用来揭示工作环境的复杂性和所有要素之间的相互作用，从而向绩效技术从业者解释如何提高工作步骤的绩效。HPT等相关理念与技术为建立现代学校教师绩效管理体系，尤其是为应用型高校进行教师绩效管理提供了有效手段和重要方法指导。

首先，绩效技术为高校教师绩效管理体系提供了具体的建设依据和基本框架，为高校教师绩效的提升及高校教学质量提升提供了有效的方法和手段，促进学校整体绩效水平的提升，同时为高校发展战略的有效实施提供了技术保障，并服务于员工的个人发展和组织的可持续发展。

其次，绩效管理技术提供了以改进和提高教师的工作绩效为中心的流程化管理策略，促使学校由传统的经验型教师人事管理向现代技术型人性化的人力资源管理转变。绩效技术作为能够服务于绩效管理全流程全生命周期的技术手段，在绩效计划、绩效评价、绩效诊断与辅导及绩效沟通与反馈等环节上能够发挥出巨大作用，并且能够为高校岗位职责缺少清晰描述、岗位分析不尽详细、绩效薪酬体系不够完善、高校人力资源管理系统不健全等问题的完善和解决提供有效借鉴。

最后，绩效技术有助于提升学校管理的科学化水平，推动我国应用型高校建设，完善我国高等教育层次体系。绩效技术通过对绩效管理及高校人力资源管理系统的完善，进而推动高校教学和科研及社会服务的质量和水平的提高，并促使高校建立完善的现代高校管理系统和基础性管理制度，使高校管理迈入科学化阶段，为我国高等教育迈入普及化阶段奠定制度基础，对于我国应用型高校建设也具有制度上的借鉴意义。

绩效管理是永恒的话题，也会不断发展变化。我们要预判并理解绩效管理的发展趋势，选择绩效管理系统来落地高校的绩效管理业务、提升绩效管理价值、促进绩效管理模式不断优化也许是当前最重要的工作。绩效管理在中国企业中的应用已经广泛而成熟，并取得了良好的效果，为应用型高校教师绩效改革提供了良好的借鉴意义。应用型高校的特殊性决定了其教师与普通高校教师的评估要求大不相同。应用型高校教师需要兼顾教学和科研。在教学工作中，他们还必须注意教授的基本知识和工作技能。因此，应用型高校需要科学合理的教师绩效管理体系来指导教师的工作，实现有效的教师激励，为学校管理提供依据。只有在绩效变革的道路上发现问题，及时迭代改进，采用敏捷的思路持续创新才是解决之道。绩效管理的本质是"实现企业目标+实现员工成长"。无论是采用"目标管理+综合评估""OKR+KPI"，还是探索敏捷绩效，我们都需要结合高校的发展阶段、管理成熟度、规模等因素，选择一个适合学校的特色绩效管理模式，敏捷响应外部变化，快速对教师进行反馈，最终达到高校和教师共同成长的目标。

参考文献

[1] Charlotte Danielson. New Trends in Teacher Evaluation [J]. Educational Leadership, 2001 (5): 12

[2] Murphy K. R., Cleveland. Performance Appraisal: An Organizational Perspective [M]. Boston: Allyn & Bacon Publishers, 1991.

[3] Campbell J. P. Modeling the Performance Prediction Problem in Industrial and Organizational Psychology [M]. New York: Consulting Psychologists Press, 1990.

[4] Retting P. R. Differentiated Supervision: A New Approach [J]. Principal, 1999 (1): 36-39.

[5] Glatthorn Allan A., Holler Richard L. Differentiated Teacher Evaluation [J]. Educational Leadership, 1987 (4): 56-58.

[6] St. Charles N. D. S. Human Resources Management Practices, Faculty Morale and the Impact on Teaching Performance and University Effectiveness [D]. Argosy University, 2002.

[7] Lackritz J. R. Exploring Burnout among University Faculty: Incidence, Performance, and Demographic Issues [J]. Teaching and Teacher Education, 2004 (20): 713-729.

[8] Nooraei M., Arasi I. S. Emotional Intelligence and Faculties, Academic Performance: The Social Competencies Approach [J]. International Journal of Education Administration and Policy Studies, 2011 (4): 45-52.

[9] Rentocchini F., D'Este P., Manjarrés-Henríquez L., Grimaldi R. The Relationship between Academic Consulting and Research Performance: Evidence from five Spanish Universities [J]. International Journal of Industrial Organization, 2014 (32): 70-83.

[10] Kezar A. Departmental Cultures and Non-Tenure-Track Faculty:

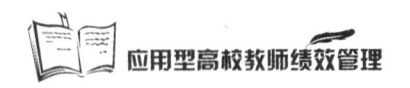

Willingness, Capacity and Opportunity to Perform at Four - Year Institutions [J]. The Journal of Higher Education, 2013 (2): 153-188.

[11] Ehtesham U. M., Muhammad T. M., Muhammad S. A. Relationship between Organizational Culture and Performance Management Practices: A Case of University in Pakistan [J]. Journal of Competitiveness, 2011 (4): 78-86.

[12] Shirabe M. Measures of Performance of Universities and Their Faculty in Japan [J]. Information Knowledge Systems Management, 2004 (4): 167-178.

[13] Bogt H. J. T., Scapens R. W. Performance Management in Universities: Effects of the Transition to More Quantitative Measurement Systems [J]. European Accounting Review, 2012 (3): 451-497.

[14] Fletcher S., Strong M., Villar A. An Investigation of the Effects of Variations in Mentor - based Induction on the Performance of Students in California [J]. Arquivos Brasileiros De Oftalmologia, 2008, 68 (3): 333-337.

[15] Glazerman Steven, Dolfin Sarah Bleeker Martha. Impacts of Comprehensive Teacher Induction: Final Results from a Randomized Controlled Study. NCEE 2010-4027 [J]. National Center for Education Evaluation & Regional Assistance, 2009: 223.

[16] Demerouti E., Nachreiner F., Bakker A. B., Schaufeli W. B. The Job Demands - resources Model of Burnout [J]. Journal of Applied Psychology, 2001, 86 (3): 499-512.

[17] Demerouti E., Bakker A. B. The Job Demands - resources Model: Challenges for Future Research [J]. Sa Journal of Industrial Psychology, 2011, 37 (2).

[18] Henkel M. The Modernization of Research Evaluation: The Case of the UK [J]. Higher Education, 1999 (1): 105-122.

[19] Xu F., Li X. X., Meng W., et al. Ranking Academic Impact of World National Research Institutes: By the Chinese Academy of Sciences [J]. Research Evaluation, 2013, doi: 10.1093/reseval/rvt007.

[20] The University of Georgia. Guidelines for Appointment, Promotion and Tenure [Z]. Athens: The University of Georgia Press, 2013: 10.

[21] Glibert T. Human Competence: Engineering Worthy Performance [M]. New York: Mc Graw-Hill, 1978: 32, 157.

［22］Shigeki A. Peta-gogy for Future：Major Issues of Liaison Committee on Human Resource Development for Innovative IT Integration ［J］. IPSJ Magazine, 2014（55）：1148-1151.

［23］徐明伟. 应用型本科高校绩效管理实施研究 ［J］. 教育现代化, 2018（11）：288-294.

［24］杜金玲, 谭鑫. 高校教师绩效管理研究综述 ［J］. 技术与创新管理, 2008（31）：737-739.

［25］菲利普·科特勒. 营销管理 ［M］. 上海：上海人民出版社, 2004.

［26］包文莉. 应用型本科大学市场定位研究 ［J］. 辽宁科技学院学报, 2007（9）：49-50.

［27］牛金成. 应用型本科院校办学定位研究 ［J］. 现代教育管理, 2009（11）：29-31.

［28］渊泉. 地方应用型本科院校办学定位研究 ［J］. 中国成人教育, 2016（1）：49-51.

［29］张宝秀. 应用型大学的科学研究 ［J］. 北京联合大学学报（教育教学研究专辑）, 2006（S1）：10-14.

［30］林杰. 美国大学教师发展的历程、理论与组织 ［J］. 比较教育研究, 2003（12）：68-71.

［31］韩映雄. 以制度创新推动地方高校转型发展 ［N］. 中国教育报, 2015-12-14.

［32］吴雪萍, 刘辉. 澳大利亚高等教育教学质量保障策略探究 ［J］. 比较教育研究, 2004（9）：71-75.

［33］李俐. 英国高校教师发展研究 ［D］. 西南大学博士学位论文, 2013.

［34］李洪深. 应用型高校教师绩效评价研究 ［J］. 山东青年政治学院学报, 2017（11）：7-11.

［35］教育部. 教育部关于深化高校教师考核评价制度改革的指导意见［EB/OL］. ［2016-08-29］. http：//www.moe.edu.cn/srcsite/A10/s7151/201609/t20160920_281586.html.

［36］张双. 绩效管理理论溯源 ［J］. 商场现代化, 2007（1）：12.

［37］柳叶, 刘瑟, 柳强. 高校教师绩效管理的管理原则探讨 ［J］. 当

代教育实践与教学研究，2015（8）：92.

[38] 孟卫青. 基于HPT的教师工作绩效管理系统设计 [J]. 当代教育与文化，2016（3）：54-58.

[39] 郑蔚文. 基于平衡计分卡的应用型本科院校绩效评价体系构建 [J]. 财会通讯，2011（17）：56-58.

[40] 林君芬，马宁，林涛，何克抗. 绩效技术研究现状与发展趋势 [J]. 电化教育研究，2005（4）：23-28.

[41] 吴国荣. 构建学术权力与行政权力并重的高校管理模式 [J]. 中国高等教育，2005（19）：10-11.

[42] 莫小泉. 基于平衡计分卡的应用型本科高校教学管理绩效考核研究 [J]. 高教论坛，2016（2）：92-96.

[43] 蒋关军. 高校教师绩效管理系统研究 [D]. 广西师范大学硕士学位论文，2006.

[44] 缪成贵，俞浩等. 应用型本科高校校内实践教学运行机制及绩效评价研究 [J]. 安徽农学通报，2015（21）：145-153.

[45] 杨琼. 应用型本科高校教师绩效评价研究——以英国博尔顿大学为例 [J]. 教育发展研究，2017，37（7）：58-63.

[46] 田五星，王海凤. 大数据时代的公共部门绩效管理模式创新——基于KPI与OKR比较的启示与借鉴 [J]. 经济体制改革，2017（3）：17-23.

[47] 赵振，马柯航. 为绩效管理做减法：OKR机理与本土化方法 [J]. 兰州财经大学学报，2016（32）：46-53.

[48] 刘胜男. Google的OKR制度能否破局传媒业考核难题？——访国内知名战略绩效管理专家宋劝其 [J]. 中国传媒科技，2015（1）：36-41.

[49] 刘洪茹. 应用型院校教师绩效管理体系重构研究 [J]. 中国成人教育，2017（17）：41-44.

[50] 张微. 应用型地方高校教师绩效管理探析 [J]. 才智，2016（29）：48-49.

[51] 马兆允，张杰. 应用型本科高校绩效管理实施探析 [J]. 大学教育，2013（23）：154-155，158.

[52] 刘献君. 应用型人才培养的观念与路径 [J]. 中国高教研究，2018（10）：6-10.

[53] 王光彦等. 高校教师绩效评价指标体系的实证研究与思考 [J].

中国高教研究, 2008 (2): 46-49.

[54] 唐林仁, 钟漪萍. 地方高校教师绩效评价结果的应用问题探析——基于教师职业发展视角的实证分析 [J]. 老区建设, 2017 (20): 48-54.

[55] 蔡蕾. 研究型大学多元化教师分类评价机制改革探析 [J]. 浙江社会科学, 2016 (10): 145-150, 160.

[56] 唐莉. 基于战略的高校教师绩效评价体系实证研究 [J]. 教育学术月刊, 2012 (6): 55-57.

[57] 谢明荣, 刘磊. 战略管理的视角: 高校教师绩效管理体系的构建 [J]. 国家教育行政学院学报, 2012 (11): 71-75.

[58] 王兆娣. 地方高校教师绩效管理研究 [D]. 苏州大学硕士学位论文, 2010.

[59] 周景坤, 程道品. 高校教师绩效管理的优化路径研究 [J]. 广西社会科学, 2013 (11): 186-191.

[60] 刘献君. 应用型人才培养的观念与路径 [J]. 中国高教研究, 2018 (10): 6-10.

[61] 徐秀英, 韩美贵. 研究型大学教师绩效评价指标体系与模糊综合评价的探讨 [J]. 教育教学管理, 2005 (4): 32-34.

[62] 房国忠, 孙兴梅, 杨雪. 高校教师综合绩效评价系统设计 [J]. 东北师大学报, 2006 (3): 156-160.

[63] 井婷, 张守臣. 高校教师绩效评价体系存在的问题及相应对策 [J]. 黑龙江高教研究, 2007 (2): 52-54.

[64] 汪晓媛. 高校教师绩效考核: 教师教学工作评价的问题与改进建议——基于样本高校的实证分析 [J]. 苏州大学学报, 2008 (4): 111-113.

[65] 王刚. 高校青年教师绩效考核问题研究 [EB/OL]. 中国科技论文在线, http://www.paper.edu.cn/releasepaper/content/200804-1006, 2008-04-30.

[66] 王杰法. 目标管理法在教师绩效管理中的应用 [J]. 宁波大学学报 (教育科学版), 2006 (28): 127-129.

[67] 仇玉山. 基于平衡计分卡的高校师资队伍绩效管理 [J]. 苏州大学学报, 2008 (6): 113-115.

[68] 刘敏. 某应用型地方高校专业技术人员绩效管理体系的研究

[D]. 青岛理工大学硕士学位论文, 2014.

[69] 王琳. 国外大学教师绩效评价制度及借鉴意义 [J]. 太原师范学院学报（社会科学版）, 2011（3）: 133-136.

[70] 刘献君. 应用型人才培养的观念与路径 [J]. 中国高教研究, 2018（10）: 6-10.

[71] 王光彦等. 高校教师绩效评价指标体系的实证研究与思考 [J]. 中国高教研究, 2008（2）: 46-49.

[72] 蔡蕾. 研究型大学多元化教师分类评价机制改革探析 [J]. 浙江社会科学, 2016（10）: 145-150, 160.

[73] 唐莉. 基于战略的高校教师绩效评价体系实证研究 [J]. 教育学术月刊, 2012（6）: 55-57.

[74] 李业昆. 李倩, 姜雨晴. 从教师绩效考评到绩效管理转化条件研究 [J]. 教学与管理, 2019（21）: 47-49.

[75] 张志莹, 吴亮. 民族高校教师教学质量绩效评价及其影响因素研究 [J]. 北方民族大学学报（哲学社会科学版）, 2019（4）: 72-78.

[76] 薛珊. 绩效要素与分配公平感: 义务教育学校奖励性绩效工资分配研究——基于对808位浙江省教师的调查 [J]. 教师教育研究, 2019, 31（4）: 68-75, 84.

[77] 刘笑, 常旭华, 陈强. 创新合作模式对教师科研绩效的影响——跨学科程度的调节作用 [J]. 中国科技论坛, 2019（7）: 69-75, 83.

[78] 张萍, 李晓慧. 教师绩效考核的目标定位和考核方法 [J]. 教学与管理, 2019（15）: 46-48.

[79] 齐小萍. 基于教师个体视角的高职院校"访问工程师项目"绩效评估 [J]. 中国高教研究, 2019（3）: 98-101.

[80] 刘广, 虞华君. 外在激励、内在激励对高校教师科研绩效的影响 [J]. 科研管理, 2019, 40（1）: 199-208.

[81] 成桂英, 王继平. 教师"课程思政"绩效考核的原则和关注点 [J]. 思想理论教育, 2019（1）: 79-83.

[82] 董同强, 马秀峰. 高职院校教师TPACK: 绩效分析及改进路径 [J]. 职业技术教育, 2019, 40（1）: 52-57.

[83] 林培锦, 李建辉. 大学教师科研压力对科研绩效的影响——工作满意度、情绪智力的中介和调节作用 [J]. 福建师范大学学报（哲学社会

科学版），2018（6）：72-78.

［84］刘新民，俞会新.高校青年教师科研压力对科研绩效的影响研究——基于认知评价视角［J］.北京社会科学，2018（10）：76-88.

［85］周双喜，谢延浩.均衡思维下高校教师绩效评价的原则与方法［J］.黑龙江高教研究，2018，36（10）：108-113.

［86］曾茂林."互联网+"教师绩效多主体过程管理可视化探究［J］.教学与管理，2018（27）：49-52.

［87］李冲，林焕翔，苏永建.绩效考核、知识共享与高校教师科研创新关系的实证研究［J］.现代教育管理，2018（9）：56-62.

［88］雷万鹏，马红梅，钱佳.教师教学绩效的经济回报［J］.教育学报，2018，14（4）：79-87.

［89］袁月.教师绩效评价指标体系的构建［J］.教学与管理，2018（24）：47-49.

［90］刘兴波，董雪，王广新，王宏.模拟教师角色特征对学习绩效的影响［J］.现代教育技术，2018，28（8）：45-51.

［91］张梅荷，谢林玲.平衡计分卡在高校教师绩效管理中的应用研究——以云南省应用型本科专任教师为例［J］.会计之友，2018（16）：79-83.

［92］张泳，张焱.分类发展视角下的高校教师绩效评价体系构建——基于德尔菲法的调查研究［J］.高教探索，2018（8）：97-103.

［93］黄良珂，黄军胜，王浩宇，刘立龙，黎峻宇."双一流"建设背景下测绘类教师专业发展绩效评价体系与模型构建［J］.测绘通报，2018（7）：141-145.

［94］王天文，潘小非.体育院校术科教师教学绩效评价体系研究［J］.成都体育学院学报，2018，44（4）：61-67.

［95］黄永亮.基于教师自主发展的大学教师绩效评价体系构建研究［J］.理论导刊，2018（6）：104-110.

［96］袁雷.协同管理视角下高职院校教师绩效考核的实践与探索——基于平衡记分卡理论的分析［J］.中国职业技术教育，2018（15）：16-20.

［97］曹方方.英美高校社会科学教师科研绩效评价体系比较［J］.现代教育管理，2018（5）：54-59.

［98］郑云翔，杨浩，冯诗晓.高校教师信息化教学适应性绩效评价研究［J］.中国电化教育，2018（2）：21-28.

[99] 刘兴凤. 高职教师绩效评价体系的国际比较及对我国的启示 [J]. 教育与职业, 2018 (2): 85-88.

[100] 王妍, 张胤. 工科教师绩效评价浅析 [J]. 东南大学学报 (哲学社会科学版), 2017, 19 (S2): 146-149.

[101] 何薇. 高校教师科研绩效考核的弊端与完善 [J]. 中国高校科技, 2017 (S2): 140-142.

[102] 王春春. 高校教师教学绩效评价体系探析——基于美国精英文理学院的经验与启示 [J]. 当代教育科学, 2017 (11): 59-62.

[103] 殷凯, 彭恬. 高校教师绩效考评的灰色关联综合测度 [J]. 统计与决策, 2017 (22): 90-93.

[104] 王欣, 周勇, 蔡莹, 刘北忠, 缪李丽, 龚放. 高等医科院校临床教师教学绩效评价指标的构建 [J]. 重庆医学, 2017, 46 (29): 4171-4172.

[105] 廖春华, 李永强, 欧李梅. 高校教师当责行为对工作绩效的影响及其调节效应研究 [J]. 教育发展研究, 2017, 37 (19): 61-70.

[106] 鲍凤雨, 苗玲玉, 李兵. 高职教师动态绩效考核评价体系的运行与实践 [J]. 中国职业技术教育, 2017 (21): 66-69.

[107] 杨旭华, 杨瑞, 仇勇. 绩效评价何以影响高校教师的满意度?——组织内外竞争力的中介作用检验 [J]. 高教探索, 2017 (7): 90-97.

[108] 王忠军, 刘丽丹. 绩效考核能否促进高校教师突破性学术创新行为——基于自我决定理论的实证研究 [J]. 高等教育研究, 2017, 38 (4): 52-60.

[109] 于舒, 王冠. 转型高校教师绩效评估体系的重构 [J]. 教育科学, 2017, 33 (2): 54-58.

[110] 耿益群. 美国研究型大学跨学科研究教师绩效评价的原则、途径与特点 [J]. 现代教育管理, 2017 (4): 41-45.

[111] 王清河, 曹凯, 杜少杰, 王宏润, 岳少博, 李娟, 胡钰轩. 高校教师教学科研绩效考核信息系统的设计 [J]. 实验室研究与探索, 2017, 36 (4): 218-220, 271.

[112] 姚伟均. 绩效工资背景下改善教师考评奖励机制的思考 [J]. 教学与管理, 2017 (8): 10-11.

[113] 黄海波. 论高校教师绩效考核指标体系的科学化——以高校内部的平衡发展为中心 [J]. 广西师范大学学报 (哲学社会科学版), 2017,

53（2）：115-120.

[114] 刘昕, 王许阳. 美国研究型大学教师绩效管理实践及其启示[J]. 现代管理科学, 2017（3）：90-93.

[115] 杨姗姗. 国际化背景下大学英语教师专业发展绩效评价体系与模型构建[J]. 社会科学家, 2017（3）：127-131.

[116] 周景坤, 黎雅婷. 国外区分性教师绩效评价制度体系研究[J]. 高教探索, 2017（2）：98-104.

[117] 姜红, 孙健敏, 姜金秋. 高校教师人格特征与工作绩效的关系：组织认同的调节作用[J]. 教师教育研究, 2017, 29（1）：79-86.

[118] 解瑞红, 周春燕. 美国高校教师绩效评价中的问题及启示[J]. 高校教育管理, 2008（11）：29-31.

[119] 尹雪林. 高校教师工作绩效影响因素研究——基于苏州大学的调查[D]. 苏州大学硕士学位论文, 2012.

[120] 练玉春. 转向应用型, 地方本科需要突破[N]. 光明日报, 2017-02-23.

[121] 王继国, 孙健. 论应用型本科的本质属性及发展关键[J]. 黑龙江高教研究, 2016（3）：33-37.

[122] 魏洁, 汤建奎. 基于模糊综合评价的高校教师绩效考核研究[J]. 江苏高教, 2014（6）.

[123] 黄永亮. 基于教师自主发展的大学教师绩效评价体系构建研究[J]. 理论导刊, 2018（6）：104-110.

[124] 张远增. 举证倒置式基础教育教师绩效评价模式研究[J]. 教师教育研究, 2017, 29（2）：75-83.

[125] 郭佩文, 彭建平, 曾栋. 高校教师学习共同体的构建机制及其绩效[J]. 高教发展与评估, 2019, 35（6）：61-73, 85, 110-111.

[126] 胡维芳, 翟友华. 高等职业教育教师专业素质评价指标体系构建研究[J]. 苏州大学学报（教育科学版）, 2019（4）：88-96.

[127] 武丽志, 白月飞. 教师工作坊主持能力评价指标体系构建[J]. 中国电化教育, 2019（12）：123-128.

[128] 李志河. 高校教师教学学术水平评价模型建构研究[J]. 国家教育行政学院学报, 2019（11）：63-71.

[129] 任玉丹, 边玉芳, 韦小满. 基于增值性评价的教师区分性效能

研究［J］.教育科学研究，2019（11）：28-33，42.

［130］高灿灿，仲彦鹏.注重教师评价素养的三个维度［J］.中国教育学刊，2019（11）：106.

［131］付八军.创业型大学教师评价的双轨制［J］.高教探索，2019（11）：124-128.

［132］郝世文，饶从满.美国教师评价改革：学生学习目标法的运用及警示［J］.外国教育研究，2019，46（10）：3-14.

［133］董泽华，崔允漷.通过表现评价来培育卓越的教师——2018年国际教师表现评价实施会议述评［J］.教育发展研究，2019，39（18）：78-84.

［134］岳伟，陈俊源，胡祥恩，莫伦.从TVAAS到Individual Growth：美国田纳西州增值性教师评价发展新趋势［J］.现代教育管理，2019（9）：69-77.

［135］郝文斌，黄嘉富.高校思想政治理论课教师考核评价内在矛盾的辩证分析［J］.思想理论教育，2019（9）：90-93.

［136］徐新洲.高校教师职业道德规范的伦理审视与考核评价研究［J］.江苏高教，2019（9）：88-92.

［137］臧玲玲，吴伟.坚持学术导向：美国大学教师社会服务活动评价的变革及启示［J］.高教探索，2019（9）：47-53.

［138］靳国庆，李人杰，王凯.新时代高校教师思想政治素质考核评价指标体系的构建［J］.中国高等教育，2019（17）：16-18.

［139］张炜.现代化视域下教师职前培养质量评价的核心因素研究［J］.高校教育管理，2019，13（5）：61-71.

［140］张素敏，孙钦美.基于实践的高校外语教师培训有效性评价研究［J］.外语界，2019（3）：57-65.

［141］沈红，林桢栋.大学教师评价的主客体关系及其平衡［J］.中国高教研究，2019（6）：48-53，71.

［142］赵金国，朱晓红.大学教师分类评价的反思与建构［J］.中国高校科技，2019（6）：55-58.

［143］邬小平，田川.从工具理性到价值理性：我国高校教师考核评价的政策转向［J］.现代教育管理，2019（5）：107-111.

［144］任丹颖.基于知识图谱的我国教师评价研究热点分析［J］.教育科学研究，2019（5）：84-91.

［145］杨玉浩，姜峰.农科大学教师评价的困境与路径——以农业技术型教师为例［J］.中国高校科技，2019（4）：51-55.

［146］赵燕，汪霞.对我国大学教师评价制度的反思与建议［J］.高校教育管理，2019，13（2）：117-124.

［147］杨爽，周志强.高校教师数字素养评价指标构建研究［J］.现代情报，2019，39（3）：59-68，100.

［148］张音，陈欣.教师专业洞察力：内涵、要素与发展评价方法［J］.外国教育研究，2019，46（2）：89-104.

［149］李立国.建立符合高校教师工作特点的学术评价体系［J］.清华大学教育研究，2019，40（1）：10-12.

［150］李正良，吴芳.基于全职业生命周期的高校教师教学评价体系研究［J］.中国大学教学，2018（11）：61-65.

［151］徐全忠.回归教师发展本位的综合教学评价研究［J］.中国大学教学，2018（10）：79-82.